永不放弃

马云给创业者的24堂课

全面剖析创业教父马云的商业逻辑，深度解读草根英雄马云的创业人生。

成杰◎著

为什么我的座右铭是**“永不放弃”**？因为这世界上最大的失败就是放弃，创业的过程会经历挫折，只有**永不放弃**，才是成功的基石！

——马云

中国華僑出版社

图书在版编目（CIP）数据

永不放弃——马云给创业者的24堂课 / 成杰著. —北京：中国华侨出版社，2011.3

ISBN 978-7-5113-1104-7

I. ①马… II. ①成… III. ①企业管理—青年读物 IV. ①F270-49

中国版本图书馆CIP数据核字（2011）第019495号

• 永不放弃——马云给创业者的24堂课

著　　者 / 成　杰

责任编辑 / 梁　谋

责任校对 / 吕栋梁

经　　销 / 新华书店

开　　本 / 787×1092毫米　16开　印张 / 16.25　字数 / 180千

印　　刷 / 大厂回族自治县彩虹印刷有限公司

版　　次 / 2011年4月第1版　2021年2月第15次印刷

书　　号 / ISBN 978-7-5113-1104-7

定　　价 / 29.80元

中国华侨出版社　北京市朝阳区西坝河东里77号楼底商5号　邮　编：100028

法律顾问：陈鹰律师事务所

编辑部：（010）64443056　传真：（010）64439708

发行部：（010）64443051

网　址：www.oveaschin.com

E-mail：oveaschin@sina.com

序

永不放弃
马云给创业者的24堂课

今天的马云已经是一位光芒四射的企业家和当之无愧的“创业教父”。也是创业者们追逐的目标，效仿的楷模。

马云没有帅气的容貌，也没有过人的“才智”，三次落榜的经历让他产生了很多感慨，可就是这样的一个人却成了中国最大的电子商务帝国——阿里巴巴的缔造者。这不仅是阿里巴巴的一个神话，马云创业成功也成了一个美丽的传说。

马云在不同场合的讲话和演讲激情、幽默，精彩语句闪现其间，带给听者的不仅是听觉上的冲击，更有智慧和灵感的碰撞。对于创业者来说，无疑是“雪中送炭”，他可以让创业者们明白：成功一定是有经验的，失败也一定是有教训的。而这些经验、教训正是浓缩在企业家们平日的言论与话语之中。

创业者常常感叹企业家们的成功壮举，也常常因机会与自己擦肩而过而失落，甚至感慨自己是一个很倒霉的人。大雕塑家罗丹说：“这个世界并不缺乏美，而是缺乏发现美的眼睛。”其实，机遇就在你的身边，但是它来也匆匆，去也匆匆，能否及时地抓住它，马云在本书里都做了点拨，特别是对初始创业者更能受益匪浅。

世界科学巨匠牛顿曾说：“如果说我看得比别人更远些那是因为我站在巨人的肩膀上。”的确在这个世界上天才是极为稀少的，真正的天才往往是站在巨人的肩上，汲取百年之智慧而历练出来的。对中国数千万有志于走上创业之路的新一代人而言，深刻研读，揣摩这些充满了智慧灵光的经典故事，无疑也是让他们站在这些中国商界的巨人肩上，看得更长，走得更远。

作为本书作者，我的使命是求真、求实、求是，把马云的这些肺腑之言以原汁原味的面貌还原出来，而不是代替读者去思考。事实上，马云创业的神秘面纱，马云带给创业者的感悟和思考，以至于他的人生，他的授业布道都激发着读者想要迫切走进马云的世界，而本书无疑是青年创业者的一个最好选择。

本书将理论与实践相结合，以马云的经典语录点题，以精辟的关键词高度概括，结合他本人以及商业史上的经典案例，针对创业中的关键问题，如创业精神、经营模式、市场策略、市场营销、企业文化、领导力、融资方略等方面，给青年创业者上了24堂关于创业的课程，无论从内容上，还是形式上，都会使你耳目一新，让你受益匪浅。

本书结构合理，内容简练，语言顺畅，案例丰富，充分体现了实用性和可操作性的特点，适合有志于创业或已经在创业的年轻人阅读。

愿此书能够为中国数千万刚刚踏上新征程的创业者们，提供一部生动的创业教材；对已经走上经营管理之路的职业经理人而言，能够成为一部管理学词典；对更广大的其他读者而言，能够从中汲取智慧之精华，洞悉其中之理念、哲学、信仰。

最后我要送给读者一句话：经典从来都是用心去品读，品味出来的才是财富。创作如此，阅读亦如此。

目录

Contents

是世界上最高的山，阿里巴巴是世界上最富有的宝藏。一个好的企业靠输血是活不久的，关键是自己造血。

——马云

第三篇 市场策略——做正确的事，正确地做事

从战略到结果，企业需要落实每一个过程的细节，需要落实产品、质量、服务的管理机制，更需要踏实谨慎的态度。

——马云

第九课 对市场要敏感，抓住机遇求发展

第十课 在商场中要保持理性

第十一课 要走不寻常路

第十二课 危机就是转机

第四篇
市场营销——天下没有难做的生意

营销营销，顾名思义经营在前，销售在后，经营为本，销售为末。实践证明，在商品市场经济的时代，新产品的寿命不断缩短，任何时候都有可能被超越，被取代，营销正是适应这种新变化而产生的。

——马云

第十三课 善于合理利用资源

第五篇
创业心态——积极乐观，自信人生

这个世界，有这么一小撮人，打开报纸，是他们的消息，打开电视，是他们的消息，街头巷尾，议论的是他们的消息，仿佛世界是为他们准备的，他们能够呼风唤雨，无所不能。你的目标，应该是努力成为这一小撮人。

——马云

第六篇
企业文化——给企业注入新鲜血液

一个缺少文化的企业是一个没有灵魂的企业，一个没有文化的网站也将是一个缺少灵气、无法大量凝聚人气的网站。我们提倡的价值观、企业文化不要在口号上，而要在行动上。

——马云

第八篇
融资方略——花投资人的钱要谨慎

要找风险投资的时候，必须跟风险投资共担风险。

——马云

第二十三课 融资管理

第二十四课 财务秘籍

附 录

第一篇

创业精神——事业成功的基石

为什么我的座右铭是“永不放弃”？因为这个世界上最大的失败就是放弃，放弃其实是最容易的。所以我想讲的是，活着就是胜利。这个世界上最痛苦的是坚持，而最快乐的也是坚持。

——马云

第一课 永不言弃

创业关键词：果敢冒险

永不放弃，没有放弃

生活是公平的，哪怕吃了很多苦，只要你坚持下去，一定会有收获，即使最后失败了，你也获得了别人不具备的经历。

——马云

创业是一个艰苦的过程，不是一蹴而就，异想天开。我们留心观察身边人、身边事时不难发现，创业者首先要具备永不放弃的创业精神，因为它是支持一个人行为、行动的动力。“永不放弃”也是马云的座右铭。

马云在1991年第一次创业时成立的海博翻译社，第一个月的收入是700元，而房租是2400元，马云遭到了一致的讥讽。

为了维持海博翻译社的正常运转，马云一个人背着个大麻袋到义乌、广州去进货，翻译社开始卖礼品、鲜花，以最原始的小商品买卖来维持运转。马云也曾经销售过一年的医药，推销的对象上至大医院，下至赤脚医生。一个堂堂大学教师去干这样的活儿，面临的不止是心理压力还有体力压力。

1995年马云创立中国黄页时，异常困难。马云自己拿出了六七千，又从妹夫、妹妹那儿借来一些，东拼西凑了2万，然后再将家具差不多都卖光了，攒齐了必须的10万本钱。只租一间房间当办公室，只用了一台电脑，一块钱一块钱地数着花。而公司的员工也只有对计算机稍有了解的自动化专业毕业的朋友何一兵做搭档，马云以及马云的妻子一共三个人。

注册公司的时候，中国还没有一家互联网公司。马云的公司是中国第一家商业运作的互联网公司。就这样，一家名为海博网络的“皮包公司”开张了。马云的操作现在看来，也显得颇有草根性。把中国企业的资料集中起来，快递到美国，由设计者做好网页向全世界发布，利润则来自向企业收取的费用。

1999年3月，在杭州创办阿里巴巴公司的时候，马云面临的还是困难。没有办公场地，公司就安在了他的家里。他和他的创业伙伴们，没日没夜地工作，地上有一个睡袋，谁累了就钻进去睡一会儿。

马云后来说，如果我成功，我成功的原因是什么，我觉得就是永不放弃，没有放弃。

翻开成功人士的创业经历，我们可以发现：敏锐的观察力、果断的行动力和坚持的毅力是成功的必备要素。你可能有敏锐的目光去发现机遇，同时也能用果断的行动去抓住机遇，但是最后还需要用你坚强的毅力才能把机遇变成真正的成功。所以说，永不放弃是一个成功人士不可缺少的必备品质。

一个人首先要有想法，才能给人生确定前进的目标。目标明确了才有实践的过程，否则就会像无头苍蝇一样。其实创业的路上也不会一马平川，畅通无阻的，而是布满荆棘，甚至泥泞难行，所以，能否持之以恒的坚持下去，就需要“永不放弃”的精神。只有这样，你才会在成功的路上比平常人领先一步了，只有这样，你才能把苦和泪都看做人生路上的插曲，才能一步一步向成功的阶梯迈进；只有这样，才是一个能成功创业的人所具备的优秀品质。如果缺少这种素质，即使你有再美好的创业计划，有再好的创业条件，也只是空想，也会与成功无缘。

马云如此，还有更多的创业者亦如此。下面就是一位面对失败而不放弃，百折不挠，坚持成功的创业故事。

1927年，美国阿肯色州的密西西比河大堤被水冲垮，一个9岁的黑人小男孩的家被冲毁，在洪水即将吞噬他的一刹那，母亲用力把他拉上了堤坡。生命的再生，让他对人生有了很深刻的理解。在他幼小的心灵深处把传播知识与文明作为了人生的奋斗目标。

1932年，男孩8年级毕业了，因为阿肯色州的中学不招收黑人，他只能到芝加哥读中学，家里没有那么多钱。母亲则替整整50名工人洗衣、熨衣和做饭，为孩子攒钱上学。

1933年夏天，家里凑足了那笔血汗钱，男孩踏上火车，奔向陌生的芝加哥。在芝加哥，男孩以优异的成绩中学毕业，后来又顺利地读完大学。在求学的岁月里，他吃了很多苦，无论是在经济上还是在身体上，支撑他一路前行的动力就是他生命再生时的那个梦想。

1942年，他开始创办一份杂志，但最后一道障碍，是缺少500美元的邮费，不能给订户发函。一家信贷公司愿借贷，但有个条件，得有一笔财产作抵押。母亲曾分期付款好长时间买了一批新家具，这是她一生最心爱的东西。但母亲为了孩子的事业最后还是同意将家具作了抵押。

1943年，那份杂志获得巨大成功。男孩终于能做自己梦想多年的事了，那天是那个男孩最幸福的时刻，他哭了，这泪水里包含着很多种滋味。

后来在一段反常的日子里，男孩经营的一切仿佛都陷入谷底，面对巨大的困难和障碍，男孩已无力回天。他心情忧郁地告诉母亲：“妈妈，看来这次我真要挫败了。”母亲却果断地结束了谈话：“无论何时，只要你努力尝试，就不会失败。”

就这样，他以顽强的毅力坚持前行，他的足迹遍及美国的每一个角落，一股坚强的意志在支撑着他，果然，男孩渡过了难关，攀上了事业新的巅峰。这个男孩就是驰名世界的美国《黑人文摘》杂志创始人、约翰森出版公司总裁、拥有三家无线电台的约翰·H·约翰森。

约翰森的经历向我们昭示：命运全在搏击，奋斗就是希望。第一个就是坚持到底，永不放弃；第二个就是当你想放弃的时候，回过头来看看第一个秘诀：坚持到底，永不放弃。在他的世界里，失败只有一种，那就是放弃努力。其实，不能成功创业的人如果和约翰森相比较，他们在任何方面都可能比约翰森强，世界上之所以有一个《黑人文摘》，无怪乎世界上很多创业者唯独缺少的正是约翰森那种“坚持到底，永不放弃”的积极态度和“持之以恒”的心态与毅力。

由此可见，成功属于那些不断辛勤劳作，不断付出辛勤努力的人。世界上没有任何道路可以一帆风顺地走下去，想一帆风顺那只能是人们的一种良好的愿望，正如马云所说：“黎明前的黑暗是最难挨的。”要想享受黎明时的阳光普照，就必须在之前的黑暗中顽强挺住。

有人说，人生有两杯必喝之水，一杯是苦水，一杯是甜水，没有人能回避得了。区别不过是不同的人喝甜水和喝苦水的顺序不同，成功者往往先喝苦水，再喝甜水；而一般人都是先喝甜水，再喝苦水。在成功的过程中，持之以恒非常重要，面对挫折时，要告诉自己：坚持，再来一次。因为这一次失败已经过去，下次才是成功的开始。人生的过程都是一样的，跌倒了，爬起来。只是成功者跌倒的次数比爬起来的次数要少一次，平庸者跌倒的次数比爬起来的次数多了一次而已。最后一次爬起来的人称之为成功者，最后一次爬不起来或者不愿爬起来，丧失坚持的毅力的人就叫失败者。

缺乏恒心是大多数人最后失败的根源，一切领域中的重大成就无不与坚韧的品质有关。成功更多依赖的是一个人在逆境中的恒心与忍耐力，而不是天赋与才华。布尔沃说：“恒心与忍耐力是征服者的灵魂，它是人类反抗命运、个人反抗世界、灵魂反抗物质的最有力支持者。”

对于创业者来说，要想成功创业，就要像马云、约翰森那样认准目标，坚持到底，永不放弃。即使遇到一千次一万次困难也不放弃追求，不言失败，不退缩，不向命运屈服，如果能做到这点，那么你就可能会成为另一个马云，另一个约翰森。

作者寄语

一个人有知识，有见识，最终才会有胆识。

看准行业，义无反顾

我想了一个晚上，第二天早上决定还是干，哪怕24个人全反对我也要干。

——马云

创业是一种人生情结。因为从某种意义讲，人存在的目的就在于控制，对人的控制叫权，对物的控制叫利。创业既可以控制人，也可以控制物。但对于大多数人来说，你真的有勇气跳到创业中去吗？特别是当你拥有了平静甚至是富有的生活之后。

毕业后分到杭州电子工学院教英语的马云，随心所欲地授课，被学生喜欢得不行。但他还是决定要往创业这个坑里跳下去。

“因为英文不错，有很多人想找我做翻译，但我白天要上课，没时间去做翻译，我校很多老师退休以后在家里没事干，工资又少，所以我想成立一个翻译社，作为中介一样。那时候没有把赚钱放在第一位，总觉得做这件事情挺好的。也是一个梦想，我觉得这个翻译社是有前景的，可以成为杭州市最大也是浙江省最大的一个翻译社。”马云对于那年的创业冲动有这样的解释。

于是，1991年，在邓小平同志南巡讲话的几个月前，马云就跳进了创业的海洋，他创办了一家叫海博的翻译社，这是马云创业的第一个经济实体，马云在里面稀里糊涂地折腾了两年，总算没有倒闭。

如果不是1995年那次在美国遭遇Internet，也许此后伴随马云一身的荣耀或是折磨都和那个海博翻译社有关了。

公开的消息说，从美国回来后的1995年3月，杭州，马云用身上唯一的1元人民币和用在拉斯维加斯赢得的600元美金买了一台电脑。他向校长提出辞职。此时，刚刚步入而立之年的马云已经是“杭州十大杰出青年教师”，是学校驻外办事处的主任。

“我走的时候浙江广播电台请我去做客，我那天一早就去跟校长说我要离开学校了，他刚从斯坦福回来，跟我说：'你什么时候想回来就回来，我一定同意。'我当时说，我现在不会回来，如果要回来的话那也是10年以后的事儿了。"

于是特立独行的马云挥挥手，放弃了在学校里那些让无数人羡慕的一切——地位、身份和待遇，毅然下海。

对于当时自己为什么走得那么决绝，多年以后，马云是这样解释的："我自己已经30岁了，我要去做一家公司，不管做什么公司，只要有一个行业我一定跳下去。"

正是因为这种坚决的"跳下去"，尽管此后经历过被骗，经历过与国家经贸部合作的失败，马云依然没有改变他的决定，1999年3月，他回到杭州，创办了阿里巴巴，一个给他带来无数光荣与梦想的企业。

许多年后，无数的人评价，马云如果没有"跳下去"的勇气与坚持，马云和互联网是不会有瓜葛的。

应该从马云的经历中知道的一个结论应该是这样的：创业并不是因为你有多么独到的眼光，而在于你是否有这样的胆识。很多人都能看好商机，但是真正能把握这种商机的人非常少。

可见，想是做的前提，做是想的实践。只想不做是空想，只做不想是莽夫。对于创业者来说，想和做都很重要。要创业首先要有敢想敢做的勇气，果断行动，抓住机遇，才会有成功的可能，其次，少不了行动的力量，只有把想法付之于实践，才会向成功又迈进了一步。

温州商人已经成了独树一帜的商业军团，可是翻翻他们的发家史，我们就会发现，他们有的摆地摊起家，有的也只是几百几千元的小本生意，几年后竟成了大老板，百万富翁甚至千万富翁。面对他们的成就，好多人都不服气，会说当初我要是做，一定会比他们赚得更多。那么小的生意我都不屑去做。不错！你的能力或许比他们强，你的知识或许比他们多，你的经验或许比他们丰富，可是你当初为什么就不敢去做呢？这既是胆识的问题，也是观念的问题，因为陈旧的观念束缚了你冒险的步伐。所以，面对别人成功只能留下羡慕和慨叹罢了。爱迪生也曾说过："当一个人年轻时，谁没有空想过？

谁没有幻想过？想入非非是青春的标志。但是，我的青年朋友们请记住，人总归是要长大的。天地如此广阔，世界如此美好，等待你们的不仅仅是需要一对幻想的翅膀，更需要一双脚踏实地的脚！”不要抱怨自己的命运不好，行动才是力量。

一万个空洞的幻想还不如一个实际的行动，唯有行动才可以改变你的命运。很多人对创业充满期望，却又对自己缺乏信心。其实谁都可以致富，只要你敢去做。在我们身边，许多成功的人，并不一定是他比你“会”做，更重要的是他比你“敢”做。

“我们让吉利车走遍世界各国，而不是让世界各国的车走遍中国。”早在2007年的上海国际车展上，李书福这个个子不高又执著的男人就向世人宣布了他的雄心。潜行3年之后，吉利对沃尔沃的收购成功就成为李当年豪语的最好注脚。

作为中国汽车工业自主品牌的缔造者，李书福以及吉利汽车一向是业界的关注焦点，他的种种豪言或惊世骇俗之言论，委实经常刺激着媒体的神经。在一向低调、中庸的中国企业家中，李书福是个另类，他的张狂，他的偏执，经常招致外界的批评与诟病。但正是这种对产业追求的张狂与偏执，在某种层面上又深刻地反映出他希冀发展中国汽车产业，振兴中国自主品牌的救赎情结。

只有敢想敢做的人才能生存，这在任何一个竞争激烈的商业市场中，是一句至理名言。而中国，在许多几乎被西方先进技术、品牌、资本所垄断的行业中，国产品牌生存空间逼仄艰险。中国的优秀企业家只有凭着浓重的救赎情结，不畏艰难地不断抗争、奋斗，一点点地杀出自己的地盘。与许多创业英雄一样，李书福一早就怀着远大的创业冲动，希望在某个领域做出一些值得标榜的成就。

1984年，年仅21岁的李书福与人合伙开了一家作坊式的小厂，替一些大冰箱厂加工小配件。到了1986年，不满足于小打小闹的李书福逐渐向下游产业渗透，成立了北极花电冰箱厂，开始制造成品冰箱。当时由于刚经过长期计划经济体制的制约，冰箱市场正呈饥渴状态。北极花冰箱在很多市场纷纷脱销，品牌逐渐得以建立，李书福也完成了最初的原始资本积累。而接下来摩托车项目的成功更是让他如虎添翼，资本实力增大的同时，他的梦想也在随之膨胀——李书福将目光瞄准了汽车领域，他不仅要造车，而且要造“人人都买得起的轿车”。在李书福心中同样蕴藏着一种救赎中国产业的情结，他所憧憬的就是在外资品牌、合资品牌完全垄断的汽车领域中，插上中国自主品牌的旗帜。

李书福在1997年正式进入汽车领域后，尽管很少得到来自政府的支持，更没有合资企业在金融和财税方面享受到的各种优惠政策，同时还得顶着同行的“奚落”、“嘲笑”甚至“打压”，但李书福没有在困难面前止步，而是以勇敢的挑战者姿态执著前行。1998年底，第一辆两厢“吉利豪情”车下线，李书福把“吉利豪情”的市场价定在4.79万元，成为当时中国最便宜的“电喷车”，“救赎者”成功地迈出了第一步。

从创立开始，李书福以一种救赎式的情结推动吉利以超常规的速度发展，不仅成功挑战了外资品牌与合资品牌一统中国汽车市场的局面，而且用实力证明了中国自主汽车品牌同样可以获得出色的发展业绩。吉利的高速发展一方面来自是中国整体汽车需求量的爆炸性增长，但更主要的是取决李书福独特的市场战略：先把低端市场做好，然后再进入中级轿车市场；在做好做大国内市场以后，再进入国际市场，迅速积累自己的研发能力和投入，不断形成核心竞争力，最终将实现2/3的出口，让吉利轿车走遍全世界。

李书福的成功，是一个偏执救赎者的成功，也是一个敢于突破自我的中国企业家的成功，也是因为他有敢想敢做的勇气。在李书福的吉利汽车上路之前，没有人认为中国私营企业可以造出能上路跑的轿车，而这也正是中国企业家们救赎情结的最完美体现。

马云也在讲坛中多次强调，敢想敢为是年轻创业者不可丢掉的法宝，就像李书福说的那样：事在人为。只有想了，做了，就会有奇迹发生。

作者寄语

行动和速度是成功制胜的关键！

创业需要敢于冒险的偏执狂才

很多年轻人是晚上想想千条路，早上起来走原路。

——马云

当登山运动员坠落深谷的时候，很多人都会扼腕叹息或者出言讥讽，但有一类人不会这么做，他们会对这些冒险者致以敬意，通常他们都被称为创业者。

翻开创业成功者的历史，不难发现，所谓的成功者大多是顶着风险从钢丝绳上走过来的。英特尔公司创始人安迪·格鲁夫有一句脍炙人口的名言："只有偏执狂才能生存。"从某种角度而言，创业需要的就是冒险精神。

美国著名的约翰森公司曾在研发一种新产品的时候，任命了一名新主任——吉姆·伯克。不过，项目很快被他搞砸了，一种儿童使用的胸部按摩器宣告试制失败。伯克以为自己肯定完了，他已经准备好走人。这时，公司总裁罗伯特·伍德·约翰森意想不到地接待了他，这位总裁不但没有责怪伯克，而且偏执地说道："你就是那位实验失败者吗？好，我倒要向你表示祝贺。你能犯错误，说明你勇于冒险，而如果缺乏这种精神，我们的公司就不会有发展了。"多年以后，当伯克成为约翰森公司的总经理时，他始终牢记着前总裁的这句话，因为创业需要的就是这种冒险精神。

美国福特汽车前总裁菲利蒲·凯德威说："事实上，风险与绩效通常是并存的。探索、实验、冒险和创新都隐含着风险，但它们正是人类发展臻于成功境界的首要推动力。"他告诉创业者："……为求得进步，必须勇敢尝试，承担风险。"一个循规蹈矩、安于现状的人，绝对不会为冒险付出任何代价，当然也绝对不会有意想不到的收获。

创业者一定要敢于冒险，敢于承担风险，因为风险中伴随着巨大的成功，隐蔽着只有勇敢者才能捕捉到的机会，蕴藏着诱人的巨大财富。美国艾伦集团总裁罗勃特·艾伦说："风险和机会是紧连在一起的。冒险是机遇的代价，如果你只求安定，不愿承担风险，那你同时也就失去了成功的可能性。"日本企业家、东芝电气公司经理士光敏夫曾经说过："如果风险小，许多人都会去追求这种机会，因此利益也不会大。如果风险大，许多人就会望而却步，所以能得到的利益也会大些。从这个意义上讲，有风险才有利益。可以说，利益就是对人们所承担风险的相应报偿。"

马云的创业经历也无疑体现了他的偏执狂。

刚刚从西雅图回来，准备成立公司的时候，马云先是找了24位朋友到自己家里面，他们大多都是马云在夜校教书时候认识的学生，其中还包括一个82岁的老太太。马云跟他们说："哎，我要做这么个东西，Internet。"接着便给他们大讲Internet的好处。说实在的，马云对技术一窍不通，要讲一个根本不懂的东西就像痴人说梦一样。马云讲得糊涂，大家听得也糊涂。

朋友们都很吃惊：你好好的放着老师不当，去玩儿这个东西？脑袋是不是灌水了？当时他们24个人里面有23个人反对。23个人都说：这个事情是不能干的，决定是不行了，干了是要闯祸的。只剩下一个人对马云说："你要是真的想做的话，你倒是可以试试看。"这个人现在在浙江省农业银行供职，马云永远忘不了这1/24的支持。

第二天早上，马云想了想：干！不管怎样，我都干下去。当然，下决心干起来是重要的，尽管困难也是明摆着的。了解底细的朋友对马云说，你对计算机一窍不通怎么去搞这个东西呢？

马云他们开始做网络的时候，很多人都认为他们是骗子。可以想象在这种情形下，任何人都是不会相信搞互联网会赚钱的，所以朋友们坚决反对马云也就不奇怪了。

1995年8月，中国上海才开始连上互联网，1995年4月马云就先于上海注册互联网公司，到了1995年6月，在马云的紧张筹备和经营下，海博网络公司终于创办了Chinapages.com（中国黄页），这是他们的第一个"产品"。"中国黄页"，一个听起来挺具有蛊惑力的名字。

这期间马云在别人眼里就像骗子一样。很多人都认为马云在说谎，在说一个不存在的东西。许多人都把他当作精神病了，因为那时中国根本就没有互联网。于是，马云不得不天天出去跟人家讲互联网络的商业作用，说服他们同意掏钱并把企业的资料放在互联网上。

由此可见，每一个成功的企业家身上几乎都能找到“偏执狂”的基因，最显著的体现是“焦虑、忧郁和危机意识”，这就是忧患意识。看江南春的成才箴言每天都有危机感，互联网网游界的红星史玉柱，再到阿里巴巴的董事会主席马云，这些我们认为成功的企业家无不具备偏执、焦虑、危机和忧患意识。

我看到了偏执狂的第二个基因是“对冒险和大事业的疯狂喜好和使命感”。有些人天生爱冒险，有些人天生就喜欢平稳，每个族群对风险的承受力是不同的。冒险是企业家的本性！换个角度说，冒险等同于创新，尤其在创业、打江山阶段找出市场空隙，找到市场热点是赢取市场的关键要素，这都离不开创新。任何创新都一定会有风险，风险越大，利益越大。

当然，偏执地冒险也不等于冒进。有一位哲人说过这样的话：“假如那个洞里有一桶黄金，你想到洞里去得到它。如果这是一个狼洞，那么你就是在冒险；如果这是一个虎洞，那么你就是冒进。”马云也在他的论坛中谈到：“没有冒险精神的创业者，也只会循规蹈矩的在小范围内活动，是不会把事业做大的。”可见，适当的冒险精神也是创业者不可缺少的创业品质。

作者寄语

多学习，善于思考；多行动，善于感悟；多坚持，善于反省；多付出，方可收获。卓越就是永远比别人多做一点点。

第二课 创业之前的准备

创业关键词：睿智吃苦

要想做好工作，首先要热爱工作

既然在工作，就一定要敬业，一个当不好士兵的将军一定不是个好将军。

——马云

做工作我们就要干一行，爱一行，专一行，努力成为本行业的佼佼者。那么首先要有敬业精神。敬业精神是人们基于对一件事情、一种职业的热爱而产生的一种全身心投入的精神，是社会对人们工作态度的一种道德要求。它是一种职业素质，能造就一大批具有高度敬业精神的员工，是现代企业生存和发展的关键所在。

敬业精神其本质就是奉献精神。具体地说，敬业精神就是在职业活动领域，树立主人翁责任感、事业心，追求崇高的职业理想；培养认真踏实、恪尽职守、精益求精的工作态度；具有积极向上的劳动态度和艰苦奋斗精神；保持高昂的工作热情和务实苦干精神，把对社会的奉献和付出看做无上光荣。

而“敬业”也正是马云择人用人的另一个重要标准。“敬业”是阿里巴巴“六脉神剑”的第六支，它的内容有：专业执著，精益求精；今天的事情不推到明天，自己的事情不推给别人；专注工作，做正确的事情；在工作上以较小的投入获得高效的产出；以专业的态度，平常的心态对待每件事；持续学习，不断提升，今天的最好表现是明天的最低要求。

马云在阿里巴巴商人论坛上，对敬业精神也有着精辟而独到的论述。

"二次创业"是一项伟大的事业，要想取得成功，离不开敬业精神。敬业是人们做好本职工作的必备素质，也是激发创造热情、取得突出业绩的前提。一个人只有热爱自己的工作，精益求精，才能有所作为；一个地方或单位，只有人人都敬业，甘愿无私奉献，发展才会大有希望。人总是要有点理想的。没有理想、没有抱负、没有追求，人生就不可能有动力，也就不可能有真正的幸福和欢乐。要实现自己的理想和人生价值，就必须找准目标。没有现实的目标，单靠良好的愿望难以实现。因此，人所从事的职业，是其实现自己理想和人生价值的最现实的途径。

敬业不是空穴来风。认识自己所从事职业的价值，在自己所从事的工作中给自己定位，确立可实现的目标，才能激励、鞭策自己不断向前。

敬业不是老守田园。要在工作中不断创新、不断挑战，才能使自己保持恒久的激情，也更能体现出自己的价值。

敬业就要奉献，就不能怕吃亏。如果把创业的目的建立在为自己捞取好处上，那么事业就难以取得成功。

对于一个部门或一个企业来说，要形成人人敬业的局面，既要建立刚性的管理制度，又要营造宽松融洽的环境，即引入"刚柔相济"、"严爱相融"的管理理念。刚、严是手段，柔、爱是目的。如果一个单位、一家企业都是刚性、理性制度，缺乏人性化、人情味的东西，那么在中国社会泛伦理型文化的背景下，是难以推行的。"感人心者，莫先乎情"。爱，就是对企业员工的关怀爱护，为员工解决迫切需要解决的问题，包括生产、生活环境的改善，员工发展空间的创造及财富的合理分配等。

由此可见，创业者要有创业精神，而敬业是创业的基础和前提。不敬业就不会乐业，勤业，精业，更谈不上创业。有了敬业精神，才能立创业之志，增创业之才，使自己的综合素质不断地提高。马云非常重视员工的敬业程度，在公共场合的演讲中，他都曾多次谈到这一点。所以，良好的敬业精神对于创业者来说是至关重要的。下面的故事会使你得到一些感悟：

1965年的一天，华盛顿的一所学校图书馆里，一位负责教九岁儿童班的老师来找我，说她班上有个学生功课完成得比其他所有孩子都快，他想再找个活干，能否在图书馆里干点什么。于是，我答应了他的请求。一会儿，一个身材瘦小、沙色头发的男孩走进来了。他问道，让他干什么活？

我给他讲解有关杜威十进位制的图书分类上架法，他听后立刻心领神会。后来我又给他看一大摞过期借阅书卡，书卡上的书我起先认为已经还了，但是实际上由于书卡有误，这些书找不着了。小男孩饶有兴趣地说，看来这是一份侦探似的活。话音刚落，他就像一名所向披靡的侦探干起来了。老师进来告诉他该休息的时候，他已经找出三本书卡有误的书。他不肯休息。老师说馆内空气不好，应该呼吸一下新鲜空气，他这才停下手头的工作。

次日早晨，他来得很早。他说要干完找书的工作。下班时，他又说要当一名正式的图书馆管理员，我很痛快地答应了，因为他干起活来孜孜不倦。

几周以后，我发现办公桌上有张留言条，邀请我到这个男孩家里吃晚饭。我应邀去了并且过得很愉快。临走时，他母亲说，他们全家要搬到毗邻的社区去住，孩子也得转学。但是孩子首先挂念的就是他不能再在原学校的图书馆里工作了，谁来找那些丢失的图书呢？

孩子要走了，我与他依依惜别。起先我认为他就是一个普普通通的孩子，可是他的那份工作热情使我觉得他非同寻常。我以为再也看不到这个小男孩了，可是几天之后，没想到他又回来了。他告诉我，新去的那所学校的图书馆管理员不让学生在图书馆帮忙干活儿。所以在他再三要求之下，妈妈同意他在原学校读书了。我当时脑子里闪过一个念头：这孩子的决心和毅力如此之大，将来一定能干一番事业。然而我尚没料到，他长大以后，竟成为一名信息时代的奇才、一位微型软件的巨头、一个世界的首富。他的名字就是：比尔·盖茨。

这也许不过是一个故事，但是人们常说，三岁看到老。如果比尔·盖茨从小没有这种敬业的良好品质，我想世界不会有这个奇才、首富的诞生。

一个人的品性是多年行为习惯的结果。行为重复多次以后就会变得不由自主，自然而然，成了顺理成章的事情，久而久之，便形成了人的品性。因此，一个人的品性受到思维习惯和成长经历的影响，他在人生中可以做出不同的努力，做出善或恶的选择，最终决定了其未来个性的好坏。勤奋和敬业并不完全是由于物质的刺激，对金钱的刺激是一种本能的反应，是个人追求最浅的层次，更高层次的则是一种自觉执行的精神，一种对事业更深层次的理解。

而在生活中，许多年轻人一踏入社会就缺乏责任心，以善于投机取巧为荣；老板一转身就懈怠下来，没有监督就没有工作；不思进取，反而以种种借口来遮掩自己缺乏责任心。懒散、消极、怀疑、抱怨……种种职业病如同瘟疫一样在企业、机关、学校中流行，付出多么大的努力，都挥之不去。值得钦佩的是那些不论老板是否在办公室都会努力工作的人，那些尽心尽力完成自己工作的人，这种人永远不会被解雇，他们在任何地方都会受到欢迎，这个时代就需要这种人才。

因此，“如果自己当老板，我会更努力”的论调只是自欺欺人，是为自己现在的懒散和不负责任而寻找借口罢了。就像马云所说，“有些年轻人经常是一上班就一个劲儿地抱怨：真没意思，待在这里工作真没意思。我就奇怪了，既然没意思，为什么不辞职呢？这就是没有敬业精神。”

作者寄语

热爱是最好的老师，热爱是成功的源泉。

创业需要做好吃苦的准备

准备创业者要有吃苦20年的心理准备。他要想好未来的路怎么走，未来的路上有什么挫折。我不想安慰谁，现实确实就是这样，阿里巴巴走过来，从阿里巴巴到淘宝到支付宝，一直这样坚持下来，几乎看到所有中国的创业者和世界的创业者都会面临的沉溺期。

——马云

现在有一部分年轻人缺少吃苦精神，找工作碰壁后心理承受能力脆弱，以至于整天嘴上挂着工作难找的话。马云却不这样认为，生存考验只是一种手段，年轻人更应自觉加强吃苦锻炼。

确实，创业是一个艰辛的过程，没有吃苦的准备，肯定是坚持不下去的。马云在西湖论剑上多次告诫创业者：要想创业，就必须有吃苦的准备。“对所有创业者来说，永远告诉自己一句话：从创业的第一天起，你每天要面对的是困难或失败，而不是成功。我最困难的时候还没有到，但有一天一定会到。困难不能躲避，不能让别人替你去抗。9年创业的经验告诉我，任何困难都必须你自己去面对。创业者就是面对困难。”从马云的话中，我们也能体会到马云当初创业时的艰辛和困难！事实上，创业的结果，创业者是无法预料的，但是创业遇到的各种困难，却是必须承受的！

马云经常给创业者们讲述下面这个故事：

1942年，二次世界大战正进行得如火如荼，随着战争形势的发展，战场即将转移至北非。这时，巴顿将军意识到自己的部队早已习惯了欧洲舒适宜人的环境，一下子移师到天气酷热的北非，那里恶劣的气候将成为士兵们的头号敌人。所以，巴顿将军就模拟北非的环境，建造了一个类似沙漠地区的训练中心，让士兵们在48℃的高温下，每天在沙漠里跑上一英里，且规定每位士兵每天只能用一壶水。士兵们如同从天堂掉进了地狱，叫苦连天。但是巴顿将军却丝毫不肯松懈，他以身作则，陪着士兵们一起接受种种艰苦的训练，并鼓励士兵们说：平时多流一点汗，打仗时就可以少流一点血。

不久，盟军总部下达了开战的命令，巴顿将军率领着部队进入北非沙漠，先前的训练这下子全派上了用场，部队很快就适应了沙漠里的酷热难耐气候，丝毫不受环境的影响，并且一举大败德军，在北非沙漠里屡建奇功，终于凯旋而归。

巴顿用行动告诉士兵们的同样还是一些成功创业者的那句话：要想创业成功，并且要想让企业常青和永续经营，没有吃苦耐劳的精神肯定是不行的。事实上，吃苦耐劳是初创企业快速发展的一个重要因素。马云就非常重视员工的吃苦耐劳，他在招聘员工时，首要的一条就是看被招聘的员工有无吃苦耐劳的精神。

在初创企业中，创业者往往是一个多面手，既是总裁，又是日常工作的顾问，也是处理难题的能手，他们每天工作时间长达10多个小时。被称为“标准型工作狂”的王永庆，每天早晨4点钟起床跑步6000多米，然后开始工作，除了吃饭时间之外，从不间断工作，连看电视的时间都没有。他的家族成员和员工称他是“像是24小时上紧的发条”。

能干常人不肯干的活，能吃常人不肯吃的苦，能赚别人看不起的钱，这是众多创业者艰苦创业的生动写照。马云在“西湖论剑”的论坛上，讲述了浙商的成功原因：在中国，浙江的创业者非常的多，他们百折不挠，万难不怕，不放过任何发展机会，开创出一片片发展新天地的勇气和精神，给中国，乃至世界都留下了极其深刻的印象。为了摆脱贫困，勤劳刻苦的浙江人什么苦都肯吃，什么脏活、累活都愿干，从事各种别人瞧不起的下等活：弹棉花、补鞋子、磨豆腐、配钥匙、理头发、卖眼镜。20世纪80年代中期，浙江省外出到全国各地创业的人数达200多万，仅台州地区就有10多万豆腐大军活跃在北京城乡。

从马云的话中得出这样一个结论，那就是成功的创业者大都有一个共同的特点：他们在创业的时候，非常吃苦耐劳，非常勤奋。因此，创业的成功不仅是需要大量的资金和强大的实力，同样也需要耐力，一种能克服万水千山的耐力。朋友，如果你选择创业，那就请下定决心，排除万难吧。吃过的苦，流过的汗都是宝贵的财富。比如，南存辉，从昔日温州城内辛苦操劳的小小修鞋匠，几经奋斗终成资产超过亿万美元的浙江富豪，连续三度登上福布斯中国富豪榜。其中的跨度之大，变迁之巨，其实就是一部传奇。在这民营企业家群雄纷起的年代，外表儒雅的南存辉，骨子里流淌着古代将士的骁勇和不屈。

南存辉13岁初中刚毕业，父亲因伤卧床不起。作为长子，南存辉辍学子承父业。从此开始修鞋来贴补家用。13~16岁，南存辉每天挑着工具箱早出晚归，修了3年皮鞋。

但是，南存辉没有放弃对社会的观察和思索。20世纪80年代初，温州掀起一阵低压电器创业潮。1984年，南存辉找了几个朋友，四处借钱，在一个破屋子里建起了一个作坊式的求精开关厂。4个人没日没夜地干了一个月，做最简单的低压电器开关。尽管第一笔只赚了35元。3个合作伙伴都沮丧极了，而南存辉却兴奋异常，因为他觉得自己终于找到了一条通往财富的路子。就从这35元的第一桶金中，他仿佛看到了创业的曙光。

1991年，在与朋友合作创办的求精开关厂解体后，南存辉吸收弟弟、妹夫等家族成员入股，组建了典型的家族企业温州正泰电器有限公司，南存辉个人占股60%以上。到1993年，正泰的年销售收入达到5000多万元。锋芒初露的南存辉意识到，正泰要想继续做大，必须进行一次脱胎换骨的变革。于是，南存辉充分利用正泰这张牌，走联合的资本扩张之路。他先后将当地38家企业纳入正泰麾下，于1994年2月组建了低压电器行业第一家企业集团。然而南存辉在摸索中渐渐发现，家族企业的一个致命弱点就是无法更多更好地吸纳和利用优秀外来人才，而人才又是企业发展的第一资源。

到1998年，几经思考的南存辉突破阻力，毅然决定弱化南氏家族的股权绝对数，对家族控制的集团公司核心层（即低压电器主业）进行股份制改造，把家族核心利益让出来，并在集团内推行股权配送制度，将最优良的资本配送给企业最为优秀的人才。就这样，正泰的股东由原来的10个增加到现在的100多个，南存辉的股份下降至20%多。数十位百万资本富翁诞生了。家族色彩逐步在淡化，企业却在不断壮大，正泰目前已成为拥有资产30亿元、年销售额超过100亿元、年上缴税金逾5亿元的大型企业集团。

创业的成功不仅是需要大量的资金和强大的实力，同样也需要耐力，一种能克服万水千山的耐力。朋友如果你选择创业，那就请下定决心，排除万难吧。吃过的苦，流过的汗都是宝贵的财富。

由此可见，创业者吃苦耐劳是一个企业发展壮大的关键因素。当然，吃苦耐劳不是那种蛮干的传统思路，而是依据事业在市场上的种种问题做针对性的改变，然后再选择性地拟出自己的计划和决策，从而实现自己的赢利之路。

作者寄语

一个人的痛苦，与天下相比便不能算是痛苦；一个人的仇恨，放到天下便也不能算是仇恨。大胸怀和大包容是解决一切问题的思想根源。

创业的道路布满荆棘

对所有创业者来说，永远告诉自己一句话：从创业的第一天起，我每天要面对的是困难和失败，而不是成功。我最困难的时候还没有到，但有一天一定会到。困难不能躲避，不能让别人替我去扛。9年创业的经验告诉我，任何困难都必须你自己去面对。创业就是面对困难。

——马云

翻开成功创业者的语录我们不难发现，每一个成功创业者的背后都不是一帆风顺的，都是充满着荆棘和血泪。在马云看来，创业就是与困难、失败为伍，在困难和失败面前，很多平庸之辈都低下了自己的头颅，只有少数不甘心失败者，才能忍受常人不能忍受的挫折，奋力拼搏，创造新一轮的辉煌。

的确，在波涛汹涌的商海当中，没有一个创业者可以随随便便成功，遭遇挫折或失败是很平常的事情，而这也是创业者必须越过的分水岭。其实，在布满荆棘的道路上前行，未必是一件坏事，它是人生的一种财富。你只要坚持下来，越过这道分水岭，等待你的将是美丽的风景，人生才能呈现一种崭新的境界。否则，只能是平庸一生，默默无闻下去。

下面这位创业成功者的创业经历，会给我们一些启示。

在日本，只要是一位政治家，就肯定不会对《读卖新闻》那些犀利深刻的政论漠然视之；只要是一名体育爱好者，就必定熟悉“读卖巨人”棒球队的精湛球艺；《读卖》副刊的时装剪裁和烹调技艺，更是主妇们必读之物。今天，《读卖》的触角就像樱花树根一样，对日本各界起着不可估量的影响。

然而在40多年前，《读卖新闻》却是一份濒于破产的小报呢！又是谁使它发生了如此巨大的变化的？那就是被称为“惊世之才”的正力松太郎。

当时，正力正处于事业的低谷时期，内阁的瓦解，使他也只能被迫告别侦探生涯。一天，一位风度翩翩的绅士走进这位中年侦探的家。他就是在财界颇有影响的幸政男爵，是来替当时销路只有4万份、濒于破产的《读卖新闻》做说客的。他恳请正力挽救《读卖》。正力谢绝了大公司的邀请，毅然决定接受这项工作，他想这份报纸的命运跟他的命运很相像。

回生有术振兴报业，要紧的是抓住读者。正力以他侦探的犀利目光，透视着人的内心深处。对于三教九流的喜怒哀乐，他真是了如指掌。上任后的头一炮，就是面向大众，革新版面。他增加了文教版、体育版、宗教版和广播专刊，开辟赛马专栏、钓鱼专栏以及彩色连环画连载，真是五花八门，无奇不有，一时令报界同人刮目相看。

待局面打开后，正力又使出第二招，跳出报纸平面的束缚，跃入社会这个广阔空间：举办文物展览会；向订户赠送夏令展览会的免费或减价券；举办围棋赛、棒球赛，不惜巨资邀请世界球星来日本表演；甚至组织大名鼎鼎的“读卖巨人”队，成为风靡日本的棒球运动的先驱；他还创办了流动诊所，免费施诊，以扩大《读卖》的影响……具有远见卓识的正力，深知大报的信誉决不能仅仅靠一些令人眼花缭乱的表面活动来维系，因而他把主要精力放在提高报纸质量上。

他网罗人才，不断提高政论和专栏的水平。他不惜经济损失，带头取消封面广告。他运用各种手段，加强新闻报道的时间性和客观性。他强调实事求是，并且身体力行，深入现场。他曾经冒着生命危险探测三原山火山口，爬下三四百米深，打破了埃特纳在西西里岛史庄波里火山口的勘察纪录。

《读卖》销路顿时大增，由4万份一跃升到20万份。1931年，《读卖》以23万份的销数，在《朝日新闻》和《每日新闻》等大报之后，屈居第五。

1937年，便高达88万份，居东京各报之冠。60年代，《读卖》的销路已超过800万份，号称“世界第一大报”。

可是成功的背后，正力却是比他人努力五倍，正力以他过人的精力掌管报社的一切，事必躬亲。他一周工作七天，亲自督导营业、编辑、广告、零售、发行、财务，直到白报纸的供应。有一阵，他整夜守在卷筒机旁，嘴唇紧闭，毫无倦色地检查废报纸的数量，采取措施增加了报社5%的收入。他亲自试验过一种油墨，居然降低了40%的印刷费用。他支持和鼓励日本造纸厂生产白报纸，不但使《读卖》比用进口纸的竞争对手《朝日》和《每日》少花了不少钱，而且挽救了濒临厄境的日本纸浆业。

除夕之夜，在这阖家欢聚、同享天伦之乐的时刻，正力还在报社忙着。他要亲自督察结清全部应收应付的款项。那密密麻麻的枯燥数字，透过正力的眼睛，活起来了。它们从不同的账簿和报表中跳出来，争先恐后地向正力汇报《读卖》的成绩。看着它们，正力忘记了翘首盼归的妻子和他那可爱的二子一女。直到大年初一凌晨3点，才心满意足地步出《读卖》大门……“《读卖新闻》的员工应该比其他企业机构的员工更加努力一倍，而我则要比其他报纸发行人努力五倍。”正力正像一部永远运转良好的大功率发动机，带动《读卖》的各个零部件，夜以继日地转着、转着。

1948年，有人建议正力去搞电视。他立刻看准了这个机会，申请执照。从电视发射技术上看，那时连先进的美国也才创办伊始。战后的日本，贫穷混乱，投资电视的风险之大，可想而知。

正力的要求四方受阻。盟军总部的专家们首先摇头反对。日本国家广播公司跟着鹦鹉学舌：“在五六年时间之内，日本根本不可能创办电视事业。”日本广播会社竟在全国各地张贴标语，对正力横加攻击。正力左推右挡，四出反击。经过4年的周折，正力的申请才获批准。

1953年，正力的电视台通过一根高达80米的天线开播了。百废待举的日本，有多少人花得起钱买电视呢？要知道在当时的美国，电视业务也是赔本的买卖。正力却出资600万美元筹办电视台。

正力的电视网与众不同。当时西欧各国的电视网都是700万赫的，正力却采用600万赫的。600万赫的电视网比700万赫的宽得多，收看观众也就多得多。

为打开市场，他开辟了220处露天电视场，每处可以容纳万人以上。他在各个电视场都装上一台21英寸的电视机，免费供狂热的观众观看。

不出六个月，电视声誉大振。目光锐利、行动果断的工商界大亨，马上抓住这一先进的广告宣传工具，将电视台的节目和时间瓜分殆尽。电视的普及，不仅促进了电子工业的蓬勃发展，而且也刺激了整个日本的经济。

1957年，71岁的正力，又雄心勃勃地申请创办日本第一座彩色电视台的执照。日本政府表示怀疑。固执的老人振振有词："彩色电视的发展，不仅在商业上将受到普遍的欢迎，同时也将提高日本在工业技术方面的声誉。"他一人出资280万美元，从事彩色电视的研究。不出3年，正力的电视台就向全世界宣告：日本是继美国之后，世界上第二个有彩色电视的国家。

由此可见，在逆境之中的正力之所以会取得成功，就是因为他敢于挑战困难，在荆棘中能激流勇进。他把困难视若寻常事，任凭风吹浪打，而且在此过程中学会了忍耐和等待，坚信一切困难很快就会过去的，学会了如何在困难与失败中生存发展的智慧。

是否能够克服困难也是能否抓住机遇、能否成功的关键。正如马云所说："历经磨难才会促使我们成为一代高手。"面对逆境和困难，要想从容走过，创业者就要有一种强者的心态，这是一种态度。每个人都有权选择自己的生活态度，而态度则影响我们待人处事的方法。正所谓思路决定出路，生活始终都是由我们的思想创造的。选择积极进取、力求突破，还是消极退让、虎头蛇尾，对创业者自我发展或战胜逆境都极为重要。

作者寄语

当我屡经挫败疲惫不堪的时候，我问上帝这是为什么，上帝告诉我，我是以一个伟人的标准来要求你的。

第三课 创业需要持久的激情

创业关键词：坚持忍耐力

充满激情是创业者的助燃剂

创业路上需要激情、执著和谦虚，激情和执著是油门，谦虚是刹车，一个都不能缺少。

——马云

马云在讲述自己的创业经历时，很重要地讲到："创业需要激情，而且只是有短暂的激情还远远不够，它需要持久地支持着创业者的灵魂。"一个人做事没有激情就像激烈的拳击比赛场上鸦雀无声，这样不仅会使运动员失去斗志，不可能发挥出最优异的成绩，也会使裁判、教练的热情削减。

马云把"激情"视为阿里巴巴"六脉神剑"的第五支，它的内容有：乐观向上，永不言弃；对公司、工作和同事充满了热爱，以积极的心态面对困难和挫折，不轻易放弃；不断自我鼓励，自我完善，寻求突破；不计得失，全身心投入；始终以乐观主义的精神影响同事和团队。

可见，激情是创业者最不可或缺的品质之一。下面让我们来看一下萨默·雷石东激情创业的故事。

论个人魅力，雷石东可能不及通用电器的杰克·韦尔奇；论创意能力，他可能不如迪斯尼的迈克尔·艾斯纳；论冒险精神，他好像与传媒大亨鲁佩特·默多克也有差距。但是他人生的传奇和创业的激情却远远超过他的对手。50年弹指一挥间，在传媒与娱乐这个充满青春激情的行业里，他稳守阵地，岿然不动。是什么使他在63岁快退休的年龄，甩下大半辈子的影院经营，像中了魔法一般展开对维亚康姆的围猎战？是什么令他把维亚康姆这个当年尚“在巢里嗷嗷待哺的小鸟”（雷石东语）训育成世界上最值得羡慕、运营最好的传媒企业？又是什么让这个八旬老翁迟迟不愿敲响“廉颇老矣”的钟声呢？

雷石东对“生活是残酷”的体验是从童年目睹父亲背着厚厚一摞油毡走向卡车的背影开始的。卖油毡的父亲没有受过太多教育，但是世代相传的勤劳与精明，使他为这个家庭竭力贡献自己所能做的一切。雷石东时刻充满激情地在自己的人生路上实现着一个又一个目标，以优异的成绩大学毕业后，又让他在长达10年的律师生涯中受益匪浅。是什么让他放弃可谓“日进斗金”的风光律师生活，开始了经商生涯？

父亲的油毡生意有了规模之后，开始投资餐饮业。在纽约买下了一块地，建造了纽约第一家（全世界第三家）汽车影院。父亲的影院不断扩张，逐渐形成了小有规模的连锁影院——东北影院公司。雷石东瞄上了东北影院公司。他因此放弃了“日进斗金”的律师工作，让父亲非常震惊，虽然是自己的亲生儿子，父亲也只能给他一年5000美元的薪水。10万美元和5000美元放在一起，他选择了后者。这样不合逻辑的选择把雷石东带到一个全新的战场。

激烈的竞争从创业之初就接踵而来。他的对手是那些大型连锁影院。他必须亲自与电影制片商谈判，不仅要善于辩论，还要与那些举足轻重的人建立私人关系，这样电影的首映权才可能攥在自己手里。残酷的竞争更能展现雷石东过人的机智和坚韧的毅力。对赢的渴望犹如一台永不停止的发动机带动着车轮疾驰而去。

20多年的时间里，雷石东以国家娱乐有限公司（由东北影院公司更名而来）总裁的身份舌战群儒、纵横捭阖，铲除放映行业的暗箱招标。他是一块招牌，在放映行业营私舞弊的黑暗时代散发出公义的亮光。在他的号召下，代表美国80%以上电影放映商利益的国家影院业协会成立了……

就在这个时候，意外发生了。当时55岁的雷石东出差下榻在波士顿柯普利酒店，半夜起火，将他烧成三度烧伤，烧伤率在45%以上。当时尚无人造皮肤（后来雷石东出资赞助了这项研究），医生只能对他进行“扒皮”治疗。6个小时之内，医生对他动了6次手术，皮肤移植、骨头移植，移植区的皮肤被一条条撕裂，每动一下简直就是地狱般的疼痛。雷石东回忆说，“当时我想，如果我的孩子面临这样的处境，我宁愿让他们死去。”

可是，雷石东没有死去，他奇迹般地活了过来，由此许多人认为，经过这场灭顶之灾，与死亡擦肩而过的遭遇会使他对生活有了某种新的认识，比如不再固执、不再疯狂、不再好斗。而事实上，他的个人信念并没有因为这场大火发生任何改变。雷石东对火灾的注释是：“有人说我在体会到了生命的可贵之后，会对生活更加宽容，不再做一些孤注一掷的事情，这都是废话。”如果非要对这场大火挖掘意义的话，那就是更加体现了他在生命中永远追求赢的激情。

1986年，63岁的雷石东把国家娱乐有限公司办成了全美影院行业的佼佼者，加上在其他传媒公司股票上的投资，雷石东积累了5亿美元的财富，安逸的晚年生活正频频向他招手。但是，他拖着被大火烧残的身体，再次做出一个让世人惊诧的抉择：放弃对国家娱乐公司的日常管理，放弃其他一切工作，把全部精力集中在对维亚康姆的收购上。

收购维亚康姆。主意已定，他要破釜沉舟大干一场。他与投资银行家和法律顾问一起制定了一个周密的“杠杆收购（LBO）”方案，来与企图进行反收购的维亚康姆管理层决一死战。然而，维亚康姆董事会明显偏袒雷石东的竞争对手，他们数次设法把雷石东的标底透露给公司管理层。管理层与雷石东在标价上展开了惊心动魄的拉锯战，从22.5亿美元、22.8亿美元一直跟到33亿美元。“我必须要赢。”34亿美元，他一周之内第三次提高标价。这是一场耗尽生命和心力的角逐，在等待董事会的最终决定时，雷石东的眼睛布满血丝，也许连上苍都被他志在必得的竞技激情感动了，维亚康姆董事会同意接受他的报价。听到这一消息的时候，他说自己已经接近崩溃的边缘了。雷石东如愿以偿地收购了维亚康姆，而雷石东支付了34亿美元，谁能填补如此高昂的收购债务？

摆在雷石东面前的是一个非常棘手的摊子。首先，公司原来的管理层对他这位控股股东兼董事长敌意十足，雷石东开始大刀阔斧地更换公司管理核心，以法兰克·比迪昂为首的新的执行团队开始进驻公司。他喜欢事必躬亲，积极参加公司的每项活动，和周围的人打成一片。为了减轻公司的财务负担，雷石东与可口可乐、迪斯尼等公司进行了长时间的谈判，希望对方能够购买一部分维亚康姆的股票。不卖资产卖股票，这是雷石东的绝招。他卖掉了手头上所有其他媒体公司的股票——当然，除了维亚康姆，他还把自己在长岛和克利夫兰的有线电视以5.5亿美元卖给查克·多兰有线电视公司。

1993年，雷石东拥有了自己的有线电视网，自己的电视节目制作中心，自己的电视台和广播电台，他唯一缺的就是一家电影制片厂。为了建立一个真正以内容为王的传媒王国，他决定用维亚康姆收购好莱坞最负盛名的电影制作公司——派拉蒙电影公司，成就了世界最伟大的娱乐帝国，其疆土几乎覆盖了全球每一个角落，从出版社到电影制作到电影院线与影像出租，从儿童频道到青少年最爱的MTV音乐电视网，从有线电视台、广播台到户外媒体与主题公园，维亚康姆以800多亿美元的市值成为全球最大的传媒公司。

有人问他未来5年的计划是什么，他的告白是："我从来没有考虑过这个问题。其实我不十分关心我的年龄，我更多考虑的是成功，如何取得更大的成功。我心中那股赢的激情将永远不灭。"正是这种赢的激情和坚忍不拔的毅力使雷石东度过了生命中最艰难的岁月，并且乐观向上："你并不一定需要先接近死亡，然后才能体会到生的可贵，只要你愿意，生活随时可以开始。"雷石东认为，大多数成功人士并不是因为对金钱的渴望才获得辉煌成就的，他们所受到的动力通常来自于更重要的因素：对成为第一的渴望和赢的激情。

马云也强调激情在创业中的重要性，具体有以下几方面：

1. 保留激情，创造奇迹

激情是一种调动人体每个细胞活跃起来的决定因素。具有激情的人，他将获得无穷的想象力和创造力。激情也最容易使我们在平凡中创造奇迹。我们不论是做什么，心中都应该燃烧起一股激情，让它作为一种不断鞭策自我和推动自我的强大动力，使困难和阻碍在激情的面前不堪一击。成功就在前方，看你是否有激情去奋斗，相信命运不会偏袒那些做事半途而废、犹豫不决、胆小怕事、缺乏激情的人，只有那些富有激情，勇于进取的人，才会在创业的大军中脱颖而出。但我们也要明白激情只是一种助动剂，不能说是光有激情你就具备了创业和成功的条件，这还需要我们更为慎重和审时而行，当你已经符合了创业的标准，那么带着激情上路，你将斗志昂扬地开始自己的打拼。

2. 激情是创业逆境时的助燃剂

创业是一件美好的事情，创业者往往勾画出一幅很美的蓝图。但是，在这条路上你要面对的逆境和失败要比给别人打工时多得多。打工时，只要完成任务就可以了，即使出现一些问题，造成一些损失，也会由你的老板来解决，不必要担心什么后果。而今天你创业了，你不能推卸责任，你也不希望有损失，因为损失的是自己的。创业路上不是一帆风顺的，也不会有平坦的大道等着你。不经历风雨，怎么能轻易地看见彩虹呢？遇到逆境怎么办？是消极对待，还是充满激情去解决？答案当然是后者。这时你需要打起精神，告诉自己，没有过不去的坎儿，你要充满激情地积极面对并解决这些问题，事情没有你想象的那么难。积极满怀的对待和消极厌世的等待结果会大相径庭。

3. 激情使你信心百倍地创业

激情是创业不可或缺的优秀品质。创业要有激情，激情能激发你创业，二者相辅相成。当你浑身充满激情地去为自己创业时，你会感到浑身充满力量，总有使不完的劲。你会发现，你有那么多的智慧。即使遇到难题也不会害怕，你会觉得其实困难很渺小。其实这一切，都源于你的激情。

4. 激情会激励你的团队

俗话说得好：兵熊熊一个，将熊熊一窝。所以有一个好的，积极向上的上司会使企业充满生机和活力；一个思想消极，遇到困难就会退步的上司，员工也会失去战斗的勇气。所以你会选择什么样的心态去创业呢？作为一个团队的领导者，你要知道你的一言一行影响着整个团队。你选择退，整个团队选择退；你选择前进，整个团队选择前进。你充满激情，团队也斗志昂扬；你满脸愁容，整个团队也阴云密布。一个充满激情的团队焕发出的能量是你孤军奋战的十倍，同样，给你带来的收入自然也能提高10倍，你才是最大的受益者。

雷石东的激情创业经历，马云对年轻人的谆谆教诲，使每一个创业者在平时生活、工作中，在所有的同事和下属面前，永远保持微笑和活力，让他们感觉到没有能难倒你的事。你的积极态度，会激励你的团队的斗志。天长日久，你的激情给你带来的收益将超出你的想象，因为每个人都喜欢和有激情、热情开朗的人来往。

作者寄语

热情是成功的源泉。只要有了热情，人们才能把额外的工作视作机遇，才能把陌生人变成朋友，才能真诚地宽容别人，才能热爱自己的工作。

人一辈子都在创业

我一直认为人一辈子都在创业，以前深圳有一个口号叫做“二次创业”，我不太同意这个，同一批领导是没有办法二次创业的，因为从第一天创业你就一直在创业。

——马云

马云认为创业者既然选择了创业，就必须一直坚持下去。暂时的失败并不能代表永远的失利；一时的成功并不能代表将来的成功，只有树立远大的理想，并在理想的道路上坚持下去，才能获得最大的成功。

那时候，很多人说阿里巴巴如果能成功，无疑就是把一艘万吨轮（船）

抬到喜马拉雅山上面。我跟我的同事说我们的任务是：把这艘万吨轮（船）从山顶抬到山脚下，别人怎么说，（是）没办法的事。你自己要明白，我要去哪里？我能对社会创造什么价值？创业的时候，我的同事可能流过泪，我的朋友可能流过泪，但我没有，因为流泪没有用。

创业者没有退路，最大的失败就是放弃。毫无疑问，马云所说的成功是一种坚持的成功。正如马云所言，放弃就等于失败，只有坚持才能成功。虽说在外界看来今天的阿里巴巴已经非常成功了，但是马云仍然不断地告诫公司员工，对外界的赞誉要置若罔闻。

因为我们要做102年。有一天如果你上了什么封面，你就把自己当作上了一个娱乐杂志一样。不要认为那是成功，成功是很短暂的，背后所付出的代价是很大很大的。

马云一直在试图告诉创业者们一件事：从创业的第一天起，你每天要面对的是困难和失败，而不是成功。我最困难的时候还没有到来，但有一天一定会到来。困难不能躲避，不能让别人替你去扛。9年创业的经验告诉我，任何困难都必须你自己去面对。创业者就是要面对困难。

虽然创业之路充满艰辛，但马云认为只要有梦想，只要不断努力，只要不断学习，就会有机会到达成功的彼岸。因为，“今天很残酷，明天更残酷，后天很美好，但绝大部分人死在明天晚上，所以每个人（都）不要放弃今天。”

苹果电脑公司创始人、现任CEO斯蒂夫·乔布斯20岁时就开始创业，使“苹果电脑”在10年间从一家只有两个小伙子的车库公司扩展成了一家员工超过4000人、市价20亿美元的国际大公司。令人意想不到的是乔布斯30岁时被自己所创办的公司炒了鱿鱼。乔布斯说：“就这样，曾经是我整个成年生活重心的东西一夜之间就不见了，令我一时愕然，走投无路。随后几个月，我实在不知道要干什么好。我成为了公众非常负面的示范，我甚至想要离开硅谷。”我们相信，创业者既然选择了创业，他就一直在创业的路上，无所谓成功，无所谓失败。虽然乔布斯被董事会否定，但是他一直热爱的事业并没有否定他，所以乔布斯决定一切从头开始。在接下来的5年里，乔布斯开了一家叫做NEXT的公司和一家叫做Pixar的公司。Pixar取得了很大的成绩，制作出了世界上第一部完全由电脑制作的动画电影——《玩具总动员》。之后，这家公司阴差阳错地又被苹果电脑公司买下了，乔布斯于是又回到了苹果电脑公司。而NEXT发展的技术居然成为了“苹果电脑”后来复兴的核心。

乔布斯曾说：“我敢肯定，如果苹果电脑公司没有开除我，就不会发生这样的事情。这副药虽然很苦，可是它成为了苹果电脑公司——这个‘病人’起死回生的神药。”

失败或许可以改变一个人的命运，从头再来未必是坏事。成功也未必是最终结果，创业者们需要警钟长鸣。既然选择了创业，就不能再回头，创业者一辈子都在创业。就像马云所说：“请创业者不要低下高贵的头。”

作者寄语

用人品去感动别人，用改变去影响别人，用状态去燃烧别人，用实力去征服别人，用行动去带动别人，用坚持去赢得别人。

专心做好一件事

先把自己沉下来，踏踏实实做一个小公司，如果说把四个行业网站缩成一个，踏实做好。

——马云

“看见10只兔子，你到底抓哪一只？有些人一会儿抓这只兔子，一会儿抓那只兔子，最后只能一只也抓不住。CEO的主要任务不是寻找机会而是对机会说NO。机会太多，只能抓一个。我只能抓一只兔子，抓多了，什么都会丢掉。”这是马云的“抓兔子”理论，其核心就是专心做好一件事，一切皆为既定目标服务。马云自1999年做电子商务B2B始，在此后的9年多时间里，“让天下没有难做的生意”这只“兔子”，一直是马云和阿里巴巴所追求的目标，更是后来阿里巴巴大厦赖以发展的基石，从来没有动摇过。正是因为马云专注于电子商务，最终办出一个世界最大的电子商务网站。

研究发现，大多数的创业者都喜欢贪多，当一个企业刚发展起来的时候，创业者很快就被胜利冲昏了头脑，并开始大规模的冒进，从而失去了踏踏实实地做好、做强、做大一个企业的兴趣，等到企业破产那一刹那才发现踏踏实实地做好一个小公司的重要性，那时候已经晚了。然而，与众多的创业者不同，马云就喜欢踏踏实实地做一个小公司，然后再做一个大公司。

马云说，一个企业家和一个企业应该有一个梦想，他自己的梦想很简单，就是把阿里巴巴做好，踏踏实实地做事，对自己的行为负责。而阿里巴巴的梦想就是要成为一家102年企业，于未来10年内进入全球三大顶级互联网公司的行列，同时成为一家财富500强企业。他说：“我希望阿里巴巴能成为一家百年老店，并对人们产生一定的影响，就像通用电气、微软或IBM那样。”

马云指出：“阿里巴巴是创业者，培养的是中国的土老板，理念是为中小企业服务，这一点永远不会改变。我将阿里巴巴定位为102年的企业，就是持续成长发展102年。为什么102年？我们是1999年诞生的，102年是横跨三个世纪，目标明确。102年的企业肯定有闪失的，我认为有三点：大学是可以走100多年的，我们一定要办培养企业的大学；企业的文化可以走102年，企业的文化是企业发展的DNA；投资可以做102年，洛克菲勒集团大家都知道，今天虽然已经没有了，但是钱和理念一直延续着。所以公司要确定102年的思考和建设，这是我未来的希望和信心。”据马云介绍，公司目前正在着力开拓日本和印度市场，帮助中小型企业和创业者的阿里学院也正在规划之中。

“到底什么是创业，很多人都讲，有些人问我，‘今天做这个生意好不好，明天有哪个机会，做那个事情好不好。’其实创业最大的、最核心的就是你必须要坚持不懈。如果你每天都在坚持不懈地做一件事情，那么，我相信终有一天这个世界就围着你转，如果你每天都在做不同的事情，你每天就围着这个世界转。这就是创业的核心精髓。”

放弃国企安定的生活，和几个大学同学一起选择了自我创业，三次创业失败三次站起来，最惨的一次亏损上千万，家里房产均被变卖，还背着一身债。最后，他凭借坚韧不拔的精神和诚信使“咸鱼翻身”。如今第四次创业成功的刘国和感慨良多，他想告诉想创业和正在创业的人一句话：不熟悉的领域不要做，坚持做一件事能做到极致，你就已经成功了。

1986，刘国和从厦门大学计统系毕业，被分配到沈阳变压器厂工作。在国企呆了4年，因为有名牌大学的光环，刘国和备受重视，荣誉接踵而来，但心高气傲的刘国和并不满足于国企缺乏激情的生活。1992年，全国上下涌动着下海热潮，刘国和同几个大学生一沟通，得知大家都有创业的想法，于是在厂里迅速辞职，领着大家凑了点钱，开上了冷面店。

开冷面店的同时，刘国和发现当时一些要上市的国企正准备发放原始股，他认准了买原始股将是一个发大财的机会，所以利用原来在国企积累的人脉，用投冷面店赚的钱购买了大量股权证。没想到，这家公司最后竟然没能上市，所有的原始股成为一堆废纸。这次投资最终以惨败而告终，刘国和为此还背了17万元的债务。

丧气的话说过以后，刘国和还是不甘心就此沉沦下去，觉得自己在股票投资方面的天赋还没有得到施展。经过朋友介绍，他成功应聘进入了当时炙手可热的南方证券公司，并做了经理助理。在南方证券的5年，刘国和在股市投资的眼光得到了证明，几个漂亮的大手笔就为公司创造了巨额利润，不仅偿还了之前所欠下的债务，还给父母在城里买了房子，积累了不菲的积蓄。

钱多了，刘国和的心里再一次蠢蠢欲动。他一边在南方证券打工，一边开始私下琢磨自己创业。当时听朋友说一个铁岭的油墨厂项目挺好，如果收购过来会有较大的利润空间。刘国和动了心，几乎未做深入了解便收购了这个油墨厂。但因为分身乏术，又缺乏对这个行业的技术支持，他只好把公司委托给朋友管理，最后，油墨厂不但没赢利，反而还让他赔了60万。

第二次创业虽然失败了，但刘国和在南方证券期间还是有了几百万元的积累。凭着在南方证券期间积累的人脉和经验，1999年的时候，刘国和选择再次创业，创立了自己的投资公司，专门为上市公司做证券业务和资产投资管理，最高时管理资金达上亿元。钱多了，刘国和的野心也迅速膨胀，很快将公司的规模扩大，谁想到，风险跟随而至。2001年始料不及的美国“9.11事件”让中国的股市出现连续5年的暴跌。刘国和也不例外，许多客户纷纷向他追债。

为了保全信誉，刘国和没有选择逃避，而是把所有风险都压在自己的头上，为了对投资的客户负责，他搭上自己所有的积蓄，又先后卖掉了大连、沈阳、鞍山等地的房产，总算摆平了此事。

一夜之间回到起点，而且还欠了许多外债，换作别人可能真的就永远倒下去了。可刘国和并没有像第一次创业失败时那么悲观。他深知在自己喜欢的这个领域，诚信的价值有多高。

果然不出他所料，以前和他打过交道的一位银行的行长得知他的困境后，很快贷款给他。“我了解你，你是一个讲信誉的人，我喜欢和诚信的人交往。”就这样，在一些朋友的帮助下，从“零”开始起步的刘国和再次创办了一家投资管理公司和一家电子有限公司。目前公司运营情况良好，平均回报率为25%。

“经历了此前三次创业的失败，我也好好参悟了一下人生。我想，对于年轻人来讲，有创业的想法是好的，但一定要脚踏实地，一步一个脚印，切勿盲目贪大。人活一辈子，只做好一件事情就很好。”这是刘国和在总结自己创业经历时的肺腑之言，也是很多成功创业者的一个写照。

究其原因，一些初创企业管理中的一个突出问题就是组织内部往往缺少详细的职务分工和职务分析体系，新聘的员工对自己的责权利经常是搞不清楚。企业员工的招聘手段也是简陋粗放，缺乏细节。还有，一些初创企业鼓励员工实行目标管理和绩效评估，但到年终业绩检查时，并无具体的用数字支持的监督方案可寻，结果绩效管理仅仅是走过场。

所以，对于年轻的创业者而言，在迈入创业之初，绝对不能贪多，利用你现有的资源，根据自己的实际情况，踏踏实实做好一项工作。其实人的精力是有限的，你不可能是一个全才，都是在某方面有这样那样的缺陷，如果不能量体裁衣，想样样做好，可是到头来会丢了西瓜捡芝麻。人生一世，能做好一件事足矣！

作者寄语

专心、专注、专业，你才会成为专家，成为专家才会成为赢家。

第二篇

经营模式——做自己的特色

我深信不疑我们的模式会赚钱，亚马逊是世界上最长的河，8848是世界上最高的山，阿里巴巴是世界上最富有的宝藏。一个好的企业靠输血是活不久的，关键是自己造血。

——马云

第四课 标新立异，永远不做大多数

创业关键词：创新独特

在创新中求发展

一个项目、一个想法如果不够独特的话，很难吸引别人。

——马云

创新是一个企业的灵魂，没有创新的企业就像一个失去士气的军队，即使有千军万马，也未必会在交战中获得胜利。经营企业也是一个道理。要有自己的特色，标新立异才能在竞争中独占鳌头。

被人们视为“异端”、“另类”的“汽车疯子”李书福，曾经说过这样的话：“别人没做，我们更应该做。即使无力回天，也可留下一个时间上的思考。世界上任何一个能够做大、做强、做好的企业不可能用别人的品牌。我不反对‘挪威的森林’，但更好的是，我们要在自己的土地上长出雄伟粗壮的白桦林！”在已经习惯了“进口”甚至直接“拷贝”欧美模式的中国，说出这样的话是需要极大的勇气与魄力的。

马云也认为，做生意，“做小了，就一定要做到独特”。亦步亦趋，永远跟在别人的后面是做生意最忌讳的。那么，创业者怎样才能财源不断？首先要能吸引住顾客的眼球，做到极致，才会带来无尽的生意，而这一切都要靠在经营上以独特的个性和少见的手法，要在经营商品的新奇与稀有上下功夫，也就是需要创新。

探索马云的成功模式，总能从无数个“偶然”中寻找到一些“必然”的痕迹：他没有“海归”的耀眼光环，却不乏海外文化的滋养，英文也不比“假洋鬼子”差；他从小成长于“草根”阶层中，对中国的国情有着深刻的理解，就连创业的大本营都定在了他土生土长的浙江——这个中国最庞大的民营企业集中营，在这里他的“土鳖”智慧可以得到充分施展。其实，马云并不比别人更懂“鼠标”，而是更理解“水泥”，更理解中国的用人之道。尽管他的商业模式在美国、欧洲都找不到现成的榜样，却实实在在生长在中国这块古老的土地上。

马云的创新模式得益于他对中国中小企业的了解，马云创业团队自身的成长经验。

我们是异军突起后成为在全世界B2B领域里（我们可能现在确实是）的第一位，无论访问量、客户数量都是第一位的，原因很简单，美国都是为大企业服务的，在我想来要为大企业服务是很难的，第一，等到他搞清楚怎么做的时候，他往往会自己做，他会把你甩了；第二，美国的电子商务都是为大企业省钱，我觉得中国要为中小企业服务，因为中国中小企业很多，因为中小企业最需要帮助，就像你可以造别墅，但客户群是有限的，但当你造很多公寓的时候，就有很多人愿意住，所以我是造公寓，为中小企业服务的，对于中小企业你不能去想办法帮他省钱，因为他的钱已经省到了骨头上面了……为中小企业服务的思路是帮助他们赚钱，让他们通过我们的网络发财……

马云对中小企业进行了详细的调查，他发现，中小企业商人头脑精明、生命力强，相当务实，“他们才不管你什么战略不战略，能让他赚更多钱的东西他就会用”。

如果把企业也分成富人穷人，那么互联网就是穷人的世界。因为大企业有自己专门的信息渠道，有巨额广告费，小企业什么都没有，他们才是最需要互联网的人。而马云就是要领导穷人起来“闹革命”。

由此可见，马云是在不断创新中是自己强大起来的，其实现实中有很多走创新路线的企业家。

来看一个创业实例：

在中关村这块创业者的乐土上，有的企业迅速成名，也有的迅速衰落。而成立14年来，华旗已经从一家代理计算机配件的公司，逐渐走上了以品牌建设和自主创新为核心的发展道路，成为中国IT消费产品领域最有价值的品牌之一。商业模式是决定企业成功与否的至关重要的因素。成功的商业模式往往具有三大特点：新颖性、独特性和不易模仿性。在华旗，一直遵循着一条1+1=11的创新与合作的模式。

冯军认为，方向相同，定位不同的两个1相加，可以获得最佳的结果，等于11，实现增值，最终实现合作伙伴合理利益的满足与共同成长的机会，营造一个共同成长与和谐发展的环境。从2005年开始，爱国者以硬件平台为基础，同时进入内容产业，并成立了爱国者音乐网，创造出了具有民族文化特色的内容。民族特色的内容和硬件的研发与制造优势相结合，形成1+1=11的增值关系，同时向全世界进军，既是民族企业的发展机会，同时也满足了全世界消费者对中国文化的好奇，也可以带动国内的产业在这个领域发展，华旗将有机会亲手实现从中国制造向中国创造的转变。

据冯军介绍，爱国者正在着手MP4硬件产品与文化创意产业的1+1=11的布局，并且成立了自己的动漫设计公司。2006年4月5日，中共中央政治局常委李长春在华旗考察时指出，传统文化必须和现代科技相结合，和产业化相结合，跟市场机制相结合，才能使我们的传统文化用各种形态反映出来，才能传播得更远，影响得更深。按冯军的思考，有时候，创新能够非常简单，那就是创造新的价值。而创意则是创造各种主意并最终落实，其中最重要的就是执行力。华旗在核心领域、投资方向上都采用了1+1=11的模式，在很多决策上都遵循着这一产生新价值的原则，U盘变成饭卡正是来源于这个增值模式。

IT高科技和餐饮，本来没有什么联系，但是华旗用1+1=11的模式开发出了Autorun技术。这项技术开拓了一个全新领域，那就是把U盘做成贵宾王卡。当把这个卡插到餐厅计算机上就可以付账。这种CRM（客户关系管理）工具原本是IT领域的工具，但是和餐饮业结合就形成非常有趣的产品。凭借一张贵宾王U盘，餐厅可以看到客户用餐的信息记录，从而决定这一顿饭对老客户打多少折扣。这种工具可以用到各行各业，除了与餐饮行业结合之外，这项Autorun技术也可以应用于其他各个行业中。

现在，在许多饭店吃饭，只要拥有一张贵宾王卡就能够享受打折的优惠。华旗的这个创新不仅给人们的日常生活提供了方便，更重要的是，他提供了一种创新的发展和增值模式。餐饮行业仅仅是一个起点，华旗还将把其先进的技术运用到日常生活的各个领域，科技成为自由生活的工具不再仅仅是一句口号。而十几年间，华旗从代理计算机配件产品起家，依靠“厚德载物，自强不息”的“六赢”理念稳定发展，终于在1996年创立了爱国者品牌，开始了自主品牌的创业发展之路。华旗十几年的发展表明，只有坚持技术、设计和应用等方面的创新，建立创新的一系列机制，才能保证公司整体创新环境的建立及企业长久发展。

1999年，华旗看准互联网等产业的发展机会，开始将产品方向朝大容量的移动硬盘转移。最初引进了1G硬盘，后来又开始自主研发5G和10G的硬盘。1999年11月，华旗爱国者5G硬盘上市后马上吸引了石油以及政府这些需要大容量存贮的专业机构采购，这些部门的批量订货也让华旗看到了自主创新的出路。

推出自有品牌产品之后，华旗注重设计和应用领域的创新工作。这种集成外来技术进行整合创新的路径，造就了华旗在MP3领域的多个世界第一。USB移动存储技术和MP3播放芯片都不是华旗发明的，但华旗是全球第一家将二者结合并“扩容”原始MP3功能的企业；当彩屏MP3在海外市场出现后不久，华旗却在这个基础上推出享有自主专利的视频MP3、眼镜MP3、手表MP3。

2004年，华旗数码研究院将研发800万像素数码相机列入产品规划时，一度为掌握在日本公司手中的镜头成像和CCD等数码技术专利所困扰。按照行业发展现状，国内任何数码相机提供商，都无法回避这些专利技术的困扰，解决问题的方式只有向这些专利掌控者们证明华旗的技术实力。

2004年7月，华旗研究院完成了水印和数码成像技术第一期集成方案，围绕该方案华旗研究院拥有12项发明专利和3项软件著作权。经过漫长的谈判，华旗终于实现了与日本相关厂商的专利共享，华旗才有了可以说是中国人自己的800万像素数码相机。“我们要塑造一个集研发、推广、服务为一体的新华旗，它将成为一个在任何所从事的领域都数一数二的企业，它将成为一个在任何时候都让国人骄傲的名字。”冯军说，“我们要将爱国者建设成为令国人骄傲的国际品牌。”

爱国者的1+1=11创新模式让华旗数码从无到有，由小做大。所以在这个充满竞争与挑战的时代，生意难做，钱难赚这是事实，但是同样会有奇迹诞生，是因为他们总能技高一筹，靠自己的独具匠心来吸引顾客的眼球。新、独、特是做生意的最大智慧。

作者寄语

提出一个问题往往比解决一个更重要。因为解决问题也许仅是技能而已，而提出新的问题，却需要有创造性的想象力。

要做出自己的风格

10年的创业告诉我，我们永远不能追求时尚，不能因为什么东西起来了就跟着起来，永远要做最适合自己的。

——马云

商场如战场，要在没有硝烟的战场上能有一席之地，只有资金、技术还是不够的，还要有独树一帜的企业风格。所以要做适合自己的，即使是同样的东西，也要做出自己的风格，独树一帜。只有这样，才能在激烈的市场竞争中立于不败之地。

马云也在《赢在中国》节目中给出这样的点评：“首先回答刚才那个问

题，就是选项目还是选人。我觉得项目和人不应该是矛盾的，优秀的项目必须有合适的人，优秀的人也必须要合适的项目，然后再加上合适的时间才能成功，所以我选的时候一定从这个人和这个项目，以及是不是合适的时间来看问题。有的时候这个项目很好，人不行，有的时候项目不成熟。”

所以，无论你是久经商场，还是初出茅庐，如果你这次创业要涉足一个你自己并不熟悉的领域，一定要慎之又慎，绝对不能盲目从事。所谓的“量体裁衣”说的就是这个道理。在这一方面，商海里有许多正面反面的例子可供我们引以为戒。

黑人推销员乔治所在的公司老板性情暴躁，总是喜欢无故朝下属发脾气。终于有一天，乔治再也忍不住了毅然辞去了职位。乔治靠自己仅有的200美元招了三名工人，就在原公司的对面租了一间房子，挂出了“黑人化妆品公司”的牌子。

乔治知道自己的公司无论在财力、人力、物力及势力上都无法与原公司相比，于是他集中精力研制了一种粉质雪花膏。在推销该产品时，他在广告中宣传说：“当你用过某某化妆品之后，再擦上一层乔治的粉质膏，将会收到意想不到的效果。”同事们认为在无形之中替原公司做广告。乔治却说：“就是因为他们公司的名气大，我们才这样说。打个比方，现在几乎很少人知道我叫乔治，可如果我想办法站到美国总统身边的话，我的名字马上就会世人皆知。推销化妆品也是这个道理。在黑人社会中，他们的化妆品已久负盛名，如果我们的产品能和它的名字一同出现，明着是捧原来的公司，实际上却抬高了我们自己的身价。”这一宣传策略果然很灵验，消费者自然而然地接受了乔治公司的产品，市场被迅速打开了。

因为粉质雪花膏销路一路递增，乔治公司的名字也逐渐被消费者所熟悉，乔治便借此时机，在原公司失去戒备的情况下，接连推出了几种系列产品。现在，乔治公司的化妆品独霸了美国的黑人化妆品市场，而原来那家大公司则完全被挤出了市场。

由此可见，马云为什么强调在创业的时候要选择适合你自己的项目呢？其原因就在于此。经商创业需要我们发挥自己的优点，需要我们去扬己之长避己之短。选择自己的创业行业时，一定要考虑自身的情况，千万不可冒冒失失，一头扎进自己不熟悉的领域而不能自拔。要做出自己的风格，只有这样才能在同类行业中独领风骚。乔治的“黑人化妆品”就是靠风格独特而占领了市场。

从社会发展的大趋势和成功创业者的经验来看，一个人要想取得事业的成功，只有积累自身不断生长着的优势，才能将自身的优势最后转化为胜势。我们的“优势”之所以要不断的生长，是因为目前数字信息化社会变化繁复，昨天的优势到了今天便有可能成为劣势。另外，你熟悉了这个行业，也并不意味你的创业就肯定能成功。这一点也需引起目前正在计划创业的青年朋友的注意。

总之，创业者要一心一意、全心全意地去做你熟悉、你懂行的行业，千万不要人云亦云，盲目跟风，要立足一个项目，脚踏实地，坚持下去创出自己的风格。如果能做到这一点，你创业就很可能会赚到钱。否则，你只有站着观看的份儿，弄不好“海”没有下成，反而喝了一肚子“海水”。

作者寄语

只要做出自己的风格，就可以在激烈竞争中优先胜出。

迎接变化，多出新招

谁是你的竞争者，你最大的竞争者就是传统思维、传统文化，所以你要花很长时间去传达一种新的文化、新的礼仪，对现代生活的理解。15年前我做互联网，做电子商务，很多人觉得怎么会有人在网上买衣服，现在越来越多……

——马云

创业者要想把企业做大做强，就不能固守一个传统的经营方法和营销方式，要多用新招，始终拥有自己的特色。马云就是一个非常善于出新招的高手。

阿里巴巴在2000年就推出了名为“独孤九剑”的价值观体系。“独孤九剑”的价值观体系，包括群策群力、教学相长、质量、简易、激情、开放、创新、专注、服务与尊重。而现在，公司又将这九条精炼成目前仍在使用的六脉神剑。阿里巴巴正是在这种认识的高度中不断地完善其企业文化建设。

然而，进行企业文化的渗透不是一件易事。成功的企业都特别注重企业文化的落地，而不仅仅作为墙壁上的口号流于形式。

阿里巴巴每年至少要把1/5的精力和财力用在改善员工办公环境和员工培养上。阿里巴巴人事部经理陈莉告诉记者，阿里巴巴对员工的工作时间没有严格的打卡要求，只要完成工作任务随便什么时候上下班。像IT业，研发性的工作用脑量大，员工处于紧张繁忙的状态。提供优雅一点的工作环境，可以让员工心情舒畅，开心工作。

这可能就是一般企业人才流动率高达10%~15%，而阿里巴巴连续数年的跳槽率仍然能控制在3.3%的根本原因。

由此可见，马云在企业经营的各个层面都不是在固有的模式上一成不变，或者是只会跟风主义，而是很有创意的、有自己的一套经营模式和经营理念。其实，一个企业具有生命力与否关键要靠它的经营理念。新颖、创新的经营方式会给企业注入新鲜的活力。

“怕上火，喝王老吉”。近年来，饮料行业的一匹黑马罐装饮料王老吉脱颖而出，一鸣惊人。

通过下面一组数据，我们不难看到王老吉的增长速度，王老吉2002年销量1.8亿元，2003年销量6亿元，2004年销量15亿元，2005年销量超过25亿元（包括利包装），2006年销量更是超过了35亿元。

在南方一些地区的宴席上，“茅台酒、中华烟、王老吉”已成为不可缺少的几小件，打麻将熬夜、运动、看球赛后喝一罐王老吉更是成为一种时尚。

那么，是什么原因使王老吉引爆凉茶市场，迅速飙红呢？

其实，在2002年以前，王老吉已经不温不火地经营了7年多，虽说小日子过得也还滋润，但却一直默默无闻，固守一方。

2002年，专业品牌公司成美（广州）行销广告公司在为其做品牌诊断时发现，王老吉不温不火的最根本的原因不在于市场推广，而在于品牌定位。王老吉虽然经营多年，但其品牌缺乏一个清晰明确的定位，其原来的广告语“健康永恒，永远相伴”其实是一个较模糊的概念，企业无法回答王老吉是什么，消费者更无法回答。

经过细致的市场调查，成美公司发现，消费者在享受饮食时（特别是在享受煎炸、烧烤、香辣美食时），特别希望能够预防上火，而目前市场上的可乐、茶饮料、矿泉水、果汁等显然不具备“预防上火”的功能，而王老吉的“凉茶始祖”的身份、中草药配方、125年历史等要素为其成功打造“预防上火”形象提供了有力的支撑。最终王老吉明确了自己品牌定位——“预防上火”，这一关键性的一步棋改变了王老吉的命运，随着“防上火，喝王老吉”的系列广告等品牌推广活动的展开，王老吉的销售量直线上升。

可见，王老吉的成功，关键在于确定了自己独特且能打动消费者的品牌定位——“预防上火”，这一定位具有高度差异性，同时避开了同可乐等国内外饮料巨头的直接碰撞竞争，开辟了自己的生存空间，为王老吉迅速引爆凉茶市场奠定了良好的基础。

精准的品牌定位之后，有效的品牌推广则是使品牌深入人心的重要手段。

加多宝副总经理阳爱星曾说：在最短的时间里使王老吉品牌深入人心，必须要选择一个适合的宣传平台，央视一套特别是晚间新闻联播前后的招标时段是具有全国范围传播力的保障。

王老吉始终把中央电视台作为其品牌推广的主战场，巨额广告投入不遗余力，同时针对各区域市场的不同特点，投放一定量的地方卫视广告，以弥补央视广告覆盖率的不足。

王老吉的广告投入可谓大手笔，2002年，王老吉重新品牌定位后，就投入1000万元进行广告宣传推广，2003年广告投入增至4000多万，2004年广告投入1个亿，2005年1个多亿，2006年世界杯期间广告投入更是猛增，全年投入2个多亿。

当然，王老吉还在包装设计、危机公关、团队建设、费用管理等方面都有出色之笔，众多环节的精彩表现，终于使偏安广东一隅100多年的广东凉茶走向了全国市场。

王老吉引爆凉茶市场的成功给了我们企业许多启迪和思考，中国是目前世界上品牌可以跳跃式发展的一块宝地，也许机会就在身边，关键是我们是否拥有把握机会的能力。

作者寄语

唯有创造竞争才能解决竞争。

第五课 创业路上不能孤军奋战

创业关键词：合作

打造激情团队，共享共担

最锋利的就是你和你的团队。

——马云

马云奉行激情人生，崇尚激情创业、激情创新、激情冒险。他善于用激情感染团队，感染事业。在外人看来，阿里巴巴的几百名员工就像一锅沸水，就像一个疯狂的陀螺，是马云点燃了阿里巴巴团队的激情，也造就了阿里巴巴持续成功的激情神话。

“团队合作”是阿里巴巴“六脉神剑”的第二支，它的内容是：共享共担，平凡人做非凡事；乐于分享经验和知识，教学相长；以开放的心态听取他人的意见；表达观点时，直言不讳；在工作中，群策群力，拾遗补缺；不是自己分内的工作，也不推诿；决策前充分发表意见，决策后坚决执行；有主人翁意识，积极参与，促进团队建设。

创业初期曾访问过阿里巴巴的《亚洲华尔街日报》的总编这样写道：“没日没夜的工作，屋子的地上有一个睡袋，谁累了就钻进去睡一会儿。”数月后《福布斯》杂志的资深记者贾斯汀·杜布勒参观了阿里巴巴创业时的房子："20个客户服务人员挤在客厅里办公，马云和财务及市场人员在其中一间卧室，25个网站维护及其他人员在另一间卧室。像所有好的创业家一样，马云知道怎样用有限的种子资金坚持更长的时间。"其实记者们看到的只是一些片段。

阿里巴巴初创时，马云知道加班会是常态，于是要求大家住在离办公室步行5分钟就能到的地方，大家租的都是附近最便宜的民房。

马云早就有话在先："我许诺的是没有工资，没有房子，只有地铺，只有一天12个小时的苦活。"湖畔时代的作息时间是早9点到晚9点，每天12个小时，这是正常作息时间。每天都会有一个人早来一些，早走一些。加班时，每天要干16个小时甚至更多，而加班又很经常。每遇新版发布，加班是不可避免的。

湖畔时期，写程序的工程师们很辛苦，做客服的编辑们也很辛苦。做客服的每人都有一个个人邮箱，每人都有一个化名，所有给客户的邮件都是通过个人邮箱发出的。阿里巴巴一开始就坚持与客户一对一的在线沟通，用人沟通而不是用机器。后来任阿里巴巴副总裁的彭蕾说："那时的客服都是即时的。大家做客服做到了痴迷的程度，工作到半夜一两点，客户的信没有处理完就不回去。有时客户半夜两点收到邮件，很吃惊，问我们：是不是时间有问题？我们说：没有啊，我们都在线啊，客户非常感动。"可以看出阿里巴巴一开始就坚持客户第一，强调服务第一。那时，全靠人性化的服务争取客户，而很多新客户都是朋友推荐来的。

湖畔时代工作艰苦，生活也艰苦。每人每月500元工资，其实还是自己给自己发工资，因为发工资的钱是大家凑的，其艰苦程度可想而知。

阿里巴巴副总裁、"十八罗汉"之一的金建杭说："条件艰苦一点没什么不好，会让机会主义者走开。"若要用一个词来描述阿里巴巴创业者的工作状态，那就是"疯狂"。那时，没人计较投入产出，没人计较个人时间，甚至没人感到苦，反而觉得那段日子很开心、很幸福。

那会儿的阿里巴巴不像个公司，更像个家庭。马云不像老板，更像老师；大家不像员工，更像学生，更像兄弟姐妹。

艰难时刻，马云的话总是激动人心："就是往前冲，一直往前冲。我说团队精神非常非常重要。往前冲的时候，失败了还有这个团队，还有一拨人互相支撑着，你有什么可恐惧的？今天，要你一个人出去闯，你是有点慌。我觉得黑暗中大家一起摸索一起喊叫着往前冲，就什么都不慌了。十几个人手里拿着大刀，啊！啊！啊！向前冲，有什么好慌的，对不对？"听了这样的话，创始者们的精神怎能不为之一振？

接下来马云开始兜售真正的期货，兜售黄金的未来："在未来三五年内，阿里巴巴一旦成为上市公司，我们每一个人所付出的所有代价都会得到回报，那时候我们得到的不仅是这套房子，而是30套这样的房子。"当时对于这些只能掏出1~2万的人来说，30套房子的价值就是个天文数字，湖畔花园是个遥不可及的梦。

精神的力量是巨大的。因为马云用来激励团队的不仅是财富，还有事业：做一个中国人办的全世界最好的公司！

马云说："我们一定能成功。就算阿里巴巴失败了，只要这帮人在，想做什么一定能成功！""我们可以输掉一个产品，一个项目，但不会输掉一个团队！"马云认为："判断网络公司好坏的依据有三个：第一是团队；第二是技术；第三是观念。一个公司是不是优秀，不要看它里面有多少名牌大学毕业生，而要看这帮人干活是不是发疯一样，看他们每天下班是不是笑眯眯地回家。"在整整半年的时间里，湖畔花园那套普通的住宅变得神秘莫测。那里彻夜灯火通明，那里总是有人进进出出，那里总是人声鼎沸。

"心有多大，舞台就有多大。"激情总与梦想相伴。马云把激情写进了阿里巴巴的价值观。他说，年轻人都有激情，但年轻人的激情来得快去得更快，持续不断的激情才是真正值钱的激情。

所谓：一个篱笆三个桩，一个好汉三个帮。马云和他的团队成功了，其实像这样优秀的团队还有很多。其中，QQ之父马化腾和他的团队也被传为佳话。

当年相邀四位伙伴共同创业，由马化腾出主要的启动资金。有人想加钱、占更大的股份，马化腾说不行，"根据我对你能力的判断，你不适合拿更多的股份”。因为未来的潜力要和应有的股份匹配，不匹配就要出问题。什么问题？拿大股的不干事，干事的股份又少，矛盾就会发生。投资理财讲师张雪奎对此很赞成，中国有句老话，就是：生意好做伙计难搁。团队的利益问题、权力问题考虑在先就是打好地基。

不过，虽然主要资金由马化腾所出，他却自愿把所占的股份降到一半以下，只持有47.5%的股份。“要他们的总和比我多一点点，不要形成一种垄断、独裁的局面。”而同时，他自己又一定要出主要的资金，占大股。“如果马化腾和李彦宏没有一个主心骨，股份大家平分，到时候肯定出问题，同样完蛋”。

马化腾有个朋友，跟两个人合伙开了家公司。不过三个人都很强势，意见不和，下面的人不知道听谁的。最后收场很难看。当年创立腾讯之初，他就和四个伙伴约定清楚：各展所长、各管一摊——技术、业务、行政和信息部门。因为都是多年同学，彼此特长都知根知底。

如此设计，使创始团队能在维持张力的同时保持和谐。没有人能够独断，保证了意见不和、讨论、甚至互相泼冷水的空间，但彼此是多年同学，不好意思一不和就撕破脸不认人，被逼着去说服别人，就需要提炼，把问题想得更清楚。彼此定位不同，就从不同的角度来判断，保证认识全面。最后马化腾有一大股，该做决定的时候还是有一锤定音的能量。

这就是马化腾，7年前就在为今后可能的陷阱未雨绸缪。到今天，五位伙伴都留在腾讯，不离不弃。张雪奎认为马化腾深深领悟了“不谋全局者不足以谋一域，不谋万世者不足以谋一时”的精髓。

到2005年的时候，还基本是几个创始人各管一块，但腾讯的业务变得多样化也更专业化，不可能靠一个人掌管。马化腾对伙伴们讲，一定要培养出下一层接班人。“我们的责任是更多的支持接班人去做，更多在跨部门之间协调，更多的决策，具体的事情都是交给他们去做。”现在，公司有两个CTO，一个是创始人张志东，另一个是从微软空降的熊明华。9人的核心高管团队里有4人为外部空降。

“没办法，”马化腾说，“因为有些专业知识，无论怎么补课，就是到不了那个级别。指望你的提高去迎合公司发展的风险太大，所以一定要请人来替换你的功能。”比如CFO曾振国，比如行政总裁王大为，要搞资本运作、要跟国际大公司合作就是要靠空降兵们积累很多年的专业知识能力。张雪奎认为，这里充分显示出了马化腾的胸怀和智慧。

可见，老公司也好，刚刚创业的新公司也罢，在团队建设时都应注意激发团队的激情，只有把团队的激情激发出来，才能使团队得到更加持久稳定的发展，使团队壮大起来。

第一，一定要选择对项目有热情的人加入团队，并且要使所有员工在企业初创时就有每天长时间工作的准备。任何人才，不管他（她）的专业水平多么高，如果对创业的信心不足，将无法适应创业的需求，而这样一种消极的因素，对创业团队所有成员产生的负面影响可能是致命的。

第二，要让员工保持一种持久的激情。要确立公司发展的新目标和方向，并积极组织人力和财力资源，不断将公司新的意识灌输给公司所有员工；信任他们，对于表现突出的要委以重任，其余的依然积极鼓励和培养。

第三，每个员工都会有个人发展的想法，并都认为自己的想法是正确的。企业可根据自身的实际情况，关注员工的职业生涯发展，并为每一位员工制定一套适合于个人的职业生涯规划，在此框架下有针对性地进行培训、扶植。

马云非常重视保持团队的激情。他曾经说：“创业者的激情很重要，但是短暂的激情是没有用的，长久的激情才是有用的。一个人的激情也没有用，很多人的激情非常有用。如果你自己很激情，但是你的团队没有激情，那一点用都没有，怎么让你的团队跟你一样充满激情，面对未来、面对挑战，是极其关键的事情。”

作者寄语

管理就是服务，领导就是奉献。

创业要找最合适的人

创业要找最适合的人，不要找最优秀的人。

——马云

俗话说，一个篱笆三个桩，一个好汉三个帮。在今天的商业社会里，由于竞争的激烈，一些能够赚钱的行业早已人满为患，竞争的对手很多。所以，单靠一个人去单枪匹马闯天下，其难度可想而知。即使你深谙经营之道，你也需要有人在关键的时候来帮你一把。因此，你需要一个适合的创业伙伴与你一起打天下。但是，创业是一件美妙而又痛苦的事，也是一件严肃的事情，选择合作伙伴一定要非常谨慎。

马云创业之所以获得成功，离不开伙伴的帮助，他和他身边的“十八罗汉”的创业故事已成为业界津津乐道的话题。十八罗汉从湖畔花园立誓同马云一起创业，其间，经历过多少大风大浪，可18位创业元老始终坚守在阿里巴巴的各个职位上，一直跟随马云，不离不弃，生死相随。假设没有这些伙伴的帮助，马云绝无可能取得今天的成就。那么在经营中怎样能充分地运用你所拥有的人脉关系呢？下面这个创业故事或许会给你一些创业启示。

他的成功缘自简单的八个字：借船出海，合伙发财。从学校毕业后，他随经理参加广州出口商品交易会。他当翻译，经理是主谈。那天，韩国客户拿着一个涂复塑料阀口样袋，问能不能生产。这种阀口袋上面有一个进料口，灌装原料后能自动封合，印刷精美。当时这种袋子在国际市场正开始流行，国内只有屈指可数的厂家能生产，卖价极高。他们带的是传统式样的塑料袋。经理抱歉说不能供应，他翻译过去却说有。韩国客户听了一喜，问什么时候能看到样品。他想了想，让客户第二天下午来看样并取报价单。客户走后，经理忧心忡忡地说：“你小子，胆子忒大。我们不生产这个，你拿什么给客户看？”他自信地一笑。

原来在布展时，他对整个展馆进行了地毯式的搜索，发现一个同行能生产，只是展台的位置很偏。韩国客户刚走，他立即和那家同行谈合作，双方签下了那笔近80万美元的订单。通过借“产品”，盘活了两家企业，实现了双赢。随之他以“代理”的身份跟单，和管生产的厂长深入车间，摸清了那套德国进口设备的整个工艺。他力劝厂长，动用现有的流动资金，再加上银行借贷，及时购买新设备。3年后，按销售提成，他从工厂拿了近25万元奖金。

后来，沿海的工厂也能生产这种设备，价钱更优惠。他毅然辞职，和几个志同道合的朋友集资，找了一位台湾客户，由对方出资金，成立了合资公司，通过对方在国际市场的销售网络，利用国产设备成本低的优势，迅速占领了国际市场，销售额一举达到500万美元。通过借资本，他实现了由业务员到合办企业的跨越。再后来，他与高校合作，向大学教授“借”技术、“借”脑，开发出几十项专有技术，牢牢地占据着市场的制高点。

说起成功，他的心得是：人不是万能的，善借，就是善于寻找合适的合作伙伴，组合各方的优势，让彼此都能得到实惠。这样，才能不断地催生更多的商机。正如那句广告词：“大家好，才是真的好。”

可见，你如果要创业，而对自己的资金、能力、技术等方面又有所担心的话，找一个理想的合作伙伴是一件很好的事情，这有助于成功创业。那么，接下来的问题是，你如何选择创业的伙伴？选择怎样的合作伙伴？建议你必须考虑以下这几个方面：

1. 人品好

这是合伙人相互信任、相互合作的前提基础。刚开始创业，没有那么多经验或精力去规范和约束，更多的是激情和自发。选择人品好的合作者可以使企业少走弯路。

2. 能共同承担风险

你必须仔细考虑自己是否能够独立承担创业的风险。如果你经过深思熟虑，发现自己能够独立承担创业给你带来的风险，你最好独立创业。因为我们前面已经说过，你的合伙人能够和你一起承担创业的风险，但肯定会带来矛盾和问题，正所谓“有一利必有一弊”，鱼和熊掌不能兼得。当然，经过你的深思熟虑，你觉得自己独自一个人实在无法承担创业的风险时，你就要考虑合伙创业。不过选择合伙创业时，也要慎重考虑，有面对突变情况的能力。

3. 互补性强

你必须考虑你能够从你的合伙人那里得到一些什么，你又能为你的合伙人提供一些什么，你们彼此之间是不是能够形成一种互补关系。互惠互利是寻求合伙人的很重要的目标。你应该清楚地知道你需要从你的合伙人那里得到的是资金、技术、关系、销售网络、土地、经营场所或者是其它经营的时候必须具备的东西，而这些又是你一时难以解决的问题。如果你对这些问题已经非常清楚，你就可以大胆地和他合伙创业了。如果你觉得对于这些问题你还需要再继续考虑或者观察，对于合伙人所具备的个人能力和技术实力等方面你还是不放心，那你就不要急于合伙，起码不要急于签订某些合同。

4. 善于沟通

你要充分考虑到你自己的性格是否适合和别人合伙创业。独立创业尽管需要一个人来承担各种风险，但是却是一个人当老板，就是你一个人说了算。而在合伙的企业中，合伙人都是老板，你们之间的地位彼此平等，不能一个人说了算。在合伙企业中，合伙人的关系与老板和雇员之间的关系不同，合伙人之间一定要彼此尊重，互相谅解。合伙人之间的关系比我们普通人之间的关系更复杂，更难以处理。所以，对于那些性格上存在这样那样问题，尤其是不善于跟别人合作的人，缺少团队精神的人，最好不要搞合伙创业，否则，等待你们的就只有一条路：失败！

总之，创业者一定要注意，选择合伙人时，一定要慎重，看看对方是不是最适合的，其实他也不一定是最优秀的，因为质地好的皮鞋不一定适合你的脚。所以，要把选择合作伙伴当做一项重要的工作来做，因为它关系到你创业的成败。

作者寄语

唯才是用，人尽其能！

第六课 诚信搭建信誉平台

创业关键词：诚信信誉

守信用是一种财富

诚信不是一种销售，不是一种高深空洞的理念，是实实在在的言出必行，点点滴滴的细节，诚信不能拿来销售，不能拿来做概念。

——马云

“信用”二字非同小可，“人无信不立，业无信不存，国无信不兴”。由此看来，讲不讲信用，不单是个人的问题，家、国、天下都离不开它，对金融市场而言更是如此。

信用是现代市场经济的生命线，是企业从事生产经营活动的一个必要要素，有着真金白银般的经济价值。市场经济既是竞争经济，也是信用经济、法制经济。良好的社会信用体系是建立和规范市场经济秩序的重要保证。

马云也在讲坛中多次论述“守信用”在创业中的重要性。马云鼓励员工坚守原则、为使命而战的同时，他也告诫守业者，做商业就不该害怕竞争，害怕竞争就不该做商业。害怕的是不透明的竞争、不诚信的竞争、不公平的竞争。所以，诚信的竞争，公平的竞争对于企业的发展至关重要。其实在商业活动中，诚实守信的话题已经屡见不鲜，但却是平中出奇。

在创业中有很多创业者靠着“守信”打开了自己的一片天地。

放眼立足美国主流社会的成功亚裔中，以商业、政界和科技类别的精英为主，而能在农业界中撑起一片天的，就只有一个人，那就是有“参王”美誉、白手起家打下花旗参王国的中国台湾移民——许忠政。

有“千湖之州”称号的威斯康辛州，独特的气候和土质，以出产花旗参扬名全世界，而在这块美国土地上，赤手空拳打下年销售额3000万美元花旗参王国的，正是从小在中国台湾澎湖长大的许忠政，在接受采访时，许忠政谦称自己只是一位乡下农夫，32年来，凭着乐观进取的个性，以及比别人多一分的决心和毅力，成就自己的事业王国。

许氏人参集团总裁许忠政表示：“我觉得还是苦干实干重要，因为很多人说我是聪明工作；但我认为我是努力工作，我不是很聪明，但是这是一个最基本的原则，因为如果没有这种工作态度的话，要成功的机会就少很多。”

从威斯康辛州看到当地农民种花旗参到认知市场的发展性，许忠政以创业者的冲劲和前瞻性，从买农地、花旗参种子的培养和土壤的选择，许忠政自产自销一肩扛，逐渐建立起自己的销售网络。回顾这32年走来的辛酸路，许忠政说，只有四个字“沧海桑田”。市场的快速变化、竞争者越来越多，许忠政只得随时调整脚步，保持备战状态。

许忠政表示：“我认为一个企业的企划非常重要，你要有计划性地看市场变化，包括客户在变化、竞争在变化、各方面在变化，你就要有应变的策略，我们公司差不多十几年前就在变化，那时行销就改变了，比如说我们本来是注重外销，后来就慢慢注重内销。”

32年如一日，许忠政在自己的花旗参王国中尽心尽力，从一人公司到现在超过450位员工，从只有花旗参，发展出350多种产品，许忠政的成就，获得威斯康辛州历任州长的肯定，连续20多年担任州长外销顾问。许忠政的成功秘诀是什么？他说，做人的态度最重要。

许忠政认为做人的态度非常重要，有诚信的话，就很容易遇到贵人帮忙，这就是人际网络，一个人信用好，自然就有人跟你做生意、跟你交往。或许就是这样的诚恳实在，让许忠政写下白手创业的最佳典范，也让许忠政在美国农业界，创下花旗参王国，一展华人之光。

由此可见，诚实守信对一个创业者是多么的重要。一旦某个商人出现信用问题，那么他的诚信度就大打折扣，随之就会增加商业交易的难度和摩擦，影响商业投资、贸易与信贷的正常业务，扭曲了资本市场的功能，又降低了人们投资与消费的信心，给社会经济的稳定增长带来巨大损害。对企业来说，缺乏信用使其付出的代价至少有以下几种：

第一，信用缺失大大增加了整个社会的交易成本。六成多的企业经营者认为在商务活动中跟人打交道“需要提防”；三分之二以上的企业经营者在购买原材料和生产设备时都要“经过调查再买”或“直接去生产厂家购买”。而选择“直接去市场购买”、“参加展销订货会”、“朋友介绍”等购买方式的比重在1%~12.7%。

第二，信用缺失使得新的更快捷、更现代化的交易手段和交易方式得不到发展，从而制约了新经济的成长。

第三，已成家常便饭的拖欠贷款、合同纠纷等信用缺失让人不敢投资，影响了民间投资的启动，更让一些企业因此而遭受重大损失，并把有限的资源耗在这些本来不会带来经济收益的活动中。

所以，如果整个社会缺乏诚实和信用，那么就不会有一个很好的市场环境，企业也就没有一个能让其充分发展的外部环境。在这一点上，相信对我们当今的生意人一定会有所教益。守信遵约的商人越多，社会经济就越会向有文化的方向发展。做任何事要成功都要持之以恒，同样，要获得别人的信任也是如此。

作者寄语

诚信是一个人的第二生命。金钱损失了还能挽回，一旦失去信誉就很难挽回。

诚信是你的护身符

诚信是个基石，最基础的东西往往是最难做的。但是谁做好了这个，谁的路就可以走得很宽、很远。

——马云

一个顾客走进一家汽车维修店，自称是某运输公司的汽车司机。“在我的账单上多写点零件，我回公司报销后，有你一份好处。”他对店主说。但店主拒绝了这样的要求。

顾客纠缠说：“我的公司生意不算小，会常来的，你肯定能赚很多钱！”

店主告诉他，这件事无论如何也不会做。

顾客气急败坏的嚷道：“谁都会这么干的，我看你是太傻了。”

店主火了，他要那个顾客马上离开，到别处谈这种生意。这时，顾客露出微笑并满怀敬佩地握住店主的手，“我就是那家运输公司的老板，我一直在寻找一个固定的、信得过的维修店，你还让我到哪里去谈这笔生意呢？”

面对诱惑，不怦然心动，不为其所惑，虽平淡如行云，质朴如流水，却让人领略到一种山高水深。这是一种闪光的品格——诚信。

诚信是商品社会的社会契约之一，是市场经济有序发展的前提，也是企业健康发展的保证。诚信与企业的品牌与顾客商誉价值紧密相关，失去顾客的信任，企业的经营就会一落千丈。

现代企业管理中，员工的诚信管理是人力资源管理的一部分，是人力资源管理在深度上的发展。

阿里巴巴从建立之初就十分重视诚信。在阿里巴巴的草创时期，马云就已经对员工提出了“简单、可信、亲切”的要求。

诚信是阿里巴巴“六脉神剑”的第四支，它的内容有：诚实正直，言出必践；胸怀坦荡，对事不对人；言行一致，不受利益或压力的影响；勇于承认错误，敢于承担责任；不传播未经证实的消息，不背后不负责任地议论事和人；坚持原则，不随意承诺或妥协。

诚信也是阿里巴巴招聘人才时的必考题。在很多人看来，像阿里巴巴这样的企业，门槛一定很高，想进入阿里巴巴一定很难。可马云却不同意这样的说法，他认为阿里巴巴对任何有才能的人才都是敞开大门的，但前提是，这个人必须是一个讲诚信的人。

所谓性格决定命运，马云用自己的故事给大家上了非常生动的一课。试想如果不是这种诚信为人的人格魅力，怎么会有那么多人愿意跟随马云一同创业，甚至在关键时刻为马云两肋插刀提供帮助呢！而如果不是因为诚实守信，马云提前跑到南方做翻译，那么他很可能错过创办阿里巴巴这样的机缘，与成功擦肩而过。厚积薄发，天时地利才成就了今天的马云。诚信不是口号，要做事先做人。这个世界上还有比让别人充分信赖更有价值的么？得到了别人的信赖将会有多少事情变得简单！

对于诚信，马云非常重视，他在中央电视台《赢在中国》栏目点评时强调：诚信不是一种销售，不是一种高深空洞的理念，是实实在在的言出必行，点点滴滴的细节，诚信不能拿来销售，不能拿来做概念。市场经济已进入诚信时代，作为一种特殊的资本形态，诚信日益成为企业的立足之本与发展源泉。面对诱惑，不怦然心动，不为其所惑，虽平淡如行云，质朴如流水，却让人领略到一种山高水深，这是一种闪光的品格。

公司的诚信折射着企业家的人格魅力！一个成功的公司必定是一个诚信的公司！毋庸置疑，诚信在企业经济活动中起着巨大作用，马云发表了自己对诚信的看法：

第一，要对客户诚信。企业要保证产品质量，杜绝假冒伪劣的商品；使企业的所有客户对企业的产品建立信心，有口皆碑，就自然而然地创造了名牌效应。同时，企业要以诚信待客，认真做好售后服务，真正把客户当作企业的衣食父母，对主要客户经常做回访，诚恳地征求对产品意见。这样的企业就可以不断地走向成功，不断提高产品在市场的占有率和份额。各企业都要尊重其他企业的产品专利，不搞仿制、制假，各个老板就可放心地投资，开发新产品，尤其是高科技产品，提高产量的质量，可以说，以诚待客是企业生存之本。

第二，要对员工诚信。诚信凝聚企业各个方面的管理人员的团队精神，企业发展与这种团队精神息息相关。在企业的内部管理中需要诚信，各部门领导和员工以诚相见，为公司发展集思广义，群策群力，万众一心，做到言必行，行必果，所谓人心齐，泰山移，这种团队精神的能量是不可估量的。

第三，要对股东和投资人诚信，提升企业及所在地区在国内和国际的知名度。加入WTO后，由于国外知名企业大量涌入中国市场，中国企业与国外企业在合资与合作的前景空前广阔，外资进入中国所选合作伙伴的首选条件是了解该企业的资信情况，因此对一大批重合同、守信用的中国企业来说，得到外资的青睐是很自然的事情。同样在合资合作中对股东、投资人诚信，加深他们对企业的了解和信任，调动他们的积极性，为企业发展出谋划策，解决各种实际问题，这样使企业上层空前团结，企业创业就能克服各种困难，不断前进。

事实证明，一个成功的公司必定是一个诚信的公司！风险投资界有句名言：风险投资成功的第一要素是人，第二要素是人，第三要素还是人。创业者的品质决定着企业的市场声誉和发展空间。不守诚信，或可赢一时之利，但必然失长久之利。反之，则能以良好口碑带来滚滚财源，使创业渐入佳境。

毋庸置疑，诚信是社会信用和道德信用的基础，是企业在经营中不可或缺的资源。诚信有时可能看不到价钱，但是当创业者迫切需要钱时，它可以代替钱帮创业者解决难题。假如创业者是一个诚信的商人，创业者已经在业界树起了口碑，当有一天创业者因为资金周转难题，贷款又贷不到时，公司面临危机，可能只因创业者的诚信，创业者不花一分钱，曾经接受过帮助的人肯定会出手相援，问题迎刃而解。

马云曾这样说道：“商业社会其实是一个很复杂的社会，但是只有一样东西，能够让自己把握起来，就是诚信。”因为诚信，所以简单。越复杂的东西，越要讲究诚信。

企业家、商人和生意人有什么样的区别？生意人唯利是图、有钱就赚；商人有所为、有所不为；而企业家必须承担社会的责任，创造价值、完善社会。

但是要想做好一个优秀的生意人，一个优秀的商人，一个优秀的企业家，必须拥有同样的东西，那就是诚信。诚信是个基石，最基础的往往是最难做的。但是谁做好了这个，谁的路就可以走得很宽、很远。

作者寄语

信用是难得易失的，费十年时间累积的诚信，往往一句话就会毁于一旦，所以要守护好诚信这个护身符。

违约等于自掘坟墓

永远把别人对你的批评记在心里，别人的表扬，就把他忘了。

——马云

在生意场上，契约是维系企业与企业之间信任的一个纽带。有了它，合作者之间会减少很多摩擦，也会多一条牢固的枷锁。契约被公认为是现代商业法规的思想渊源，并对以契约为基础的商业活动提供了思想基础和法律规范。

创业者一旦签订了契约，毁约行为绝对不要发生，契约一经签订，无论发生什么问题，都必须遵守，不能中途毁约。

在这一方面，犹太人被人们称为是世界上最讲究信用的人。犹太人能致富的原因就是因为其善于经商，其经商的绝招之一是讲究信用，这突出表现在严格遵守契约上。犹太人不轻易信人，但他们非常遵守契约，不论发生什么问题，决不毁约。

马云也把诚信经商放在首位，他很赞赏犹太人的经商理念，他说："我认为做生意最重要的是讲诚信，刚开始创业时，我被几个深圳老板骗得晕头转向，人家把你当3岁小孩耍。可是今天我马云的企业还存在，并且活得很好，而那几个人连同他们的企业早已销声匿迹。”可见，诚信在企业中是多么的重要，而不毁约也是诚信的一个很重要的方面。

看这则事例：有一位A出口商与商人B签订了1万箱蘑菇罐头合同，合同规定为：“每箱20罐，每罐100克。”但A出口商在出货时，却装运了1万箱150克的蘑菇罐头。货物的重量虽然比合同多了50%，但商人B拒绝收货。A出口商甚至同意超出合同重量不收钱，而商人B仍不同意，并要求索赔。A出口商无可奈何，赔了B商人10多万美元后，还要把货物另作处理。

此事看来似乎商人B太不通情理，多给他货物也不要。事实不是那么简单。因为商人B极为注重合同，他认为，一旦签订合约，不管发生任何困难，也绝不毁约。当然他们也要求签约双方严格履行合同，不容许对合同不严谨和宽容。每个商人都要严格守约。他们信任自己签订的契约，也相信签订的双方都是会严格遵守的。他们之所以不毁约，是因为他们认为契约是彼此信任的约定，因为人的存在本身也是在履行契约。他们认为，人与人之间的契约，是心灵的沟通，是信任的纽带，绝不可毁约。

在全世界商界中，商人的重信守约是有口皆碑的。当然，如果创业者能普遍重信守约，相互之间做生意时经常连合同也不需要。口头的允诺也有足够的约束力，因为“神听得见”。在做生意时，商人们从来都是丝毫不让、分厘必赚，但若是在契约面前，他们纵使吃大亏，也要绝对遵守。如果能做到这一点，在商战中也不会出现毁约官司频频上演的悲剧。

所以，一个企业要想做大做强，而且能够长久不衰，这就要求他们重视契约和声誉，如果不遵守契约就会有灾难。因为，诚实是最高的商法，平等的交易、公正的执行，可获得最多的实际利益。

有这样的一个小故事：有一个商人，和一个雇工签订了合同，约定雇工为自己工作，每周发一次工资，但工资并不是现金，而是这个雇工从附近的一家商店里购买与工资等价的物品，然后由商店老板结清账目到商人这里领取现款。没有想到的是，过了一周，这个雇工气呼呼地和商人说：“商店老板说，如果不给现金，就不可能会拿给我们东西，所以，还是请你付给我现款吧。”过了一会儿，商店的老板又跑来结账了，说：“你的雇工已经取走了东西，请你付钱吧。”这两个人不同的做法彻底把商人给弄糊涂了，他不知道该相信谁。后来，这个商人经过反复的调查，确认是雇工撒了谎。但是，这位商人还是一分不少地支付了商店老板的钱。因为唯有他同时向双方作了许诺，而那个商店老板与雇工并没有雇佣关系。既然已经和商店老板有了约定，就应当认真地遵守。虽然吃亏的是自己，但与商店老板是没关系的，只能怪自己当时很轻易地就把雇工的话当真了。

从这则故事中我们不难看出，虽然商店老板表面上吃了亏，但是实际上，他用自己的行动赢得了信任，他始终遵循着诚信是企业随时不可丢失的法宝。遵循了约定，就是没有让自己的威信受到损失。就像一个人，身上如果有了污点，就是再怎么弥补，也只能说是掩盖，而不能彻底剔除。

作者寄语

管理是严肃的爱，培训是最大的福利。严是爱，软是害。

第七课 善于合作，实现共赢

创业关键词：合作共赢

善于合作，寻找共同成长的合作者

我很荣幸有缘与孙正义先生握手。

——马云

如果一个企业在资金上已到了山穷水尽的地步，肯定有相当多曾经胸怀大志的企业家会“人穷志短”，甚至“给奶就是娘”。这个时候，如果有投资者主动送钱来，肯定是很多人求之不得的大好事。1999年初的阿里巴巴，在伙伴们用“闲钱”凑来的50万元人民币早已花得差不多了之后，无疑正处于这样的困境中。

1999年10月的一天，有个叫古塔的印度朋友神秘兮兮地对马云说北京有一个“神秘”的外国人要跟他见面。马云一开始并没有把这件事放在心上，他之所以还是去了北京多半是因为古塔的盛情，确实对于这样一个热心人没有多少人会有勇气拒绝。

到了2000年的冬天，马云决定去北京和那个“神秘人物”见面。此时马云自己还是不知道要跟谁见面，直到去了北京之后古塔才告诉他那个神秘人物就是大名鼎鼎的日本软银总裁孙正义。马云只是想，“见见这个大名鼎鼎的日本小个子也无妨”，完全没有打过要跟孙正义合作的主意。

马云进了富华大厦后只看见会议室里“坐了满屋子的人”，包括摩根士丹利的人，个个西装革履，挎个公文包，只有马云穿着普通的夹克衫，毫无一个CEO的气派。

每个被孙正义召见的人都要发表一番激昂的演讲，主要是关于他们那些宏大的商业计划方面的。轮到马云了，孙正义只对马云说了句“讲讲你的阿里巴巴吧”。至今马云自己都不知道这几分钟到底讲了些什么，大致是讲了公司的目标等方面的东西。本来准备讲一个小时，可是刚刚开始6分钟，孙正义就从办公室那一头走到马云旁边……

孙正义：“停下来，你要多少钱？”

马云：“我不要钱。”

孙正义：“你不要钱你来找我干什么？”

马云：“又不是我要找你，是人家叫我来见你的。”

马云后来回忆说，这场会面是他一生中“最戏剧化”的场面，而那6分钟也无疑是他一生中“最经典的6分钟”。

对于马云和孙正义演绎的这个极富戏剧色彩的真实故事，很多人都感到好奇：究竟是什么神奇的力量让这两个小个子“一见钟情”、“两情相悦”呢？

作为著名的投资公司——日本软银的总裁，同时又是“全球第一门户”——雅虎的最大股东，孙正义在互联网业界素有“网络风向标”之称。而在.com最疯狂的1999年，正是孙正义最风光的时期。这个日本小个子，不出手则已，一出手就可能造就成百上千个网络英雄。所以，对于当时马云带领一群“土鳖”倒腾的初出茅庐的阿里巴巴，孙正义是有资本对它视而不见的。

对于和孙正义之间的这种超常的“默契”，马云自己的解释是他们之间有一种神奇的“很来电”的感觉。在回忆这场“一生中最戏剧化的场面”时，马云用了这样的描述：

从孙正义的眼神中，我知道我们一定要握手。

我们对视了一小会儿，不约而同地呵呵笑了起来，4只手也紧紧地握在了一起。不用说话，彼此心里都知道，我们是一辈子的朋友，早就注定了的。

我见过聪明的人物有很多，孙正义却是其中最特别的。他神色木讷，说很古怪的英语，但是几乎没有一句多余的话，像金庸笔下的乔峰，有点大智若愚。

这就是马云“相中”孙正义的原因。其实到了后来互联网冬天来临和泡沫破灭之后，受到日本业界最严厉批评的孙正义一直执著于自己的目标和理想。毕竟，在互联网产业最低谷的时候，能仍然坚定不移地坚持理想的人不多，孙正义显然就是这样一个在全世界难得一见的大智之士。

通过合作，双方不仅可以共同分担产品开发的成本与风险，获取规模经济效益，还能共享资源与人才。这样，它们就可以更快地向市场推出具有竞争力的产品，或与更大的竞争对手抗争。

与人搭档创业成功的例子很多。来看下面一个商业案例：

比尔·盖茨，1973年进入哈佛大学法律系学习，19岁时退学，与同伴保罗·艾伦创办电脑公司，直到后来创办了微软公司，自任董事长、总裁兼首席执行官。杨致远和戴维·费罗同在斯坦福大学从事研究，两个人邂逅并结交成了最佳搭挡，创办了闻名于世的雅虎网络公司。乔布斯发明“苹果”电脑，也是与人合作，创造出辉煌业绩的。创业中至少两人是忠诚搭档，共创大业成为一种“现象”。给予我们的启示是，当创业之初“踩着地雷”向前走时，有个知音患难相伴，共同分享成功的风险和利益是明智之举。

成功之路漫长遥远，单靠个人的努力是不够的，要想快速达到成功的彼岸，就要学会与人合作，学会借力做事。学会与人合作是事业成功的重要保证。当一个人刚开始创业的时候，不可能马上组织一个大的公司或是大的团体，面对恶劣的自然环境和激烈的市场竞争，一个人的力量总是渺小的，世界上确实有许多一个人干不成的事儿。你可能有技术而没有好的项目，你也可能有好的项目而没有资金，你还可能懂经营会管理而没有资金、技术和项目，总之，一个人干不成的事就要与别人合作干。因此，对于创业者来说，学会与人合作就显得特别重要了。

韩国人尚学录是日本一家企业的业务员，他并没有什么学历和资金，但他有善于企划的能力。有一天，他接到从西德寄来的商品目录，其中有一种新开发上市的羊毛纺织机器。对于新机械他比别人内行，直觉告诉他这是一个良机。他立即详细调查了日本的羊毛纺织机器。他了解到应用这种新机器生产成本大约可降低2/3，而且生产效益可成倍增长。但是，他并没有向日本人推销这种机器，而是带着这项新产品的目录和经营纺织工厂的新构想，去找住在日本的一位韩裔富翁林伯熊先生。林先生对纺织业一窍不通，但经尚学录的企划说明之后，也感到这是一个不错的主意。他立即同意开一家纺织工厂，从西德进口四部机器，并请尚学录当总经理。尚学录从原来默默无闻的业务员，摇身一变成为大工厂的经营者。他的成功之道便是与成功者合作，借助成功者的力量来实现自己的梦想。这也是通向成功的一条捷径。

与人合作是一门艺术，处理得好大家发财，处理不好不但会产生烦恼而且还有可能反目成仇。如何搞好与人合作共同创业问题，要看以下几个问题是否处理得好：一是选好合作伙伴。一定要选那些品德端正，操守高洁，又具有一定业务素质的人为合作伙伴。二是以诚相待，互相尊重。合作双方最忌讳的就是互相耍心眼。既然是合作伙伴，就是一条线上拴的两个蚂蚱，一损俱损，一荣俱荣。因此，要团结一致，以诚相待，互相尊重。三是要本着公平公正，利益均沾的原则，起草好合作协议条款，把双方的权利和义务写得清清楚楚、明明白白，然后大家共同信守。四是胸怀大度，求同存异。在经营管理上，在企业运作上，难免不出现一点分歧，在利益分配上不闹一点小矛盾，既然走到一起来了，就说明双方有缘分，要珍惜合作机会，互相谦让一步就过去了。如果不能做到这一点，就有可能矛盾越闹越大，最后把企业毁了，受损失的是双方。

社会上合作成功的范例不少，因为合作成功而发展起来成为大企业家的不在少数。不过也有合作失败的，我们也要吸取那些合作失败者的教训。

王志东告别方正后，准备移民新加坡，在办出国手续的空暇，他又做出一个全新的中文平台——中文之星1.0版。这个软件被他一位北大同学看到，立刻建议共创公司，王志东出技术，那位同学出资金，王志东一激动推掉签证，1992年4月，新天地电子信息研究所成立，因当时没有《公司法》便注册为集体所有制。

大家公推王志东出任法人代表，他坚辞不干，中文之星本应申请为王志东专利，他却诚心诚意地登记为公司发明。王志东给自己的定位是副总经理兼总工程师，主管技术，那位同学出任总经理。

王志东的初衷是以软件开发为公司的主导主业，而其他人的思路则是把软件作为一面旗帜，借此融资炒股票和房地产。在实际运行中，中文之星软件一夜成名随即盈利，而房地产却没挣到钱，在调整公司发展方向时，王志东坚持以软件开发为主，与几位合作者发生分歧。

后来矛盾发展到了水火不相容的地步，1993年8月13日，不得已王志东递交一份辞职书，黯然离去，他什么也带不走，他把为之倾注大量心血的中文之星的源代码交出去。他为当初天真的想法付出的惨重代价。王志东感伤良久，他说："我找了一条最难走的路，当我重新站在起点，顾影自怜，身上已是一道道伤痕。"王志东的教训在于他没有学会与人合作（包括没有选择好合作伙伴）。与人合作不是没有必要，而是必须会合作。合作得好，1+1=2或1+1>2；合作不好，1+1=0或1+1<2，就是这个道理。

由此可见，马云与孙正义的握手，比尔·盖茨与保罗·艾伦的联合都充分说明了善于合作的重要性。

作者寄语

合作才能大作，合作是成功的唯一关键。

善于借用别人的力量

把别人的时间、精力、资源当做自己的去做，才能做好。

——马云

马云的《七剑下天山》中第五剑这样写道：

在武侠世界里，真正的领袖都具备这样的特点，融汇百家之所长，最终成大器。比如郭靖先后拜了数位师傅，比如杨过张无忌先后练了诸家功夫。正是由于学习的东西多，领悟到的东西也比其他人多，这几位最终脱颖而出，成为武林中人人敬仰的大侠。阿里集团就是电子商务世界的大侠！

某些小心眼的人说马云“爱占中国互联网的便宜”。话说回来，是谁都有资格占尽天下的便宜吗？要不服气，你也上去试试？不被武林高手狂扁算你运气好。阿里集团善于在网络世界中捕捉各种变化，吸取各家所长为我所用。确实区别于某些盲目自大者。IT世界计划赶不上变化，不随时改变自己去适应市场，就有可能被对手超越，被用户抛弃。

马云的成功不是一蹴而就，他善于发现，及时把握，集百家之所长，为我所用，善借的功夫可见一斑。

其实，当一个人开始创业的时候，总会遇到自己不熟悉、不专业的事情。此时，你就要学会借别人的脑袋、技术来为自己所用，善于将别人的长处最大限度地变为已用，这是最聪明的办法，成功的捷径。

马云如此，很多成功商人的聪明也在于此，他们善于借用资源，并且已成定律，他们所做的一切都可以靠借得来，借资金、借技术、借人才，这些为自己所用的东西都可以拿来。这个世界是已经准备好了一切你所需要的资源，你需要做的仅仅是把他们搜集起来，运用智慧把他们有机地组合起来。

格林尼是小商品经营大王，他说过：“真正的商人敢于拿妻子的结婚项链去抵押。”小心谨慎地做自己的生意，固然是必要的，但想要在商界有所作为，还得要大胆地向前迈步走，勇敢地依靠能够为你创造财富的大树，借助它的威力，助你获得成功。

也许有人会这么认为：“在商圈，如果不是为了消费，为什么不可以贷1万元或许更多一点钱呢？把贷来的钱用于投资你看准的项目，一年或两年之后，当你还清本息，并且贷款利息要高得很。然而，你还是赚了钱，这些钱是怎样赚来的呢？因为贷款的利息是一笔惊人的财富，它是强迫你加紧干的有力动力。如果你不使资金周转起来并创造利润，你可能连贷款的利息都还不上。”但是，成功的创业者却从来不这样说，借债并不是好的营利手段，它是一把双刃剑，你如果善于运用它就会使你致富，你如果运用不好就会使你掉入深渊回力艰难，甚至家破人亡。借债的失败，造成很大的损失，这就是其不利的一面。但关键还是要看你借的是什么债。如果是用来消费的，那么的确应该避免贷款，俗话说：有多大的财，就用多大的力，应根据财的多少而进行消费。但要用来投资，借贷款就会有产生别的情况。事实上，白手起家的富翁没有不借债的。因为他们深谙借钱、贷款的力量，再加上这些富人们经营有方，擅长运用这笔钱进行投资，就更容易获得成功了。

这样，借用了“东风”，自然也就把营利的渠道打开了。然而有些人却不愿意向银行借贷，因为银行的利息太高了，时间越长就会被提升，这样的买卖不愿意做，但也不愿意向别人、亲朋好友借钱。因为他们不愿意去负这样的债，只是“保守”地守着现有的摊子做生意的人大有人在。但结果是怎样的呢？

赫兹是一位极保守的金融家。他始终都非常讨厌负债，在经济萧条前夕，他刚好替别人偿还了银行的贷款。赫兹又出台了一项新的计划，要投资兴建高档商务楼，但公司的资金运转不过来，会计总管提议要以9.75%的利息去银行贷款1亿美元的资金来做这个项目。却被他马上拒绝了，他坚持亨利公司永远不会借钱做事。他的谨慎战略使亨利公司在经济大萧条中免遭了灭顶之灾，但也因此产生了一定的副作用，使这个公司长期得不到发展，不能进入大公司的行列。

后来，他对公司进行了一定的调整，支出了一个代理点，与同行们进行合作，交给他的助手克拉斯接管，并由他全权负责公司的经营。赫兹是准备做一搏，能使自己的公司得到发展。克拉斯上任了，一改赫兹的作法，首先制定了前行的方向，大胆举借款之行动。赫兹没办法，由着克拉斯的做法，因为有同行们为克拉斯做了赫兹的工作。这样克拉斯便付诸行动了，他先令长期债务占不到2%的公司资本，过了一段时间之后，克拉斯又把这笔长期债务猛增到资本的18%，这种举动使同事们大吃一惊。克拉斯用这些资金与同行们合作开拓投资项目，大胆地投资了以色列影片公司。他向他们交代，只要看准了什么可以做的合作项目，就不怕增加公司的债务负担。克拉斯勇气十足，在他做赫兹的助手时，与赫兹一并前行，创造辉煌，加之自己对经营方面的钻研，从中积累了不少经营的经验，从而使他能够很好地利用贷款做资金的运转，把公司从困难中解救出来，公司的利润逐年再增长。在短短几年内期间，克拉斯为赫兹赢得了近上亿美元的收益。

汉姆·克拉斯之所以成功，在于他能够看准方向，能够大胆地利用银行贷款这个“东风”，助长自己事业的成功。克拉斯是善于利用贷款，并不是滥用贷款而使企业的负责加重，他将债款用到了刀尖上，对可赢得利润的项目他是义无反顾、奋勇而上，投入贷款金额。这样，利用长期贷款形式赢得长时间的盈利，把所有债务想办法变成利润，为企业进账不少，也偿清了银行贷款。而赫兹叔叔的畏首畏尾不敢冒借债的风险，使企业失去了发展的机会，就会处于竞争中的劣势。

小仲马是著名的法国作家，他在剧本《金钱问题》中说过这样一句话：“商业，这是十分简单的事。它就是借用别人的资金！”这也证明了财富是建立在借贷上的。但还是需要创造财富者有充分利用借贷，好好地利用借贷款的能力。

卢斯福是从55岁时开始创业的，10多年后，已有5.2亿美元的家产，曾被列入富豪榜第96位。他创业时，家里人皆极力反对，没有一个人支持他，因为想让他享受清福，但他意志坚定，步入了创业之路。卢斯福有几年的积蓄，想把这笔钱用来投资做些生意。在他年轻时很喜欢机动车，对修理机动车也很感兴趣，私下里学习研究过，对车上的结构和零配件了如指掌，他有做机动车发动机的朋友跟他最要好，他就找他问问发动机的生意好不好做，知道了目前发动机市场被国家级的两大品牌所垄断。卢斯福就意识到机动车发动机有巨大的市场空间，便将创业核心指向了机动车发动机。但与这样两个大品牌竞争，真是碰上大巫了。但他充满了信心，决定就“背靠这两棵大树”。

经过一番细心的琢磨，卢斯福选好最好的一家机动车发动机厂家，指示手下将其维修部的发动机配件买过来，自己仿效装配，组成发动机以后再出售，装配的成本是1400元，而装配成成品的发动机的卖价高达1998元。因为零部件都是名牌的，产品质量是有保证的，这给卢斯福免去了许多的麻烦。这样卢斯福借助该厂家之手，迅速打开了销路。卢斯福的发动机一上市，便被该厂家察觉，不再卖给卢斯福零配件，卢斯福采取对策不定期地进行购买，今天派了土尔格去购买，过些日子就派乐希金去购买，再过些日子再派巴塞去购买，然后再把这些配件拿回来进行分类，做研究，卢斯福把这些配件分成是通用的、非通用的，容易买到的、市场缺乏的，该厂家生产的和非该厂家生产的一一分开来，然后向这些配件厂做咨询，自己暗暗地研究，设计替代品。

半年之后，该厂家才醒悟过来，感到上了卢斯福的散兵购件的当了，他们也采取了相应的一些措施，但是卢斯福的机动车发动机的替代品已经研制出来了，被投放到了市场，两年后，卢斯福靠这些替代品赢利千万美元。给卢斯福走向世界富豪地位打下了坚实的基础。

上面提到的成功人士，都是善于借助他力而开始走上成功之路的，它使许多创业者走向成功，创造了辉煌。相信每个人只要培养对市场的洞察能力，把握住市场的动态，就能够预测出发展的趋向，就能灵活地借用他人的力量，巩固创造财富的基础，从而获得更大的成功，拥有更多的财富。

作者寄语

善借不是目的，为己所用才是善借的真谛。

第三篇

市场策略——做正确的事，正确地做事

从战略到结果，企业需要落实每一个过程的细节，需要落实产品、质量、服务的管理机制，更需要踏实谨慎的态度。

——马云

第八课 在竞争中完善自我

创业关键词：信息商机

先发才能制人

如果早起的那只鸟没有吃到虫子，那就会被别的鸟吃掉。

——马云

竞争能使企业具有生命力，采用什么方式在商场上竞争，效果也会大相径庭。对于年轻的创业者从一开始就应该培养一种“先发制人”的竞争意识。所谓先发制人，就是一定要在强大的对手还没到家门口时就要做好防患于未然的准备，如果你还沉醉于“井水不犯河水”的自我安慰中，那未免就太过自欺欺人了，因为机会只会留给那些有准备的人。

在这一方面，马云可以成为一个很好的创业表率，自创业以来，他屡屡先发制人地上演了一幕幕精彩的“竞争”大戏：为了阻击eBay，他率先秘密制造了淘宝；为了阻击Google，他选择了“阿雅联盟”。用马云的话解释：“进攻者，永远都有机会。”

纵观阿里集团这些年的发展轨迹，有一套很重要的打法让它几乎攻无不克战无不胜。那就是：马云擅长由乱入治，在混乱的市场中抢先一步创立行业标准。当事实标准得到大众认可时，阿里已经站在王者位置上指点江山了。

诚信通诞生前信用市场很乱，可阿里硬是有办法让诚信这种无形的道德衡量以数字量化的方式做出等级评价；淘宝面向的个体交易市场很乱，可支付宝就偏偏打出了一片江山且极受欢迎。阿里妈妈面向的中小网站广告交易市场很乱，可人家照样能够分出优良中差。

别的不讲，单论七剑中的口碑网。千万个生活网商服务的市场，开餐馆的，房屋出租的，小商小户多了去了。在这个混乱的市场，怎么立标准？行业标准，政策标准，协会标准，还有些莫名其妙从没听说过的标准，让用户烦不胜烦。其实，标准无需多，一个就足够。无论什么样的市场，用户是最终埋单者。用户的标准才是真正的标准。用户说不好，谁也不愿掏钱；用户说好，自然埋单。道理就是这么简单。口碑网“保持中立是第一生存法则”，唯有保持中立，亿万消费者的真实体验声音才有可能被清晰地传播出去，千万数量级的生活服务商家才有可能得到与消费者的真正沟通。口碑网通过推进“生活搜索”商业模式而为社会消费的和谐做出贡献，口碑指数综合体现了“保持中立”的特色。

旁观者依据阿里以往的市场经验可以判断，口碑网在生活搜索领域已经抢先市场一步立下了标准，市场王冠已是手到擒来之事。

可见，在商场中是靠头脑来取胜的。老百姓常说，奸商奸商，无奸不商。表面是说商人很滑，但是从侧面可以看出商人要有聪明的头脑。攻与守，进与退，需要用“道”来经营。什么时候能以进为退，什么时候能主动出击，或许下面这个创业事例会给你一些启示。

比亚迪公司总裁王传福从小家境贫寒，凭借顽强的毅力和坚强的品格顺利完成了学业。也形成了他坚强忍耐的性格。他相信，没有比脚更高的山，没有比脚更远的路；只要灵魂不屈，自己一定会走出一条康庄大道。人们常说，有志者，事竟成。

26岁的王传福研究生毕业以后，被破格委以研究院301室副主任的重任，成为当时全国最年轻的处长。而更让他意想不到的是，一个促使他从专家向企业家转变的机遇从天而降。1993年，研究院在深圳成立比格电池有限公司，由于和王传福的研究领域密切相关，王传福顺理成章成为公司总经理。

在有了一定的企业经营和电池生产的实际经验后，王传福发现，作为自己研究领域之一的电池行业里，要花2~3万元才能买到一部大哥大，国内电池产业随着移动电话的“井喷”方兴未艾。作为研究方面的专家，眼光敏锐独到的王传福心动眼热，他坚信，技术不是什么问题，只要能够上规模，就能干出大事业。于是，他作出了一个大胆的决定——脱离比格电池有限公司单干。脱离具有强大背景的比格电池有限公司，辞去已有的总经理职务，这在一般人看来太冒险。但王传福相信一点：最灿烂的风景总在悬崖峭壁，富贵总在险境中凸现。1995年2月，深圳乍暖还寒，王传福向做投资管理的表哥吕向阳那里借了250万元，注册成立了比亚迪科技有限公司，领着20多个人在深圳莲塘的旧车间里扬帆起航了。

成立一个公司并不难，生产一个产品也不难，难的是如何将尽可能小的投入演变为尽可能大的产出。这就需要眼光，需要在激烈的竞争中能抢得先机。很多人创业失败不在于缺乏资金，而在于缺乏眼光和竞争意识。王传福拥有的最大的资本，就是战略眼光和先发制人。

回想起当时的情形，王传福都有些不敢相信自己哪来这么大的勇气。在当时，日本充电电池一统天下，国内的厂家多是买来电芯搞组装，利润少，几乎没有竞争力。如何打开局面？经过认真思考，王传福决定依靠自身技术研究优势，从一开始就把目光投向技术含量最高、利润最丰厚的充电电池核心部件——电芯的生产。事实证明，王传福这一招可是后发制人、一招致命的关键所在。更让人们津津乐道的是，正在寻求快速发展之道的王传福在一份国际电池行业动态中发现，日本宣布本土将不再生产镍镉电池，而这势必会引发镍镉电池生产基地的国际大转移，王传福立即意识到这将为中国电池企业创造前所未有的黄金时机，于是决定马上涉足镍镉电池生产。

那时，日本的一条镍镉电池生产线需要几千万元投资，再加上日本禁止出口，王传福买不起也根本买不到这样的生产线。但世上无难事，只怕有心人。王传福是一个知道如何控制成本的“抠门”老板。根据企业的特点，他利用中国人力资源成本低的优势，决定自己动手建造一些关键设备，然后把生产线分解成一个个可以人工完成的工序，结果只花了100多万元人民币，就建成了一条日产4000个镍镉电池的生产线。利用成本上的优势，通过一些代理商，比亚迪公司逐步打开了低端市场，经过努力，比亚迪的总体成本比日本对手低了40%。为进驻高端市场，争取到大的行业用户和大额订单，他不断优化生产工艺、引进人才，并购进大批先进设备，集中精力搞研发，使电池品质稳步提升。王传福还经常出国参加国际电池展示会，直接与能下大订单的摩托罗拉等大客户接触。获得了客户的认可后，公司的订单源源不断。

1996年，比亚迪公司取代三洋公司成为台湾无绳电话制造商大霸的电池供应商。大霸是电信巨头朗讯的OEM，比亚迪公司因此成为朗讯的间接供应商。1997年，比亚迪公司镍镉电池销售量达到1.5亿块，排名上升到世界第四位。

在镍镉电池领域站稳脚跟后，不甘寂寞的王传福又开始了镍氢电池的研发，并从1997年开始大批量生产镍氢电池。但此时恰逢东南亚金融风暴，半数以上产品出口的比亚迪公司遇到了困难。此时，王传福的表哥吕向阳通过其所有的广州融捷投资管理集团向王投资1660万元，使比亚迪公司注册资金从450万元扩大到3000万元。这一年，比亚迪公司镍氢电池销售量达到1900万块，一举进入世界前7名。

此后，王传福把目光放到了欧美和日本市场，1998年~2000年，比亚迪欧洲分公司、美国分公司先后成立，日本厂商后院起火。1999年~2000年，比亚迪公司在这些市场势如破竹，大客户名单上出现了松下、索尼、GE、AT&T和业界老大TTI等。

2000年，王传福投入大量资金开始了锂电池的研发，很快拥有了自己的核心技术，并成为摩托罗拉的第一个中国锂电池供应商。2001年，比亚迪公司锂电池市场份额上升到世界第四位，而镍镉和镍氢电池上升到了第二和第三位，实现了13.65亿元的销售额，纯利润高达2.56亿元。目前，比亚迪以近15%的全球市场占有率成为中国最大的手机电池生产企业，在国际市场上正与日本三洋一决雌雄。目前，在镍镉电池领域，比亚迪全球排名第一，镍氢电池排名第二，锂电池排名第三。

由此可见，王传福如果一直稳坐比格公司总经理也会衣食无忧的。但是他看到商机，有敢于竞争的勇气，有先发制人的魄力，有抢得先机的能力，所以才会有今天的成就。

在市场竞争中，为了先发制人，就要“先谋”，先拿主意，其次是“先下手”。一旦抓住商机，绝对是“先机”，便绝不轻易放手，一直抓到做透做活、赚足赚够为止。有句话说：“先下手为强，后下手遭殃”，说的就是这个意思。因为激烈的商场竞争是弱肉强食，适者生存。在惨烈的竞争中，对对手的一丝一毫的仁慈，一点一滴的麻痹大意，就意味着对自己的严重伤害。所以每一个商场人士都一定要练就一副铁石心肠，在与对手争锋时，一定要想尽办法率先出击，先发制人，把对手坚决摧毁，为自己夺取绝对的优势地位。

作者寄语

及时准确的信息，会成为你百米赛跑上的助力器，在关键时刻助你一臂之力。

知己知彼是竞争中的磨刀石

我们与竞争对手最大的区别就是我们知道他们要做什么，而他们不知道我们想做什么。

——马云

“知己知彼，百战不殆。”何谓“彼”？何谓“己”呢？从商业经营管理的角度来说，所谓“己”，主要是指经营者自身所属的各种因素，这些因素是全方位的，它涵盖了经营管理者自身的每一环节。所谓“彼”，从广义的角度来说，所有的外在条件都属于“彼”的范畴。而从狭义的角度来说，“彼”又可以特指经营管理的对象——即已有的客户和目标消费者。在商场上，创业者不但要让自己了解对方，也要让对方了解自己的意图，这样，做起生意来就可以减少许多猜忌和不信任，有利于交易的效率。

马云之所以能率领淘宝网击败行业老大eBay，一个很重要的原因也就在于对对手的了解，就像他所说的："我们与竞争对手最大的区别就是我们知道他们要做什么，而他们不知道我们想做什么。"

早在这场"战争"开始以前，马云就长时间关注着eBay的一举一动，"eBay公司所有的高层资料我们都会详细分析，他们在世界各地的各种打法，他们擅长的各种管理手段和应招特点，我们都会仔细研究。"马云说，"因为eBay是上市公司而阿里巴巴不是，惠特曼对淘宝的了解尚不及他对eBay的了解。"在与eBay的竞争中，马云不仅做到了知彼，也做到了知己，他正视eBay的强大，也清醒地认识到淘宝的优势所在，对此他有一个形象的比喻，"eBay是大海里的鲨鱼，淘宝则是长江里的鳄鱼，鳄鱼在大海里与鲨鱼搏斗，结果可想而知，我们要把鲨鱼引到长江里来。""和海里的鲨鱼打，进了大海我们一定会死，但是在长江里打我们不一定会输。"

正是基于知己知彼，马云才能在淘宝与eBay的竞争中游刃有余地指挥操控，并自信满满地将其击败。事实上，不止是马云，在激烈的商业竞争中，只有洞悉对方的真实意图，体察到对方的强势弱势，才能真正地掌握主动权；同样，只有真正了解自己的情况，对自己的优势和劣势了如指掌，方可扬长避短地发挥自己的最佳优势和状态。

在以利益为中心的商业活动中，经商实质上是一系列的博弈过程。在绝大多数情况下，只有双方都彼此了解，且都清楚可能出现的结果，这样的博弈才可能是稳定均衡的，也可实现双方利益的最大化或亏损的最小化。相反，如果在商场上处于尔虞我诈，根本不让对方知道自己的意图，或者对方也不清楚自己的意图，那么买卖只能做一次。因为前一次的博弈变成了后一次博弈的背景了。

现实中，中外众多功成名就的企业家和众多长盛不衰的企业，都是极为善于运用"知己知彼，百战不殆"这一谋略的典范。美国《华尔街日报》有一篇文章这样写道：

没有别人比妈妈更了解你，可是，她知道你有几条短裤吗？

然而，乔基国际调查公司知道！

妈妈知道你往水杯里放了多少块冰块吗？

可是，可口可乐公司却知道！

你看，为了在经营管理上真正做到“知己知彼”，国外的某些公司对消费者有关情况的了解，竟然超过了母亲对儿女的了解。而且，有的甚至是连消费者本人都不知道或者从来没有了解过的东西或事情，他们却了解得一清二楚，甚至毫厘不差！

例如：可口可乐公司经过深入细致的调查后发现，人们在每杯水中平均放3.2块冰块，每人平均每年看到该公司的69条广告。

又例如，麦当劳公司通过市场调查，准确地知道，在某个国家，每人每年平均吃掉156个汉堡包，95个热狗。

而汉宝公司更是妙绝，它曾经秘密地调查过，消费者在使用卫生纸时是叠起来用还是折起来用，连各自的比例是多少都有记录。

在美国，有73%的企业都有非常正规的市场调研部门，专门负责对产品的调查、预测和咨询工作，并且在每一个产品进入新市场时都进行专门的市场调查，及时了解消费者的受用情况。

很显然，深入细致的市场调查是“知己知彼”的重要手段，是做出正确的经营决策的主要依据，假如不进行深入细致的市场调查，决策者又怎么能够做到“知己知彼”呢？又怎么能正确无误地做出正确的决策呢？

不管做什么事情，“知己知彼，百战不殆”这个指导思想都很重要。这个道理似乎人人都十分明白，但是，在经营管理的实际操作中，真正能够做到知己知彼的人又有几个呢？

我国曾经在南非举办“中国贸易展览会”，这次展览会参展单位虽然事前做了大量准备工作，而且号称已经有了100%的把握，但是，竟然还是出现了令人贻笑大方的“知己”而不“知彼”的笑话。

广州某家用电器公司想当然地认为南非既然是非洲国家，一定会很热的，所以只带去了冷风空调器，哪知道到了南非后，才发现天气也很冷！后悔没有带冷热两用空调器来。

还有的企业更加离谱，带去的参展产品竟然是甘蔗大砍刀，而南非根本就不种植甘蔗！类似这样可笑的“知己”不“知彼”的例子实在太多了。

前不久，一位衣冠楚楚的外国人小心翼翼地敲开了北京市海淀区一家普通居民的大门。在主人的热情引导下，客人进屋后不仅仔细地观察了这套居室的布局和厨房、卫生间的结构，而且认真仔细地了解家中各种家电的品牌、功能，还向主人询问了有关购买和使用这些家电具体的情况。看来，这位客人对所有家电都十分感兴趣。主人十分惊讶，一问才知道，原来这位客人竟然是以色列一个跨国公司的首席执行总裁！跨国公司的执行总裁竟然亲自深入普通老百姓家搞市场调查，在我们的许多人看来也许是不可思议的事情，但是，成功的商人却把这看作是一种必须的工作程序。由此可见他们对“知彼”的重视程度。

“知己知彼”历来被视为经营决策的前提，同外国人相比，我们的决策者在这一方面做得究竟怎样呢？应当好好地反省一下自己，比如：对国内外的市场行情是否了解得很仔细、很深入？对消费者的潜在需求和消费心理是否了解得很透彻？对竞争对手的各种情况是否明察秋毫、了如指掌？对目前的潜在市场是否具有准确的预测和估计？所有这些，都需要我们好好反思一下。

那么，怎样才能走好这第一步呢？

首先得“认识你自己”，即认清自己的优势有哪些，劣势是什么。优劣势是在竞争中不断变化和发展的，因而只有在竞争的具体过程中才能认识。认识了自己就是对竞争成果的逼近。德国伟大诗人歌德自幼一直认为自己有造型艺术的才能，并潜心追求这一目标，直到14岁时，他才感到自己当初的判断是错误的。后来，他在谈到怎样认识自己时说，假如你真正有某一方面的才能，你就会对它有天生的特殊的敏感，不要多少指导，就有一种动力或自然倾向。歌德的话值得借鉴。在“认识自己”之后，歌德成为闻名遐迩的伟大诗人。值得注意的是，“知己”并不是一次就可以完成的，它需要在竞争过程中不断反馈，不断调节才能达到。

其次，仅仅“知己”还不够，还要“知彼”。要做到“知彼”，首先得弄清“彼”的外延。如果对谁是竞争对手不甚了解或了解不全面，就很难设想制定出有效的竞争策略来。

说到竞争对手，有的人“一叶障目，不见泰山”，往往只看到同自己面对面直接进行着交锋和角逐的竞争者。事实上，竞争对手可以分为两类。

一类是明显的对手也可称为显对手。这类对手在自己面前已经暴露无遗，一般不难防范。如篮球场上的比赛，对参赛的双方来讲，对方是明显的对手。

另一类是潜在的或暗藏的对手，这类对手往往难于被人察觉或容易被忽略。“明枪易躲，暗箭难防”，潜在的对手是最危险的“敌人”。此种对手在竞争中采取的策略一般是，一曰坐山观虎斗，待两败俱伤，自己从中渔利；二曰养精蓄锐，一旦时机成熟就突然出击，使对手防不胜防，措手不及。

因此，竞争者知“彼”的主要目标应该是弄清潜在对手，做好防备，随时准备对潜在对手的突然袭击进行反击。做到“知己知彼”之后，竞争者就可以根据不同的对手制定相应的对付措施，以己之长克人之短。

总之，“知己知彼”是夺取竞争胜利的基本前提，也是制定有效竞争策略的基本依据，有了这个前提和依据之后，竞争者就可以游刃有余地采取进攻和防守两种基本策略，为获得竞争的胜利创造条件。

作者寄语

愚者只看到“己”的优点，却很少看到“彼”的长处；智者却能二者兼收。

第九课　对市场要敏感，抓住机遇求发展

创业关键词：机遇敏感

在市场中寻求机遇

成功者至少需要兼备两种品质：一是执著大胆的性格，二是对市场准确敏锐的嗅觉。

——马云

机遇对商人来说无比重要，把握住了机遇，也就把握住了财富。有些人常常感叹自己时运不佳，总是抓不住机会，更多的人则在空空的等待中虚耗生命。而犹太人常说："幸运之神会光顾世界上每一个人，但如果她发现这个人并没有准备好迎接她时，她就会从大门里走进来，然后从窗子里飞出去。"显然，时刻准备注意观察，我们的周围到处存在机会，只要我们事先做好准备，就可能把机会变成我们的机遇，只要我们勇敢地伸出我们的手，永远都会有伟大的事业等待着我们去开创。

马云创业伊始，认准互联网热潮是创业的最好机遇，尽管他当时对电脑是一窍不通，家人朋友都争相反对，可他力排众议，牢牢地将这个机遇抓在了自己手中，这才有了今日的阿里巴巴和今日的马云。机不可失，时不再来。商战中，精明的经营者总感觉到，机遇总是那么来去匆匆，一闪即逝。如果抓不住或抓不准，那就可能造成一生的遗憾。

马云用自己的行动做到了。其实还有很多的成功商人也紧紧地抓住了机遇，就像下面这个故事给我们的启示一样。

1993年的1月，是世界著名的戴尔公司总裁迈克尔·戴尔和日本索尼公司人员会晤的时间。连续讨论了几天最新研发的显示屏、光盘以及CD-ROM等多媒体技术之后，戴尔已经疲惫不堪了。在又一个让人焦头烂额的讨论会结束之后，就快撑不下去的戴尔拖着沉重的身体预备回酒店好好休息一下。这时，一位年轻的日本男子忽然挡住了戴尔的去路："戴尔先生，请稍等一下，我是能源系统部门的人，我想跟你谈一谈。请您晚走一会儿好吗？"

"能源系统？"戴尔重复着这几个字，想起了以前某人向他出售发电厂的事情。因为极度疲倦而有些恼怒的他险些一口回绝对方，但当看到日本男子那恳切的眼神时，他又微微地点了点头。

对方欣喜地拿出很厚的一沓图纸和表格，一张一张地翻开给他看，上面密密麻麻地写着一种刚研发成功的"锂电池"的功能。日本男子解释了好大一会儿，大脑已经处于混沌状态的戴尔才明白了他的目的——原来他是想推销这种"锂电池"给戴尔公司，供笔记本电脑使用。

戴尔以前曾经听人说起过，使用笔记本电脑的人，最大的期望就是拥有电力寿命比较长的电池，而根据索尼工程师的功能测试表，锂电池有超过4个小时的供电潜力。顿时，他感觉到，这是一次良好的机会，于是他非常认真地与对方交谈起来。

后来，锂电池果然成了一种具有突破性的科技产品，而装有锂电池的戴尔笔记本电脑，也因为满足了市场要求而销量大增。相关数字显示：1995年的第一季度，笔记本销售额占戴尔公司总收入的2%，而到了第四季度，比例已经上涨至14%。这给戴尔带来了巨大的商机。

所以，机遇就在我们身边，而且对我们每个人都是公平的，只是能否有把握机会的能力而已。商场就是不见硝烟的战场，商战就是不动刀枪的战争。话俗而理不俗，严格地说，这两句话所包含的内在道理却并不过时。那么如何很好地把握住机会呢？

经商的目的，是为了尽快把商品推销出手，加速资金周转，多赚钱。

如果商品长期压在手中，资金则会减少生息，企业的正常运转就会有困难。年轻人因为一直想抓住机遇，却一次一次让机遇在眼前溜走。有丰富实践经验的生意人是绝不会这样愚蠢的，他们把争取时间作为在竞争中取胜的一大法宝。利润率是与资金周转成正比的，周转快则利润高，加快一天周转，就等于多赚了一天的资金利息。快购快销具有推动资金增值的神奇力量。

机遇每天都在我们身边飞来飞去，可是我们就是看不见，因为我们缺乏发现机遇的眼睛。创业者就应该像马云那样，在风云变幻的商海竞争中紧紧地抓住可能稍纵即逝的时机。一旦时机到来，就必须当机立断，该攻就攻，甚至要连续攻击；该收场就收场，哪怕是有所损失。

当断不断，该收不收，只会遭受更加惨重的损失。商战的残酷，客观上要求经营者对商情作清醒判断，当机立断，不允许拖拖拉拉而坐失良机，更要求经营者是一位观察家，第一素质就是眼力，这不仅表现在对市场风云变化的直觉上，而且体现在运筹帷幄决胜千里的韬略中。欲想商战获胜，就要善择良机，就要随时把握客观形势及其各种力量的对比变化，透过现象看本质。狠抓商机才能财源滚滚！

作者寄语

一个人的能力决定他的高度，一个人的品德决定他能走多远。

机遇就在夹缝中

有时候死扛下去总是有机会的。

——马云

当今时代，谁善于收集信息、谁善于开发有价值的信息，谁就掌握了商战主动权。成功的商人都擅长于见人所未见、利用“零次”信息发财，所谓信息就是金钱。

1995年，马云下海创办海博翻译社。因为帮助杭州市政府和美国一家公司谈高速公路的合作，在美国谈生意的马云第一次接触到了互联网。

“Jack，这是Internet，你可以输入任何字查询。”西雅图的教师朋友跟马云说。担心把电脑弄坏的马云战战兢兢地输入Beer（啤酒），结果出来一堆德国、美国啤酒资料，他又输入China（中国），却显示No data（查无资料）。马云又敲了一个China history（中国历史），在雅虎页面上出现了一个50个字的简单介绍。马云觉得这个很有意思，但怎么会没有中国的东西？于是马云就问这个朋友，你这个东西怎么用？朋友告诉他说做一个Homepage（主页），你就可以把东西放到网上去，放到搜索引擎里去。

马云灵机一动，请朋友做了一个杭州海博翻译社的网页，结果短短3小时，就收到6封电邮，并要求提供进一步资讯，这让马云嗅到网络商机。虽然不懂互联网也没有喝过洋墨水，此时的马云却通过对信息的敏锐感知和当时身处美国的李彦宏、张朝阳同期感受到了互联网的魅力，也帮他打开了电子商务的大门。

通过马云的经历，我们不难看出信息的重要性。当然光接触信息还不够，最重要的还是要从信息中捕获机遇。当时，在美国触网的中国人无疑很多，在中国触网的也大有人在，例如中科院高能物理所的专家；但一经触网就立刻看到了未来的网络世界，看到了网络改变世界的巨大能量，看到了网络背后隐藏的无限商机的人，却寥寥无几，而看到未来、看到商机立即付之行动者则只有马云一人耳。否则，中国第一个商业网站就不会叫中国黄页。

现在，我们身处信息时代，信息就是我们经商的基础，所以，捕捉信息，就等于捕捉了成功的机遇。事实上，在现实商业活动中，像马云这样通过信息捕获商机的成功者数不胜数。

有一个在交通局开车的人，从领导那里得到一个信息，公路局准备近期在当地修建一条高等级的公路。这本来是一条很普通的消息，可说者无心，听者有意。因为，这位司机的家乡附近就有一座适合生产石子的大山，而修建公路又需要大量的石子。这位司机就马上买下了当地山石的开发权。

此后不久，公路开始修建。他生产的石子源源不断地运往工地。这一次，他狠狠地赚了一笔。很多人说他有远见，有眼光。同他一起工作的人都知道修路这个信息，为什么只有他利用好了这个信息呢？只是他更有心，更善于利用信息罢了。

当今的社会，是一个信息时代。从某种程度上讲，信息是成功的关键。市场在变化、信息在更新。昨天畅销的产品，今天可能已经落后，只有掌握了信息，才能及时了解市场，了解消费者的需求，才能更主动地调整自己的经营方向和产品结构，才能不致落后和失败。

那么，如何准确地收集你所需要的信息呢？

其实，收集信息的方法多种多样，或通过报纸、杂志、电视、电台，或通过亲戚、朋友的走动交流，或通过手机、互联网等现代通信工具。不但要善于收集信息，更要善于识别有用信息，并加以分析利用。

信息资源十分丰富多样，特别是在“信息爆炸”的现代，正确选择利用信息无疑是做好生意的一项基本功。学会选择利用信息更是搞好生产或从事经营的一个基本。经商要善于捕捉信息，而且还要有自己的一套捕捉信息的分析方法。

1. 归类整理

就是把自己搜集到的各类信息，分一下类，然后按类型分辨真假。把那些明显虚假的信息提出来，把认为是真实的或基本真实的信息留下来，然后再分成优劣、好坏。将那些办起来只有好处没有坏处的项目作为首先应该办理的，对那些办起来既有利益又有风险的项目，进行一番分析对比，看是利益大还是风险大，对那些危险太大、收益又没有把握的项目，归为最差、无价值的一类。把类别分清了，真假、好坏、优劣信息自然也就出来了。

2. 分析对比

在了解到各种行情之后，往往会出现这种情况，就是大家都认为只有好处、效益又高的经营项目，反而难办或难以办成。因为大家只看到了有利的条件，没有看到不利的信息，都在往这个经营项目上挤。而一挤，就可能是形势发生变化，有利条件有可能变成不利因素，增加了困难。真正有潜力能发展的是那些既有前途又有风险、既有效益又把握不准因素的项目。为了把项目做好，就得对信息和行情进行全面分析、综合对比。

3. 投入试验

如果你认为某个项目不错，但在经过综合分析对比后，仍然没有确切把握，未能把最真实、最有效的项目选出来，无法下决心大干，还有一个办法就是先做个小型实验。先拿出来投资，进行小范围、小规模生产经营，依据结果再下决心。这样，既摸清了行情，又获得了经验，给大范围经营打下了基础。

4. 准确预测

俗话说："生意人要有三只眼，看天看地看久远。"任何行情信息，都不是静止不动、规定不变的，而是经常随着客观情况变化而波动，只有站高一点，看远一点，预先有所准备和打算，才不至于赶马后炮。现在，不少私营公司生产经营是看别人干什么就干什么、听说什么时髦就也去干什么。结果往往是在干以前很抢手，但等到费钱、费时干成了，市场行情就开始变化了，原来时髦变成了过时，俏货变成了滞销。

任何成功都不是偶然的，成功的机会在于挖掘，即使是一条不起眼的信息，也可能蕴涵无限的商机。对中国的广大企业来说，缺乏市场信息还是很大难题。互联网则给他们提供了一个很好的工具。今天中国的企业家需要信息，阿里巴巴的价值是可以让全世界的商人直接联系上。

作者寄语

一个人的痛苦，与天下相比便不能算是痛苦；一个人的仇恨，放到天下便也不能算是仇恨。大胸怀和大包容是解决一切问题的思想根源。

做客户所需要的，你也就有市场

最核心的问题是根据市场去制定你的产品，关键是要倾听客户的声音。

——马云

马云认为，市场是企业角逐的舞台，只有在市场的搏击中生存下来，企业才有可能基业常青。因此，只有高度重视市场反应的企业才有可能永续发展，否则无从谈起。马云经常化身为客户，充当“抱怨者”的角色，马云的这种做法是高明的，在产品流入社会之前，就尽可能地杜绝客户可能产生的抱怨。现在国外流行“产品体验员”的职业，原因也在于此。

顾客的抱怨虽然对企业来说是非常严重的警告，但是，如果诚心诚意地去处理顾客的抱怨，往往又是创造另一个机会的开始，所以不可小看顾客的抱怨。因为只有做客户所需的，你的企业也才会有市场。来举个例子：

商人哈德里·斯尔曼，带着两袋帆布，一路跋涉到了遥远的阿拉斯加。那里的人们从没有见过帆布，更想不到世界上还有如此好的东西，因此，他们用当地最热情的方式款待了这位聪明的商人哈德里·斯尔曼，临别还赠与他两袋金子作为酬谢。

另有一位商人理查·罗文听说了这件事后，不禁为之动心。他想：雨鞋的功能不也很好吗？于是他带着雨鞋来到了遥远的阿拉斯加。阿拉斯加的人们同样没有见过雨鞋，甚至觉得雨鞋的用处比帆布还要好！他们更加盛情地款待了商人理查·罗文，并且一致认为，用金子远不能表达他们对这位远道而来的客人的感激之情，经过再三商讨，他们决定赠予理查·罗文许多帆布！

对于上述故事，马云认为，市场是衡量企业核心竞争力的决定因素，因为企业只有在市场中才能体现其竞争的实力和优势。创业十分重视对于市场的研判，并且对于市场环境的微小变化十分敏感，必须决策迅速，对市场变化快速反应。马云坦言，商场往往就是这样，你先抢一步，占尽先机，得到的是金子；而你步人后尘，东施效颦，得到的可能就是帆布！无论从事何种工作都必须早起步，先下手为强，抢占工作制高点。很多创新都是发明者得到了最大的好处。再则，如果常常跟在别人后面也容易受人制约，失去自主权。

就像上述故事中，商人哈德里·斯尔曼带着两袋帆布到阿拉斯加就得到了金子，而理查·罗文得到的却是帆布。明白客户的需求才是企业生存的根本，马云提醒那些创业者，抓住机遇是成功公司基业常青的一个重要因素。所以，在这个竞争日益突出的社会中，别人先进的东西不会轻易传授，等你得到了也就成了淘汰的落后技术，其新一轮的更新换代又完成了，剩饭的滋味永远比不上鲜美的佳肴。特别是一些创业者在瞬息万变的市场面前，有些创业项目往往是慢三拍，有的即使捕捉到了商机，调整的步子又不能及时跟上，因而免不了吃亏。所以，抢占先机是创业者成功创业的重要因素。看看他人如何干，并不反对学习他人的经验，但创业者永远步人后尘是致命的。网络大亨周鸿祎的创业故事，或许会给你一些启迪。

作为奇虎董事长，周鸿祎并不急于通过360安全卫士赚钱，而是强调将产品和用户体验做到最好。奇虎360副总裁刘峻曾表示，目前360有几个业务很赚钱，但周鸿祎觉得“不高级”而压着不让做。比如，每天都有很多公司找到360希望在其平台上投放广告，但至今360安全卫士的界面上只在右边的“特别推荐”处有五条文字链接。据刘峻说，有些客户已经付钱签好广告单，周鸿祎一句“影响公司形象”便给撤掉，也不乏因为用户在论坛发出一个抱怨贴子就砍掉上千万收入业务的故事。360从很多公司挖来市场销售，现在都转为业务拓展。周鸿祎自己也承认，这种做法相当于一年损失好几个亿。

周鸿祎说：“赚钱没问题，我不反对。但我说的赚钱是要赚大钱。”而他“赚大钱”的方法是免费的。周鸿祎认为这是互联网里“最有力量的东西”，免费杀毒最初被视为大逆不道，但他不过是比所有人更早说出真理。

免费的最大好处自然是能累积起巨大用户群。在360之前，中国互联网安全市场用户数量有限，但免费使其在短短两三年内达到近三亿人，并仍在飞速增长。几百万的规模和上亿的规模，对产业和公司的战略意义截然不同。因此，周鸿祎竭尽全力将产品做到最好以争取尽可能多的用户，只要聚集起数亿用户，赚大钱自然不难。

彻底的免费永远是陷阱。对企业而言，无论如何变化商业模式，始终要有收入来源。与免费相联系的商业模式通常是广告和增值服务。前者很容易降低产品体验，后者则容易落入降低基础服务质量而推销增值服务的窠臼。周鸿祎心目中的免费经济学真谛是：“免费服务必须完美无缺才能吸引大规模用户，增值服务则应与免费服务既有内在关联，又不同质化。一定要按照‘1%’的规律把握好尺度，设计出大部分人不会用、但极少数人一定会花钱用的东西。”

以此逻辑，360即将推出收费的安全存储和电脑远程维护服务——它们不同于360防病毒产品，又都处在互联网泛安全概念下；大多数人用不上，少数人极需要。360调查显示，5%~10%的人对这些服务感兴趣，远超1%的预期。

互联网安全行业被彻底颠覆——如果有免费而可靠的安全解决方案，谁还会每年花几十元甚至上百元？

不可否认，是周鸿祎在安全领域开辟了所谓“破坏式创新”的免费模式，而这正是因为其不守游戏规则，从客户的需要中看到了市场。

周鸿祎的成功得益于他的两个长处——站得足够高，有远见地把握产业方向，提出很多超前想法；或者聚焦产品细节，研究如何将用户体验做到极致。

综观许多成功的创业者，他们的成功主要还是有一套完整的针对市场反映的应急系统。在中国，创业者在企业发展过程中，他们特别重视对市场的研究，重视分析消费者的偏好以及需求变化，以及企业竞争对手的状况及其变化，并能够根据他们的变化及时调整公司的经营战略，适时推出适合消费者需求的产品。

不仅如此，企业在发展到一定阶段后，当看到市场存在良好的投资机会时，能够迅速决策，及时进行战略转型。事实上，初创企业有其独特的经营管理模式，创业者有其独特的资本积累时期，从而为初创企业进一步扩大规模提供了资金保证，并以灵活应对市场的理念促成了企业文化的形成。

作者寄语

为客户创造价值是我们永远的追求！

第十课 在商场中要保持理性

创业关键词：思考冷静

用敏锐的嗅觉抓住商机

建一个公司的时候要考虑有好的价值才卖。如果一开始想到卖，你的路可能就走偏掉。

——马云

2009年5月17日上午，阿里巴巴董事局主席马云在首届网交会论坛时发表了题为“看清形势、发现商机”的主题演讲，解释了他心目中的互联网，并对网货和电子商务的未来做出预测。马云向在坐的所有听众揭秘了他心中的成功秘笈，他认为，生活在当下的人们，必须客观全面地去理解互联网，把握住互联网精神的实质所在，而不是仅仅把网络理解为游戏和新闻。

确实，部分专家过分强调商业机遇对于创业者的重要性，但是马云却不认同，马云说，对于那些即将创业或者正在创业的人来说，尽管商业契机是决定创业成功的一个重要因素。要敏锐的感觉到和抓住在追逐所谓主要目标时所产生的相关契机十分必要，因为主要目标所产生的相关契机其实就是一个创业者敏锐的商机意识，因为敏锐的商机意识和敢为人先的信念是初创企业成功的基石，敏锐的商机意识之所以能够被中国广大的民营企业所重视，是因为敏锐的商机意识是初创企业创始人最成功的关键，因为敏锐的商机意识能在别的商家没有嗅到该商机之前立马感应到，如果没有能力，就算你比别人再先发现商机也没有用。

马云一直是个不安分的人，很早就已经开始创业。马云接触到了互联网，他意识到：互联网必将改变世界！虽然当时在杭州甚至还没有开通拨号上网业务，就是远在美国的杨致远也不过刚刚创建雅虎不到一年。但马云却萌发出一个想法：我要做一个网站，把国内的企业资料收集起来放到网上向全世界发布。

很多人都认为马云的成功在于他敏锐地发现互联网时代的到来，不过是提前登上了那条驶向黄金岛的大船。其实，马云的成功不在于他如何的敏锐，而在于他的闯劲，当然马云并不是猛张飞，提上枪就上马杀敌。在1995年创办最初的“中国黄页”踏入互联网行业之后，1997年底马云跑去北京加盟了中国外经贸部下属的中国国际电子商务中心，出任该中心信息部总经理。这次出走，对马云的意义重大，因为他在这里锻炼了自己的鼻子，在众多信息中判断趋势走向。更重要的是，马云这个中国重要的对外经济窗口里，逐步使自己的B2B思路成熟，用电子商务为企业服务。

其实最大的决心并不是我对互联网有很大的信心，而是我觉得做一件事，经历就是一种成功，你去闯一闯，不行你还可以掉头，但是你如果不做，就像晚上想想千条路，早上起来走原路，一样的道理。马云提起当初，赞赏的是自己的勇气而不是眼光。

我觉得最值得创业者学习的，不仅是他的闯劲，更应该是谨慎前行。前期摸索，拜师学艺，借船出海，马云绝对不是为了创业就把自己置之死地的野兽派创业者，相反而是用最小的代价来做好创业前的准备。

马云在创办阿里巴巴之前在家里召开第一次股东大会，启动资金必须是Pocket Money（闲钱），不许向家人朋友借钱，因为失败可能性极大。我们必须准备好接受最倒霉的事情。这是这次会议的重要议题。我们必须准备好接受最倒霉的事情，这是马云给创业者的第一原则。

毋庸置疑，商机无处不在，重要的是不去重复或追随别人已经做过和正在做的，而是要不同于同行或竞争对手去抓住新的商机。这正如《孙子兵法》所说："故善出奇者，无穷如天地，不竭如江河。"在得到更为宽松环境的我国民营企业，对新世纪的商机，也应该是无穷如天地，不竭如江河，关键在于你能否出奇。中国民营企业可以发挥机制灵活，决策过程集中统一、方便迅速，应变能力强的优势，以更快的速度去获取商机，抢占市场。

现在我们再来看看另一个大富翁洛克菲勒是怎么运用这些高招的。

第二次世界大战结束后，战胜国决定成立一个处理世界事务的组织——联合国。这个总部得建在繁华的城市里才好，可是在任何一座繁华城市里购买建立庞大楼宇的土地都是需要一笔很大资金的，而刚刚起步的联合国总部的资金极为有限，各国首脑为此事伤透了脑筋。这个时候，洛克菲勒家族听说了这件事，立刻宣布，愿意出资870万美元在纽约买下一块地皮，并无条件地捐赠给联合国。人们不禁惊讶了，洛克菲勒家族这么做简直是头脑发晕了!

可是他们并不知道，当洛克菲勒家族在买下土地捐赠给联合国的时候，也买下了与这块土地相毗连的全部土地。等到联合国大楼建起来后，四周的地价立即飙升起来。现在，没有人能够计算出洛克菲勒家族凭借毗连联合国的土地获得了多少个870万美元。

当人们明白过来的时候，洛克菲勒家族已经赚得盆满钵溢了。这就是大亨的做法，他们的头一两步棋，人们通常猜不到他的用意何在，他的真实意图总是在事情快有了结局的时候，人们才恍然大悟，可是这已经是事情的结局了。

在19世纪80年代，约翰·洛克菲勒已经以他独有的魄力和手段控制了美国的石油资源。这一成就不仅取决于他从父亲那里学到的经商哲学，更主要的是受益于他从创业中锻炼出来的预见能力和冒险胆略。

1859年，当美国宾夕法尼亚州泰特斯维尔出现了第一口油井时，洛克菲勒这位精明的青年商人就从当时的石油热潮中看到了这项风险事业的前景是有利可图的。他在与合伙人争购安德鲁斯·克拉克公司的股权中表现出非凡的冒险精神。

拍卖从500美元开始，洛克菲勒每次都比对手出价高，当标价达到5万美元时，双方都知道，标价已经大大超出石油公司的实际价值，但洛克菲勒满怀信心，决意要买下这家公司，当对方最后出价7.2万美元时，洛克菲勒毫不迟疑地出价7.25万美元，最后终于战胜对手。

年仅26岁的洛克菲勒开始经营起当时风险很大的石油生意，当他所经营的标准石油公司在激烈的市场竞争中控制了美国出售全部炼制石油的90%时，他并没有就此止步。

到19世纪80年代，利马发现了一个大油田，因为含碳量高，人们称之为“酸油”。当时没有人能找到一种有效的办法提炼它，因此只卖一角五分一桶。洛克菲勒预见到这种石油总有一天能找到一种方法提炼它，所以执意要买下这个油田。当时他的这个建议遭到董事会多数人的坚决反对，事后他只得说：“我将冒个人风险，自己拿出钱去投资这一产品。如果必要，拿出200万或300万。”结果，不过两年多时间，洛克菲勒就找到了炼制这种酸油的方法，油价一下由1.5毛涨到1元，标准石油公司在那里建造了全世界最大的炼油厂，盈利猛增到几亿美元。董事会的成员们最后不得不承认，洛克菲勒比他们所有的人都看得远，比他们所有的人都有更加强烈的预见能力。

由此可见，洛克菲勒一生的商业生涯都是用敏锐的市场观察力抓住一次又一次的机会。其实大凡成功的企业家都是战略家。他们有极强的预见能力。他们的眼光是盯着未来，而不是现在。比别人多走几步，是他们成功的诀窍之一。

作者寄语

虽说商机无限，但是无限的商机却往往垂青那些有敏锐嗅觉的人。

风险的背后就是财富

上当不是别人太狡猾，是自己太贪，是因为自己才会上当。

——马云

高风险意味着高回报，成功隐藏在勇气的背后。或者说，每个人都注定要背负起经历各种困难折磨的命运，而创业者的成功、财富也都是在这些难以避免的坎坷中获得的。不止要在处于顺境时，能够获得滚滚而来的财源；即使是遇上风险，在逆境来临时，也能够把握不易的机会。不够坚强的人当逆境来临时，就会匆匆结束这次施行，自认失败；而假如能够挺住，就该明白，我们就是要在这些逆境中展示自己、获得成功。

大多数成功的人就是在风险来临的时候，敢于迎难而上，所以，成功了；而那些平庸之人就是在每一次机会来临之时，不敢冒险，终至平庸的。凡是敢于冒险的人，他的人生一定光辉灿烂。

只有在逆境、在危机中展现出来的才是真正的领导力。马云的话也是对他资深领导力的诠释，这一点，我们从马云的创作历程中可以看得出来。事实上，对于创业者来说，不仅自身要在危机和逆境中能独当一面，还要尽可能多的拥有这样的人才。在阿里巴巴，马云就大胆培训员工的能力，让其充当“封疆大吏”。马云心里很清楚：只有当下面的人超越你的时候，你才是真正的领导。

对于创业者来说，他们在厄运到来之时，绝对不能干坐着等“驱逐令”，更不可能让自己毫无准备以致措手不及。如果说这样事关生存的大技巧能够形成的话，用到生意场上去就游刃有余了。很多创业者就是靠准确地把握这种“风险”之机才有后来的成就。

无论做什么事情，最终的结果都只有两种，那就是成功与失败。当失败的可能性大于成功，却偏要去做，那么就成了冒险。但是，许多事很难分清成败可能性的大小，所以是否可以定义为冒险也很难说。不过有一点是可以肯定的，那就是冒险越大，赚钱越多。每一次当机会来临的时候，平庸的人不敢冒险。可是如果有人敢在逆境中迎难而上，则会在商战中赚大钱。石油大亨哈默的成功，就能有力地说明这个问题。

哈默是一个因为敢于冒险而取得巨大成功的富翁。哈默在利比亚的一次冒险成功也同样让世人惊叹。那时，利比亚的财政收入不高。在意大利占领期间，墨索里尼为了寻找石油，在这里大概花了1000万美元，但结果却是一无所获。埃索石油公司在花费了几百万收效不大之后，正准备撤退的时候，才在最后一口井里打出了油。壳牌石油公司大约花了5000万美元，但打出来的井都没有商业价值。西方石油公司到达利比亚时，正值利比亚政府要进行第二轮出让租借地的谈判，出租的地区大部分都是一些大公司放弃了的利比亚租借地。根据利比亚法律，石油公司应尽快开发他们的租借地，假如说是开采不到石油的话，就要把一部分租借地还给利比亚政府。第二轮谈判中就包括已经打出若干眼“干井”的土地，但是也有很多块与产油区相邻的沙漠地。

参加投标的有来自9个国家的40多家公司。但是有很多参加投标的公司是“空架子”，他们是希望拿到租借地以后再转租给别的公司。还有一些财力不够雄厚的公司，其中包括西方石油公司，不过，他们都具有一定的经营石油工业经验。利比亚政府允许一些规模较小的公司也参加投标，他们这样做是为了避免遭受大石油公司和大财团的控制，其次再去考虑资金有限等问题。

哈默虽然充满信心，但前程未卜，尽管他和利比亚国王私人关系良好。一方面他在这一方面经验不够丰富，而且与这些石油巨头们相比，这一次竞争实力悬殊太大，真可谓小巫见大巫。但是哈默还是决定要冒一次险。

哈默的董事们都坐飞机赶来了，他们各自在4块租借地投了标。他们的投标方式非同寻常，投标书用羊皮证件的形式，卷成一卷后用代表利比亚国旗颜色的红、绿、黑三色缎带扎束。在投标书正文中，哈默加上了一条：他愿意从尚未扣税的毛利中拿出一部分钱供利比亚发展农业。除此以外，还允诺在国王和王后的诞生地库夫拉附近的沙漠绿洲中寻找水源。另外，他还将进行一项可行性研究，一旦在利比亚找出水源，他们将同利比亚政府联合兴建一座制氨厂。

终于，哈默得到了其中的两块租借地，并且这两块租借地都是其他公司耗巨资后一无所获而放弃的。这让那些对手们吃惊不小。

没过多久，这两块租借地就成了哈默烦恼的源泉。他钻出的头三口井都是滴油不见的干井，光是打井费就花了近300万美元，除此之外还有200万美元用于地震探测和向利比亚政府的官员交纳的不可告人的贿赂金。因此，董事会里有许多人开始把这项雄心勃勃的计划叫做“哈默的蠢事”，甚至连哈默的知己、公司的第二股东里德也失去了信心。

但是哈默依然固执地相信自己的意见。在和股东之间发生意见分歧的几周里，第一口油井出油了，接着另外8口井也出油了。这一下公司人可乐坏了，这块油田的日产量是10万桶，而且是异乎寻常的高级原油。但更重要的是，油田位于苏伊士运河以西，运输十分方便。同时，哈默在另一块租借地上，利用最先进的探测法，钻出了一口日产7.3万桶自动喷油的油井，这口井是利比亚最大的一口井。

就在这个时候，哈默又投资1.5亿美元修建了一条每天的输油量达到100万桶的输油管道。然而当时西方石油公司的资产净值仅有4800万美元，这些足以见识到哈默的胆识与魄力。从此以后，哈默大胆吞并了好几家大公司，到利比亚实行“国有化”时，他已羽翼丰满。就在这个时候，西方石油公司一跃而成为世界石油行业的第八个姊妹了。皆是因为哈默过人的胆识与魄力才使得他获得那么大的成功，哈默真不愧为一个大冒险家。

风险越大，收益的绝对值越大，商家的法则就是冒险越大，赚钱越多。创业者大多要具有乐观的风险意识，他们是天生的冒险家，他们在危险中自由地畅行，抓住机遇，获得了巨大的成功。

成就世界第一商人的一个重要因素就是身临逆境，勇于冒险的进取精神。高风险，意味着高回报，只有敢于冒险的人，才会赢得人生辉煌。而且，那种面临风险、审慎前进的人生体验可以练就过人的胆识，这更是宝贵的精神财富。

作者寄语

冒险才是人生最大的保险！

不要走进直觉的误区

我们不能企求于灵感。灵感说来就来，说去就去，就像段誉的六脉神剑一样。

——马云

感性和理性都是人的性格的体现，有的人感性思维多一点，所以在做事上常常愿意意气用事，而有的人理性思维多一点，在做事上却显得有些畏首畏尾。对于年轻的创业者来说，感性和理性都是不可或缺的，两者应该同时具备。创业者的感性形成了领导魅力，理性则造就了规范和秩序。那么，创业者如何能把感性思维和理性思维运用得当呢？这对于刚刚走上创业道路的年轻人来说，因为这是一个很难拿捏的尺度，是一个很好的考验。

马云无疑是最具人格魅力的感性派企业代表，但事实上他在决策时，并不是完全凭感性直觉，而往往有其理性的一面。就拿他辞职创业这个决定来说，在周围人看来，这是个极其冲动的决定，可是从马云后来的解释中，我们还是能明确地看出其理性的一面，马云是这样说的："当时我在学校里接触的都是书本上的知识，所以很想到实践中辨明是非真假。所以我打算花10年的时间创办一家公司，再回学校教书，再把全面的东西传授给我的学生。"

马云在"七剑下天山"中的第一剑就是：杀手直觉，长远布局。

1998年的中国互联网市场，泡沫翻飞，从业者对未来众说纷纭没有统一共识，马云却凭借商人的敏锐直觉捕捉到了电子商务的成长空间，独具开创性地创造了阿里巴巴交易模式。这种商业的嗅觉，被今日资本的徐新赞誉为"杀手直觉"。今天，中国已经成长为全球最大的互联网市场，电子商务已经成为中国互联网三驾马车之一且未来发展前景被社会各界看好时，你不能不回过头去佩服马云在那样艰难的情况下做出的决定。

当阿里巴巴做得较为成功的时候，跟随马云多年的老部下浮躁了，想尽快让阿里巴巴上市，让期权套现。大家都被诱惑迷住双眼时，却忘记了身后的危险。身为领导者，当时的马云却在担心阿里巴巴背后的巨大战略缺失，一心想做淘宝网来弥补市场空缺。最终他力排众议，诞生了淘宝。今日来看当时的决定，B2B与C2C就像一对孪生兄弟，很难想象当年要是没有淘宝在市场上异军突起，阿里今日还会不会与其他竞争对手在国内苦苦掐架，根本无暇顾及世界范围内的互联网市场巨变。应当讲，当初这种长远布局的能力确实体现出马云不同于一般意义上的商人眼光。

所以说，对于年轻的创业者来说，在决策时，不能畏首畏尾，想得太多，但也不能什么事完全凭感觉，一拍脑子就定下来，也要保持一定的理性，否则你的创业之路迟早会出现波折。但是，下面这位“非理智者”的理智会给年轻的创业者一些启示。

连续31年提高分红派息额，这样的公司并不多见，雅培就是其中之一。然而，这家被吉姆·柯林斯列为卓越公司的CEO白暮思却自称是非理智者。

白暮思喜欢穿休闲服，不喜欢剪裁考究的正装。与此相类似的是，他喜欢气氛活跃的非正式场合，因此有时即使是在一些正式场合，他也会出人意料地开些玩笑。上任没多久的白暮思在一次公司会议上语出惊人说：“我是个不理智的人！”然而，据时任雅培药物研发副总裁的丹尼尔·诺贝克说，人们听了白暮思的话后并没有笑出来，因为他们知道，白暮思是当真的。

萧伯纳曾说过：“理智者适应环境，非理智者企图让环境适应他。”白暮思反其语而用之。按他的理解，非理智者试图去改变环境。有一件事更是让人们看到了他的“不理智”——他决定将雅培生产的爱治威（Norvir）在美国的售价提高5倍。爱治威是一种蛋白酶抑制剂，用于治疗艾滋病。此事在美国引起一场不小的争论。

然而，这个“非理智者”却异常理智。如此大幅度的涨价，出现这样的结果他已有所预料。他之所以做出这个决定，是因为涨价能使雅培每年增加5000万美元的收入，使它能进一步增加癌症药物的研发投入。按他的设想，雅培的艾滋病药可以针对不同地区的消费者区别对待：在发达国家实行高售价，在一般国家，可以稍作下调，而对贫困国家则可以更低甚至赠送。

刚上任时，他曾拒绝降低艾滋病药价格。2001年4月，他到坦桑尼亚进行考察，目睹了非洲大陆艾滋病的肆虐。回到美国后，他立即做出决定，以低于成本价向非洲和其他贫穷国家提供与治疗艾滋病相关的药品、捐赠诊断设备，并帮助坦桑尼亚重建该国一家大医院。

过去几年，雅培向非洲提供了大量折价药品。它还赞助了一些项目，以降低艾滋病母婴感染率。今年4月，白暮思在股东大会说，去年雅培在向贫困国家提供折价药等项目上的费用达2.25亿美元。其实，在他看来，这是符合公司利益的。

在许多制药公司把艾滋病药视为有巨大潜力的产品进行开发时，2001年白暮思却果断地停止了对艾滋病药研发的进一步投入。他认为，艾滋病药消费最多的是非洲地区，如果公司继续大量投入，就有可能面临收不回成本的危险。他希望把研发重点放到真正有潜力的产品——癌症药上。

1960年代，由于意识到该公司无法在制药领域追上默沙东等公司，雅培将经营重点放到了保健品和诊断设备上，并实现了公司由优秀到卓越的飞跃。然而，白暮思上任时发现，依靠这种模式已经难以实现公司的快速发展。身材高大、信心十足的白暮思决定把药品研发重新作为公司发展的牵引车，希望通过大量的研发投入，研发出突破性的新药。

一些人认为，白暮思的想法并不现实，因为与辉瑞和默沙东等公司相比，雅培的研发实力并不是最强的，而突破性新药，尤其是治疗癌症和老年痴呆症的药需大量投入，而且耗时很长，风险也很大。

为了推行他的增长战略，他首先对管理层进行了改组，组建了一支强有力的管理团队。接下来，他削减了一些前景黯淡的产品的研发，对人力物力进行重新配置。他说："你必须及时将某种没有前景的产品枪毙掉。"

为了吸引科学人才，白暮思不断改善员工的工作条件，如增加休假时间，提供托儿服务等。2001年，雅培建了一座能接收720名儿童的托儿所。每年春天，他还为有孩子的员工举行夏令营活动。

不过，这个军校毕业的CEO要求也很高。他不容忍科研人员研制出一些平庸产品。当然，他也很理智，巨额的投资是为了公司的长远发展，绝不会产生立竿见影的效果。为此，在任期内他进行了一系列的收购，其中最大的一起收购是2001年以69亿美元收购巴斯夫集团旗下的国际制药公司。这起收购使雅培成为一家真正的全球大公司。摩根士丹利一位跟踪雅培长达10年之久的分析师表示，在战略方面，白暮思头脑非常理智。同样很理智的是，在收购巴斯夫的制药业务后，他把整合的工作交给了首席科学家杰弗里·莱登。据说，白暮思此举使得他周围的人大吃一惊。但结果证明，他的决定是非常正确的。

白暮思的理智可能和他的经历有某些联系。他学过机械工程，曾获得斯坦福大学MBA学位，后在麦肯锡公司担任咨询顾问。在熟人眼中，他精力充沛、口才很好。奇怪的是，有关白暮思的报道却少得可怜。他不经常露面，媒体对他的看法也不太在意。他曾说过："我不是公众人物。如果从来没人写我，我才高兴呢。"

然而，不希望自己出名的白暮思却希望雅培出名。在历史上，雅培是一家怕出名的公司。白暮思就曾说过，该公司过去的信念是，只有浮出水面的鲸鱼才会被鱼叉击中。这类似于中国人所说的树大招风。所以，它与分析师及媒体的沟通甚至与员工的沟通都很少。在他的领导下，雅培的这种理念发生了显著改变。

正如他所期望的，这个"不理智"的人改变并仍在改变着雅培。在他的5年任期内，雅培的营业收入增长9.48%，股息红利增长10.3%，股价表现不仅强于制药股指数，也强于标普500指数及纽约证券交易所大盘。

白暮思所谓的"不理智"之举，给企业创造了奇迹。由此可见，理性的决策对于企业的发展多么重要。千万不要被直觉蒙蔽了双眼。

作者寄语

直觉具有简约性、创造性、自信力的特点，但是不可靠的弊端谁也不可否认，千万要擦亮眼睛，不要走进直觉的误区。

第十一课 要走不寻常路

创业关键词：别出心裁

小行业有小行业的玩儿法

小公司的战略只有几个字——活下来，挣钱！

——马云

温州商人有很多是从小商品做起，因为创业初期者往往在资金、技术、经验等方面都还不是很成熟。中国的创业者，在半途夭折的很多，这种现象多数发生在中小企业身上。据统计，日本90%以上新成立的企业也是在3年以内消亡的。这个数字甚至可以映射到所有的经济发达国家。

马云在“七剑下天山”的第二剑中就有“以小搏大，因地制宜”的精辟论述。

俗语说得好：没有金刚钻，别揽磁器活儿。淘宝与eBay之战堪称商战史上较为经典的一幕进攻战。小蚂蚁居然敢对大象发起进攻，除了勇气，更多的还是商战的计谋的充分运用。对于国外互联网公司而言，又多了一则在中国水土不服的生动案例。土生土长的游击队凭借人民群众汪洋大海般的力量居然打败了来自海外的职业正规军。光脚的打败了穿鞋的，令市场敬畏。网络旁观者从中得到一个血的教训：对手的强大进攻必须加以封锁，否则就没地买后悔药。当蚂蚁军团多到你数不过来的时候，灭火已经来不及了。个人站长的共同努力，把淘宝网推上了C2C的头把交椅。淘宝网当年采用的因地制宜的免费策略从此成为后来者学习的好榜样。这招以小搏大，看似冒险，实则是基于对国情，对市场，对用户心态的深入理解。否则，投资人敢让你这么玩火？

因此，马云忠告那些创业者："'活下来'才是首要任务。我鼓励大家创业，但鼓励大家创业不等于盲目创业。对于想创业的人，我对他们的提醒是，不要被成功企业所编写的创业故事所迷惑，因为那里讲的都是一个企业成长过程中过五关斩六将的最精彩的部分。你要用自己的头脑去思考，去学习。就像马杰的'雷石'的创业经历一样。"

两年前，马杰的雷石公司以"小行业成功者"被收入美国马里兰大学MBA案例。中国大陆的VOD市场规模有5亿元，他占了2亿元。"真正的创业可能是行业选你，早了、晚了都不对。"说起选择VOD行业，马杰形容是"错误的时间、错误的地点做了一件正确的事情"。

"错误的时间"是指马杰在2000年进入这个行业时，行业处于极度混乱的状况；"错误的地点"是指这个行业的集散中心是南方，而他们选择了北京；还好他们做了"正确的事情"，就是从家电行业而非电脑（PC）业切进了VOD行业。时至今日，雷石公司已经占据VOD行业1/3的市场。回想创业初期，马杰有很多感悟，这唯一正确的事情，居然源自微软的一个失败项目。

1998年，微软启动了一项名为"维纳斯计划"的电视上网项目。这项计划最后以失败告终，部分产品技术以及团队最终为雷石继承。"我们现在做的东西实际上是'维纳斯计划'的孙子，包括产品设备、技术、理念都和当时那个项目密切相关，"马杰介绍，"'维纳斯计划'失败之后，他们想给产品找个出路，想来想去只有给歌厅。"

在雷石之前，当时VOD主要用PC点歌，在每个包房安装硬件和软件，2002年时，联想曾进军这个领域，但马杰的产品却是从家电行业切进去，这最终决定他们"做了正确的事情"。比起PC点歌，他们最显著的优势是不会死机，“歌厅最怕死机了，我们这个产品绝不死机。”而且由于其产品采用的是DVD芯片，也无需硬盘，每个包房只需要一个机顶盒就可以实现点唱，能节省很多成本。“我们所有东西都放在内存里，起码比PC省一个硬盘的钱。以我们每年销售10万个包房、200元钱一个硬盘计算，一年下来，我就多赚2000万元，到一定量的时候，机顶盒还会更便宜，所以怎么跟我玩？”

虽然一直熬到2003年，雷石的现金流才转为正数，2004年才实现盈利，但是马杰对这个行业的坚持，却让他有了一些奇怪的感悟，“小行业也有小行业的玩儿法，有些市场，特别大的和特别小的公司都做不了，我们这种不大不小的公司反而有优势。”

在中国，VOD是规模只有5亿元的小行业，不过，在发展初期却有很多企业冲进来，包括联想。2002年，联想推出“联想1+1”，只搞了两年，赔得一塌糊涂，2004年就退了出来。“这个行业要求24小时服务，小公司的资金、人力都跟不上。而大公司一样做不了。”马杰介绍，联想最初的服务是送修，“你家有机器坏了，人家说你抱过来吧，可凭什么我抱过去？而且KTV、歌厅怎么抱过去啊？”但是，雷石就很容易做到24小时上门服务，“只需要把东西放在车里，坏了的话开车过去换一个就行。”

迫于竞争压力，联想后来也提供了类似的服务，不过其从PC行业延伸出来的产品特性，让其难以维持。马杰介绍，联想前后销售了两三千台，按每天晚上2%的死机率，约有四五十台机器会出现故障，而这些机器又分布在四五十家歌厅，那就需要四五十个人每天半夜出发去这些歌厅维修，“这还不死掉了？”

“慢慢就形成了决定性优势。”马杰认为，不适应小行业的玩儿法，是联想失败的根源，而其他任何PC厂商想要进来都会以失败告终。

马杰表示只要产品正确，可以等着赚钱。他的雷客是与台湾音乐厂商KKBOX合作生产的，产品已进入了各大卖场，“卡拉OK替我教育了30年，而且一旦他们习惯了，我甚至可以采用收取月功能费的方式供他们下载音乐。”现在看来，最大的障碍在于“蜗居的原因，会影响隔壁的人”。

“做一个公司不是创业，创业这个词需要一辈子来摸索。”与很多创业者不同，马杰不喜欢说自己的故事，更乐于思考。前年，美国马里兰大学MBA案例曾以“小行业成功者”收入了雷石公司，当时来调研的人让马杰开始思考“成功”这个话题。

马杰成功了，他的小行业经营理念也得到了很多同行的认可。马云也说：“每一笔生意必须挣钱，免费不是一个好策略，它付出的代价会非常大。”这就要求创业者要有聪明的头脑，敏锐的市场观察力，精明的谋略。不要贪大，具体问题具体分析。

作者寄语

不死就是硬道理！活下来比发展重要！

最好的模式是最简单的

忘掉Money、忘掉赚钱，不要理会外界关于你们“不能赚钱”的指责。

——马云

马云的时代是网络的时代，网络改变了世界也改变了中国。网络催生了一个崭新而庞大的产业，改变了所有传统产业，带来了前所未有的巨大商机。然而有人说马云，“这是瞎猫碰到死耗子”。马云撞上网络，干起网络的确有点偶然，但是用“瞎猫碰到死耗子”并不能解释为何是马云最先抓住商机，为何是马云成为“中国互联网之父”？其实很简单，因为马云有一套很独特的经营模式。

在商业做法上盲目模仿大公司，这是不少创业者都容易犯的一个错误。不少出身大公司的人，会在自己创业的时候，不自觉地按照大公司的做法建立一些规范制度。必要的规范当然有益，但大公司为了稳妥，一般都比较慢。大公司为这个“慢”付得起代价，而这对小公司而言则是一个灾难。马云认为："优秀的公司模式都是简单的，复杂的模式往往会有问题。战略有很多意义，小公司的战略简单一点，就是活着，活着最重要。"

马云的模式很简单，就是活着，活着最重要。其实每个成功的企业都有它自己的经营模式，来看下面这个创业故事的经营模式，或许会给你一些启发。

初入市场，李永军就聪明地切入到儿童市场。先树品牌，后作营销，从观念上将售卖产品转换为销售品牌。然而，喜之郎又有些神秘，几乎所有的报刊媒体和网站，有关它们的报道，寥寥无几。

进入果冻生产行业之前，李永军是深圳某乳品厂的技术员。和其他在国有企业的工人一样，他按时上班到点下班，朝九晚五，生活无忧无虑，但也无滋无味。他像头被困在笼子里的狮子，密切注视着外面的一切……

果冻是用果汁和海藻提取物合制而成的小食品，前身是被称为"布丁（Pudding）"的西餐点心，水嫩嫩的模样，就像水做的宝石，十足赏心悦目。SAA牌的果冻产品一上市，就供不应求。从1990年起，各地的果冻生产厂家像过群体营生的生活一样，一窝蜂地出现。在广东汕头地区，家庭果冻工业作坊遍地开花，单揭阳市一个叫锡场的小地方就有100多条生产线。

毕业于食品工程专业的李永军，拥有良好市场嗅觉能力的他，敏感地意识到了果冻市场的巨大潜力。于是他毅然辞去职务，与兄弟李永良、李永魁一起筹集了40万资金，进入尚处于萌芽状态的果冻产业。

创业初期，面对巨大的市场空间及激烈的行业竞争，喜之郎没有陷入盲目的冲动，而是重新回到原点。"喜之郎应该是什么？""喜之郎应该成为什么？"

通过对行业及市场状况的再认识，通过对自身能力的再评估，李永军和平成广告公司聚集在了一个点，双方总结出一致认同的答案："喜之郎是全国性的大众品牌。""喜之郎是我们最喜爱的首选品牌。也就是说，要达到新的目标，一定要在全国普通大众心目中树立一个形象——喜之郎是他们最喜爱的首选品牌。由此带出一个更具体的、执行层面的问题：凭什么喜爱喜之郎？是产品的口味、品种、包装、营养、价格，还是服务？靠产品的USP（独特的销售主张）能否做到令大众喜爱喜之郎呢？”

李永军与平成广告公司经过反复的思考与辩论后认识到：“我们要售卖的已不是产品，而是品牌！光有知名度不能成为真正的第一品牌，消费者只有认同你的品牌主张，才会对品牌产生好感并发展为忠诚。我们为喜之郎品牌塑造价值观，让大众因为相同的价值观而去喜爱喜之郎——就如同志趣相同的人相互吸引一样。”针对当时中国果冻市场的空档状况，在平成广告公司的策划下，李永军把所有的广告都植入了“果冻布丁喜之郎”的概念，意在既宣传培育果冻市场，又树立喜之郎“权威正宗”的产品形象，同时，这也在无形中给其他同类品牌设定了难以逾越的障碍。随着果冻在儿童零食市场的一路冒起，从1993年到1996年初，喜之郎的品牌一路高歌猛进，市场份额迅速增长。

这个略带洋味而又具有中国喜庆色彩的“喜之郎”，随即成为了一个强有力品牌。拓展市场空间在品牌的塑造上，喜之郎做得很理直气壮。巨额的广告投入也使喜之郎的渠道建设令同行分外眼红，在全国的数十个销售分公司、办事处和数以百计的经销商队伍，把喜之郎的果冻源源不断地运到全国各地。

1998年初，热门大片《泰坦尼克号》在国内的上映，是个极好的机会，浪漫的爱情与悲剧的结合，让这部电影迅速成为全世界少男少女心中的最爱，喜之郎对《泰坦尼克号》进行了全国范围的贴片广告。广告创意便专门以《泰坦尼克号》为蓝本进行量身订作。在当年的情人节，继“喜之郎”之后的第二大果冻品牌“水晶之恋”，逐渐浮出其巨大冰山的一角一样的产品概念，一样的目标受众，一样的市场区域，《泰坦尼克号》简直就是为了喜之郎“水晶之恋”而来到中国。这一战的胜利，让李永军明白，喜之郎要抗干扰只有不断地自我刷新品牌。据业内人士称，喜之郎每年仅在广告上的投入就将近1亿元。它通过不断更换影视广告版本的操作手段，为品牌注入新的元素，增添新的活力，不断将大众的焦点聚集到喜之郎品牌上来。2000年10月，国家工商局认定“喜之郎”为“中国驰名商标”。

2001年，“喜之郎”的销售额已比创业初翻了几千倍，达到15亿之巨。

作为儿童食品，喜之郎在果冻市场上是绝对领导者。据2002年3月的一项调查显示，“喜之郎”在儿童家长中的综合知名度最高，提及率达到90%。如今，喜之郎集团有限公司已算得上是全球规模和销量最大的果冻生产企业。随着“水晶之恋”品牌的成功推出，李永军将更多的精力放在了产品的市场细分上，喜之郎的消费对象也逐渐从儿童延伸到年轻女性，“我们正试图培养年轻女性新的生活方式。”喜之郎一位人士说。

2002年4月24日，喜之郎在京召开新闻发布会，再次重拳出击。宣布国内天后级歌手、刚获得“第九届中国排行榜”最受欢迎女歌手奖的那英将出任其旗下的喜之郎CiCi品牌形象代言人。平时一向很少涉足商业广告拍摄的那英，这次破天荒愿意为儿童食品代言，也可见喜之郎开拓市场的决心之大。那英除为喜之郎CiCi拍摄广告片外，同时还将自己的最新单曲《我只喜欢你》作为了该广告的主题曲。有媒体以“CiCi不只是小孩子的CiCi”为题撰文称，“喜之郎邀请那英为其产品代言，旨在透过此次的强强联手，扩大消费群体，提升品牌形象”。

由此可见，企业要想生存，就要有自己的经营模式。马云也好，李永军也罢，他们都在自己的企业经营模式上下了很大的功夫。马云先守后攻的经营谋略，而李永军则是在自主品牌上下了很大的功夫，走出了一条“品牌效应”的道路。无论选择怎样的经营模式，这还需要根据自己的实际情况，量体裁衣。

作者寄语

简单就是力量，简单就是智慧。

质量是企业的生命

没有品质做保障，冲得快，死得就会更快。

——马云

质量是企业的生命线，每个创业者都很明白这个道理，马云也不例外。虽然经营的是电子商务，是一种无形产品，但他对质量依然非常重视。马云说："怎么从细节做起，质量是企业的生命，所有企业都在这么说。"可见，马云更关注的是如何把质量落实到细节之处。

质量是产品的基本属性，消费者在购买产品时总是希望它质量好，性能可靠，否则，就会对该产品及其生产厂家产生反感，所以企业只有产品质量过关了，才能给消费者留下良好的印象，也会提高企业的知名度，但是随着时代的进步，现在企业的质量观念则要求更广泛，它是指企业全面管理强调的质量，包括产品质量、服务质量和工作质量等各个方面。在全世界享有盛誉的企业，无一不把质量作为企业的生命而加以高度重视。

舟山早海水产有限公司（以下简称"早海水产"）创建于1999年，在以后的10多年中，早海水产迅速发展。2001年收购了舟山希望海产品有限公司；2004年成功进入欧洲和美国市场，实现从粗加工到精深加工的转型。早海水产生产的"切割梭子蟹"被评为浙江省名牌产品；"早海牌"商标被评为浙江省著名商标；早海水产生产的鲭鱼系列制品被评为舟山市"十大传统优势产业"。在10多年的经营和发展过程中，早海水产深深体会到：只有不断强化质量管理，坚持质量诚信，才能在日益激烈的市场竞争中立于不败之地，创造更大的经济效益。早海水产始终沿着质量取胜的路线做强企业，始终把产品质量作为关乎企业生存和发展的关键。当国家质检总局倡导开展"质量提升"活动时，早海水产也进一步开拓俄罗斯市场，紧紧抓住这一次难得的机遇，进一步将"产品质量是企业第一生命线的意识"灌输到企业的每一个员工，切实地将保证出口水产品质量安全落到实处。

出口水产品一直以来都是敏感的高风险产品，因产品质量问题被国外通报也屡见不鲜，早海水产在这十多年的时间里，始终保持产品出口无通报、无召回，关键是对产品质量的严格把关，主要有以下三点体会：

一、原料采购是质量安全的基础。对于水产品生产企业来说，好的原料就是成品质量的基础，如何把好原料采购关就成为抓质量提升的重中之重。早海水产的原料来源主要是采购野生海捕的新鲜鱼货，而舟山海域作为我国传统的渔业基地，具有得天独厚的天然优势，很大程度上保证了水产品原料的质量安全。同时，早海水产在收购过程中，始终坚持“来源明确、追溯可寻、入库检验”的原则，进一步确保原料质量，把好产品第一道关。

二、过程控制是企业质量提升的关键。早海水产根据出口水产品卫生注册规范要求，结合企业多年发展的实际经验，先后制定了HACCP、SSOP等安全质量控制程序，企业内部上下层层把关，对整个生产过程施行严格控制：专职质检员对各个关键环节进行全程监控；车间主任负责巡查各个车间的加工过程，保证各工艺过程符合生产工艺要求；由生产厂长负责按全过程的卫生要求进行监督。此外，早海水产还及时结合国外最新的水产品通报向全体职工灌输质量安全的重要性，加强全体职工的质量意识。

三、成品检验是质量提升的保障。成品检验是产品出厂前的最后一道把关，早海水产坚持每批出口产品都经过实验室检验，只有检验合格后才出厂。早海水产严格按照相关要求建立企业实验室，配齐各类实验设备，并聘用专业的实验室人员对成品进行批批检验，与此同时，在不断加强自检能力的同时，委托有CNAS资质认证的专业实验室进行检测，通过双重把关，进一步加强了对成品的质量控制，实现“出口放心食品”的承诺。

产品质量是企业的第一生命线，而质量提升就是一个持续且循序渐进的过程。早海水产将以“质量提升”活动为契机，持续不断提高产品质量，努力将企业做大最强。

产品要有过硬的质量保证，这是经商最为根本的东西，是经商者的良心体现。创业者一定要深刻地认识到这一点，在生产经营时，一定要将产品质量放在重中之重的位置上，只有这样，你的产品才有可能赢得消费者的信任，你也才有可能赚到钱。

随着改革开放和社会主义市场经济的发展，特别是国际间的竞争，企业必须走质量效益型的路子，全面提高质量，提升企业形象，提高管理水平，固化员工素质。企业靠品牌求得生存，靠创新抢占先机，靠质量获得效益，靠文化提升形象，其重中之重是靠过硬的产品质量取胜。

企业必须坚定不移地以质量为本，以国际化的标准，扎扎实实地去提高产品质量。既要有科学的工作态度和严谨的工作作风，勤奋努力的工作，更要努力形成一种恒久的质量意识，让质量意识渗透到全员的心里，固化成一种团队形象。

作者寄语

品质是企业的生命。人品决定产品，产品代表人品。

第十二课 危机就是转机

创业关键词：谋略坚持

把握每一次危机

危机、危机，机会就在危险之中，你敢于去做，永不放弃，再往前走一步，别人都放弃的时候，你再往前走一步，机会就是你的。

——马云

危机是企业的“疾病”，优秀的企业家就像是一个医术超群的医生，在面对严重的急症时，能发挥最高超的能力挽救病人的生命。

其实，做企业要随时都有危机意识，因为风险和失败是一直伴随企业的运营之中的。就像马云所说：“危机是危险中的机会。这个所谓的金融危机，是人类社会进入商业社会全球化的阵痛，人类社会要进入商业社会，走向全球化，就必须面临这样的挑战。”马云是处理和利用危机的高手，面对危机，马云的应变之道首先是不放弃，然后是当机立断、大刀阔斧地采取措施来化解危机。

“把握每一次危机，危机来的时候，我就有一种莫名的兴奋——我的机会来了。”马云在演讲中对金融危机的应对做了精彩的论调。

马云以北京团结湖上被冻住的鸭子作比方，呼吁冬天里的变革。他说，这个鸭子一直和野鸭在一起，冬天来了，野鸭都飞走了，这个北京鸭不知道变化，就被冻住了。“假如你认为这是一个灾难，灾难已经来临；假如你认为这是一个机遇，那么机遇即将形成。去年我跟大家讲，灾难可能会来，现在我告诉大家，机会的形成已经开始，大家开始准备吧！”

“2002年互联网危机，那次我的口号是成为最后一个倒下的人。即使跪着，我也得最后倒下。我那时坚信一点，我困难有人比我更困难；我难过对手比我更难过，谁能熬得住谁就赢。放弃是最大的失败，永远不要放弃自己的信心，永远不要放弃当第一的梦想。”

“所有人做10年以后的梦想，做3年以后的规划。21世纪的第一步阵痛告诉我们，只有更加开放，才能走得更久。连‘猪坚强’都能活，你为什么不可以？”马云说。

他称，优秀的企业家必须学会比别人提前适应这个环境，目前的灾难将在两三年打击每一个人，谁先适应谁就有机会。做企业至少是5年和10年的考虑，两三年的灾难不算什么灾难。“另外，假如说我认为再有灾难的话，即将到来的灾难，是信心危机、信任危机。”马云说，“在旧的商业体系被破坏，而新的商业体系没有建成的空隙中，很多问题会爆发出来。在救灾难、救危机的过程中，所有的人会团结在一起，政府和企业家会想尽各种办法使损失减小，但是矛盾、问题还会出现，所以做企业永远不要失去信心。”

他认为，金融危机虽然首先爆发于金融行业，但是目前已经影响到了实体经济，一些大企业出现问题之后，不可避免地会连累中小企业的发展。以中国外贸行业为例，单纯从事加工、为外国品牌进行贴牌生产的一些劳动密集型机会将面临倒闭风险。

他指出，中小企业首先需要解决的是创新问题。目前一些中小企业重复性比较强，产品缺乏个性，企业本身缺乏创新，这样的企业将无法在竞争激烈的商业环境中立足。他说：“目前全球中小企业的发展趋势是走向个性化、定制化、高附加值化，对企业的规模已经要求不大。”这次危机对于中小企业来讲，更多的是机会。企业机制越灵活，在竞争中生存的时间就越长，“小企业机制灵活，得到的机会就会更好”。

他还认为，中小企业想跟大企业竞争，让自己的企业变得更加灵活，更加创新，更加节约成本，就必须使用IT技术。马云强调："互联网技术的发展，使得人类从为制造业定制的IT（信息产业）技术走向为消费者定制IT技术。这是人类面临的一个机会，10年后人类社会将因今天的变革而发生巨大的变化。Small is beautiful!（小就是美）"

其实很多企业家都有这样的感慨：

联想集团董事局主席柳传志的创业生涯，从40岁才开始。过去25年中，柳传志扮演过很多角色：科研人员、下海知识分子、中国最大电脑公司创始人、足球迷……"我从未想过失败，也从未考虑过身败名裂。"4年轮回，柳传志重回联想。65岁的柳传志早到了退休的年龄，但很多人都期待着他能续写传奇，就像当年挽救苹果公司的英雄乔布斯一样。作为联想当家人，柳传志认为一个企业发展的决定因素还是在人。

"现在谈得最多的是企业如何应对金融危机，我也凑个热闹，就好像80岁的老太太有哮喘病，到了冬天就会发病。拿企业来说，如果把自己的身体锻炼得很健康，其实就是应对危机的能力。"

"那时联想刚成立10年，走得还算一帆风顺，但这个坎差点没过去。"在柳传志看来，从1984年联想创办至今曾遇到无数个坎，但最大的一个坎却是在1994年。

他清楚地记得，1990年时全国电脑销量是20万台，而当时最大的国产品牌是"老大哥"长城，当时国外电脑进不来。"当时电脑行业最先进入WTO，在1991、1992年把批文彻底取消，然后把关税大幅度降低。这样一来，国外大品牌的电脑蜂拥而入，到1993年时，整个市场几乎都是国外大品牌的电脑。记得当时领军的长城电脑中有个品牌叫0520，但那一年0520就没有了，还有一家山东的浪潮，也消失了。"

对于当年的"恶战"柳传志记忆犹新。"那个时候，联想电脑一年大概只能卖2万台，而在1993年那一年，完不成任务。"1994年，柳传志放手一搏，任命杨元庆为联想电脑公司总经理，当年联想自有品牌电脑销量跻身中国市场前三位。

柳传志说，当时做电脑毛利挺高，国产品牌的电脑毛利达到27%，于是1996年联想开始连续6次降价。“当时的专业媒体都说我们也跟人家一样活不下去，卖的是跳楼价，但那一年联想的利润比哪年都高得多。为什么当时竞争对手竞争不过我们？”柳传志抛出一个问题后又紧接着回答，“国外大品牌总部一般都设在欧美，在中国市场的决策都要总部去做，时间的拖延成了大问题。而我们能够立刻做决定。中国同行可能没发现这个规律，或者没有我们这么充分的准备，所以仅凭这一项，联想1996年就跃居中国市场份额和消费率产品市场份额第一位。”

由此可见，危机并不可怕，可怕的是没有一颗迎战困难的决心，没有实践的能力，所以创业者要是遇到危机一定要以一颗平常心代之，要像马云所说：“连‘猪坚强’都能活，你为什么不可以？”

作者寄语

危机是弱者的灾难，却是强者的机会。

公关危机中的大将风度

所有的企业只要你想活，你一定能活下去，连“猪坚强”都能活，你为什么不可以。

——马云

危机公关是企业和企业家的必修课。所谓危机公关，指的是由于企业的管理不善、同行竞争甚至遭遇恶意破坏或者是外界特殊事件的影响，而给企业或者品牌带来危机，企业针对危机所采取的一系列自救行动，包括消除影响、恢复形象等。

有经济学家做过这样一个形象的比喻：危机之于企业就如同疾病之于人生，是无法避免的。有的企业会在“疾病”的冲击下轰然倒塌，而有的企业则会经过“救治”而完好如初，甚至更加强大。这个过程体现的就是企业应对危机、化解危机的能力。

面对日益激烈的商业竞争和复杂的社会环境，任何一家企业都难以逃避危机，而如何才能避免、化解危机和有效地利用危机，是每一个企业和企业家都必须学习的课题。

毫无疑问，马云是一个具有危机意识的企业家，而阿里巴巴也是一家具有极强处理危机能力的企业。面对危机，马云的应变之道首先是不放弃，然后是当机立断、大刀阔斧地采取措施化解危机。

2003年一场让全国上下恐慌的传染病侵袭中国，这就是“非典”。关于“非典”的恐怖，相信亲身经历过的人都有所了解。

当时阿里巴巴一位外出广州公干的员工回到杭州后，被诊断为“非典”患者，而阿里巴巴本部也迅速被杭州市政府列为重点防范对象。消息传开后，本部大楼里的员工纷纷外逃回家。到了第二天，公司的办公区域被完全封锁，员工也被隔离在家。阿里巴巴这个全球最大的B2B网站随时面临瘫痪危险。

可想而知，马云当时所面对的压力是多么的大。一方面，要向被感染的那位员工家属道歉，一方面，要给总部所在办公大楼的其他公司解释。即使这样，别人还未必领情，有人甚至愤怒地冲到阿里巴巴大吵大闹，甚至砸东西以泄愤。

沧海横流方显英雄本色。令人赞赏的是，马云及其管理团队并没有被“非典”所带来的毁灭性的打击所击倒，而是异常镇静地化解了危机，并化危机为转机，在危急中抓住了商机，在危机中实现了大飞跃。

马云和他的团队是如何做到这一点的呢？

首先，马云亲自写了一封道歉信给员工，以示安慰和鼓励，激起员工的斗志。马云在信中写道：

这几天令我感动的是，面对挑战，所有阿里人选择了乐观坚强的态度，我们互相关心，互相支持。在共同面对“非典”挑战的同时，我们没有忘记阿里人的使命和职责！灾难总会过去，而生活仍将继续，与灾难抗争不能停止我们继续为自己钟爱的事业奋斗！

其次，以SOHO抗非典，改集中办公为分散办公。事发3小时，500名员工分散完毕，随即在各自家中安好电脑，照常办公。

再次，网上指挥，网上管理，在非典期间，500名员工在各自家中工作，公司高层则在网上遥控。

在整个非典期间，马云及其团队不但维持阿里巴巴两大网站的正常运转，还使公司的业绩激增5倍，这绝对是个奇迹。当然，这里面也有一定的客观因素：面对“非典”所带来的超强破坏力，对于一个处于发展阶段的公司而言，还没有抵御这种危机的实力。由于隔离将传统的销售渠道封闭了，反而让一些人的目光转移到了互联网，开始尝试电子商务，而阿里巴巴显然是最好的选择。

能度过“非典危机”，是阿里巴巴全体高层和员工共同努力的结果。但马云利用非典危机，尝试网上生存，网上交易，同时为客户化解危机，一举把互联产业从冬天带到春天，其化解和利用危机的能力也是非常值得称道的。

近年来，许多行业、企业相继遭遇了一些品牌危机，有食品安全方面的、有汽车安全方面的等等。这一方面给消费者带来了身体和心灵上的伤害，另一方面被媒体披露后，导致了企业或行业在一段时间内陷入信任危机。轻则要与消费者对簿公堂，赔偿消费者的损失；重则让社会对其产品产生不信任感，产品在市场上如过街老鼠，人人喊打，企业最终难逃破产倒闭的命运。

其实人非圣贤，孰能无过。只要不是有意偷工减料，坑害消费者的合法权益，偶尔出现一点问题，消费者也不会过度追究的，正所谓知错能改，善莫大焉。然而每个企业都应该掌握的是：在危机发生之后，如何能让消费者接受企业的解释，如何在最短的时间内做出一系列紧急决策，这恰恰不是每个企业都能做到的。综观近年来所发生的一些危机，我们可以归纳出企业应对危机的一些方法。

1. 企业要有严格的自律意识

一家企业要是想做大做久，一定要有严格的自律意识，时时刻刻将消费者的合法权益和企业的名誉放在第一位。在生产中处处按照国家制定的标准来执行，即便某些行业也许暂时没有统一的国家标准，或者没有明确的部门来监管，也不能放松对自己的要求。消费者的眼睛是雪亮的，消费者的心里都有着一杆秤，只要自己的合法权益有一次受到了侵害，那他们就再也不会重蹈覆辙。打个比方：凉茶是两广人民喜爱的一种由中草药煎熬而成的饮品，由于受到销售区域及原料等问题的影响，该行业的国家标准迟迟难以出台。但广州的黄振龙凉茶和邓老凉茶却没有因此而放松对自己的要求，他们自觉建立内部标准，按照国际上相关的食品卫生要求对厂房和机器进行翻新和更换，从而在消费者中树立了诚信、放心的形象。在危机到来的时候，这些长久以来形成的好口碑对企业稳定局势、迅速走出阴影有着难以衡量的作用。

2. 企业要有一套完善的预警机制

在危机发生之后再去亡羊补牢，固然为时未晚，但在危机尚未到来或者初露端倪时就未雨绸缪，这就能让企业将损失降到最低点甚至避免损失。所谓预警，就是在平时的生产销售中注意防范问题的发生。体现在严把原料质量关，加强技术改造，消灭安全隐患，注重科学管理等等。如汽车行业，在设计汽车时就要多方验证，将每一个不科学的设计扼杀在萌芽中；在装配线上负责焊接的工人一定要经过严格的培训，灌输给他们安全生产的意识，对每一个焊接点都认真对待，这样才能确保每一台出厂的汽车都是没有技术瑕疵的。

作者寄语

困难并不可怕，可怕的是没有坚持下去的勇气，没有坦然正视逆境的胸襟。

第四篇

市场营销——天下没有难做的生意

营销营销，顾名思义经营在前，销售在后，经营为本，销售为末。实践证明，在商品市场经济的时代，新产品的寿命不断缩短，任何时候都有可能被超越，被取代，营销正是适应这种新变化而产生的。

——马云

第十三课 善于合理利用资源

创业关键词：独特优势

名人做广告，提升品牌力

我说互联网将改变人类生活的方方面面，没有人相信我。所以我说“比尔·盖茨说互联网将改变人类的方方面面”，结果很多媒体就把这个事情登了出来，但是这句话是我说的，1995年，比尔·盖茨还反对互联网。

——马云

“名人效应”是市场经济的产物。越来越多的消费者信赖名人效应。所以纷纷请名人代言，也是商家在激烈的市场竞争中推出的一项举措。因为攀龙附凤，借名人或明星效应为自己的产品造势，往往能让你的企业更快地成长，也能让你在经商上更快地获得成功。

马云在借助名人营销来提高企业知名度上，可谓是先行者。早在开创中国黄页时，针对国内网络现状，马云就使出了名人营销这一招。由于互联网在中国刚刚出现，很多人对他都很陌生，甚至排斥，在这种情况下，马云却投入了大量的人力、物力、财力到这个项目中。

在自己的观点不被认可的情况下，马云打出了比尔·盖茨的招牌，马云说：“我把自己看成为‘一个盲人骑在一个瞎的老虎上面’，所以根本不明白将来会怎么样，但是我坚信，互联网将会对人类社会有很大的贡献。”结果很多媒体就把这个事情登了出来，但是这句话是我说的，1995年，比尔·盖茨还反对互联网。其实这样的事例还有很多。

1985年春天，美国数以百万计的电视观众，看到了这样一段广告：一个篮球飞快地滚向球场一端，等候在那里的一位英俊小伙轻松地用穿着彩色运动鞋的脚将球勾入掌中，开始带球移动，与此同时，传来发动机引擎的刺耳噪音，引擎的咆哮声越来越响，小伙子随之一飞冲天。广告的最后10秒是乔丹的“云中漫步”，即使从未看过篮球比赛的观众，也会感叹于他精湛的技巧。这段广告不仅是证明乔丹拥有特殊的飞行能力，也暗示他脚下那双鞋与此也有必然的联系。而在这个广告中，那个神奇的小伙子就是著名的NBA运动球星迈克尔·乔丹，他脚下的那双运动鞋就是著名的品牌“耐克”。退役前，乔丹由衷地感叹：“菲尔·耐特和耐克把我变成了一个梦幻人物。”这里面的耐特就是“耐克”的创始人，是他，把一个小公司变成了大集团，把曾经默默无闻的乔丹推到了巨星的位置。

1938年，一个普通的男孩子出生在美国，和当时大多数的同龄人一样，他喜欢运动，打篮球、棒球、跑步，他的名字叫菲尔·耐特，作为一个普通平常的年轻人，他对阿迪达斯、彪马这类运动品牌十分熟悉，但是让人意想不到的是，就是这个平凡的小伙子，以后开创出一个新的品牌——耐克，甚至超过了阿迪达斯在运动领域的支配地位。

耐特一直很喜欢运动，他高中的论文几乎全都是跟运动有关的，就连大学也选择的是美国田径运动的大本营——俄勒冈大学。虽然耐特喜欢运动，但只是一位成绩平庸的1英里跑运动员，他的最差成绩是4分13秒，差一点没有进入世界级运动员（成绩为4分）的行列，像他这样差一点的人实在太多了！但幸亏如此，否则今天的我们就见不到一个伟大的企业家。在俄勒冈，耐特遇到了自己一生的良师益友，就是自己的教练比尔·鲍尔曼。鲍尔曼50年代曾连续打破世界长跑纪录，俄勒冈州尤金市也因此而扬名。他是个事业心极强的人，一心要使自己的运动队超过其他队。训练比赛中，运动员的脚病是最常犯的，鲍尔曼便想设计出一种鞋，底轻而支撑又好，摩擦力小且稳定性强，这样可以减少运动员脚部的伤痛，跑出好成绩。

于是，鲍尔曼精心设计了几幅运动鞋的图样。他找了好几家制鞋公司，却没有人理会他，倔强的鲍尔曼干脆自己请教补鞋匠，学会了做鞋，在一次运动会上，他的运动员穿上了由他亲手制作的、外表难看但轻巧舒适的鞋，结果跑出了比以往任何一次比赛都好的名次。毕业后，耐特继续到斯坦福大学攻读MBA学位，而鲍尔曼则继续在大学里做田径教练和设计运动鞋。1960年，耐特毕业了。期间他在一个调查报告中提到，很多体育名将和普通运动员其实都有一个共同的目标：打败阿迪达斯，让越来越多的运动员穿上日本生产的高质量低价格的跑鞋——Tigers（虎牌）。毕业后的耐特决定到日本去寻找一个机会。在日本的展览会上，耐特碰到了日本的虎牌运动鞋厂家，他自称是来自美国的“蓝丝带运动公司”，刚好虎牌需要一个代理商来打入美国市场，于是就把代理权给了这个初出茅庐的小伙子。拿到代理权的耐特立即找到了鲍尔曼，他们两个人出资500美元，组成真正的蓝丝带运动公司，成为虎牌运动鞋在美国的独家经销商，开始了最初的创业。这个“蓝丝带”就是“耐克”的前身。事实证明，他对市场的预测是正确的，这种低价运动鞋销量很好，第一年便销售了价值8000美元的货品。

1968年，经鲍尔曼改制过的Cortez鞋成为虎牌运动鞋的最畅销产品，而耐特为公司的发展打下坚实的财务基础。公司的生意开始逐渐好转起来。不久，日本总公司察觉产品销路不错，便要求他们先汇款后发货。这样一来，鲍尔曼他们的成本就大大地提高了，只好加倍努力推销。但日本方面还常常不按期交货，甚至把一等品偷偷地留在日本销售，把次品送往美国。一次，鲍尔曼他们收到一批鞋，顾客穿了两个星期，鞋底鞋帮就分家了。他们只好忍气吞声，为了维护信誉，及时给顾客退换了。受尽日商刁难的鲍尔曼和耐特忍无可忍，断然拒绝这一非分的要求。

耐特和鲍尔曼决定开一家属于自己的公司，他起名为耐克，这是根据希腊胜利之神的名字而取的。而NIKE这个名字，在西方人的眼光里是很吉利，易读易记，很能叫得响。他们很快推出了以“耐克”命名的运动鞋，并且设计了精美的商标。耐克那个著名的“一勾”商标十分醒目，具有视觉上的吸引力，以及运动鞋和其他体育用品应具有的那种动感，象征力量和速度。

为了做宣传，耐特和他的妻子亲手印制了耐克T恤到奥运会的预赛场上分发，但看见的人都问："谁是Nike？"在比赛中，耐特小小地出了一把风头，被说服使用这种新鞋的马拉松运动员获得第四名到第七名，而穿阿迪达斯鞋的运动员则在预选赛中获前三名。在运动鞋行业，耐克面临着激烈的竞争。耐特和鲍尔曼意识到：如果不能开发出比现在产品更好的新产品，就根本没希望提高市场占有率。而且，到目前为止，美国鞋商生产出来的还远比不上前联邦德国阿迪达斯公司生产的外国鞋。1975年，一个星期天的早晨，鲍尔曼在烘烤华夫饼干的铁模中摆弄出一种尿烷橡胶，用它制成一种新型鞋底，在这种华夫饼干式的鞋装上小橡胶圆钉，使得这种鞋底的弹性比市场上流行的其他鞋的弹性都强。这种看上去很简单的产品改进，成为耐特和鲍尔曼事业的起点。

1976年，耐克从前一年的830万美元猛增到1400万美元。它像野火一样发展起来，公司为开发新样式跑鞋而花费巨资。在这些改进中，耐克气垫给人留下了很深的印象。耐克气垫是用来嵌入鞋跟部的充气垫，它是公司制鞋技术上的一张王牌。它能比泡沫海绵或橡胶保持更长时间的弹性。穿着舒适、平稳。现在，几乎所有耐克公司出品的正宗的耐克运动鞋都嵌有这种气垫。有趣的是，消费者并不清楚这其中的奥秘，然而，这点却又正是耐克高质量、高性能、高品质之所在。怎么办呢？销售策划人员于是在广告上动了一番脑筋。很快一幅十分有特色而又吸引人的广告画出现了。在一只耐克鞋的脚跟部开了两个"窗子"，人们透过"窗子"可见到鞋底的耐克气垫。这幅广告画大大吸引了消费者，并且使他们一目了然地明白了耐克比其他运动鞋技高一筹之处。

随后的两年里，"耐克"的销售额紧跟着就翻了两番。到70年代末，耐克公司有将近100名研究人员，其中许多人有生物、化学、实验生物学、工程技术、工业设计学、化学和多种相关领域的学位。这雄厚的研究力量开发出140余种不同式样的产品，其中不少产品是市场最新颖和工艺最先进的。这些样式是根据不同脚型、体重、跑速、训练计划、性别和不同技术水平设计的。

这些风格各异，价格不同和多种用途的产品，吸引了成千上万的跑步者，使他们感到耐克是提供品种最齐全的跑鞋制造商，数百万各式各样、各种能力的跑步者都有了这种概念。

靠着永不停息的企业理念，到了1979年，耐克通过策划新产品的上市及其强劲推销，市场占有率达到33%，终于挤进原来由阿迪达斯、彪马和Tiger所建的“铁三角”，成为销售明星。到了1981年，其市场份额甚至达到50%，遥遥领先于阿迪达斯，而耐特本人也跑步进入了《福布斯》杂志令人垂涎的美国最富有的400人之列。

耐克文化“体育、表演、洒脱自由的运动员精神”是耐克追求的个性化的公司文化。这个具有鲜明特征的公司文化一反传统观念的企业形象，耐克是富有冒险精神的开拓型公司，就在他们青翠的俄勒冈州公司所在地，已经培育出一种精心设计的文化，耐克一位老资格的经理曾经回忆：“那就像是在一个充满手足情义的环境中工作。同事们在一起痛快地喝酒，滔滔不绝地谈论体育，并自诩为活跃且反传统的人物。”每6个月，耐特的管理队伍要聚会讨论策略。这个大吵大闹的聚会以“针锋相对”著称。

耐特总是鼓励对抗，甚至是怂恿对抗，而且他和其他人一样，接受别人的大声指责。耐克企业的所在地，就像校园一样，有森林、慢跑小径、湖泊、足球场。耐特希望创造出一个祥和的工作环境，他认为世界已经够混乱的了，工作时间应像家一样自由。就在耐克著名的广告策略中，也表现出不同于别人的活力。耐克寻找的运动员的类型有别于阿迪达斯，他们特立独行、个性强烈、脾气暴躁、富于进攻性。例如网球明星麦肯罗，人们老是看到他在网球场上大发脾气，与权威们争吵。还有网球名将阿加西，他留胡子，长发蓬乱，将牛仔裤剪短当网球裤，而这种牛仔网球裤也就成了耐克公司的特色产品。有了这些大牌体育明星做活广告，耐克运动鞋已不再仅仅是运动鞋，而成了偶像和社会地位的象征物。

1984年，耐克开始以广告代言人的策略重新树立自己的形象。他与乔丹签定了一份5年合同，给乔丹的条件还包括赠予耐克的股票，以及以前所未有的礼遇，在耐克运动鞋上使用乔丹的名字。几乎所有的人都认为这是傻瓜才干的，只不过是一个代言人而已。但耐特坚持这样做，乔丹对耐克的影响是巨大的。乔丹身上凝聚了活力、声望、高超的竞技水平和令人振奋的体育精神，他的分量超过任何耐克理想中的标志。耐克借助乔丹创造了新品牌“飞腾乔丹”（Air Jordon），生产五颜六色的篮球鞋和配套的服装。“飞腾乔丹”既是成功的广告战役，也是品牌战的胜利，在第一年销售量就高达1亿美元。乔丹第一次穿上这种运动鞋就遭到了NBA官员的禁止，他们认为这违反了联盟的着装条例。耐克敏锐地感到这是一次进行公共关系活动的大好时机，于是发起一场广告声援，宣称“飞腾乔丹”被禁是由于它“革命性的设计”。结果耐克和“飞腾乔丹”登上了无数报刊的封面头条，NBA遭到围攻。这件事最后以有利于耐克的结局告终。用运动员做广告是很多人都会想到的，但是做得最成功的只有耐特！

还有那个无数人熟知的“Just do it”，第一个“Just do it”广告的主人公是坐在轮椅上的田径运动员克莱格·布朗修，广告口号是出现在黑色背景下的反白字。广告语没有念出声，但它却唤起了一代人的共鸣。它让人想起一个过于肥胖的人推迟了他的减肥计划，忙碌的职员们被其他事情打乱了健身活动以及所有梦想参加体育活动却被种种事务打断的人。这仿佛是耐克在敦促人们去锻炼身体，马上去行动，去实现。

由此可见，名人营销包括请名人做形象大使、名誉顾问或产品代言人等，此外，利用一些名人的题字、书画、创意、聚会来进行广告宣传也属于名人营销的范畴。适当的名人宣传的确会给企业带来事半功倍的效果，但是一定要把握好尺度，产品的货真价实才是更重要的。

作者寄语

先谋势，后谋利。品牌就是竞争力！

企业离不开适当的宣传造势

如果人们能像建新股票市场一样坚信社会媒体，（媒体）就能在未来创造很大的价值，那么就会极大地影响现实社会。

——马云

现代企业离不开宣传造势，这样可以把你的牌子打出去，让更多的人成为企业的消费群体。就像马云所说："创造事件营销，让媒体作为新闻自觉去报道你，这样很省钱。"

可是，一般创业者都很少与新闻界打交道。但如果你的生意做大了，或作出了突出贡献，那么，就一定有媒体来采访你。任何一个经商者如果忽视了电视、广播、报纸和网络在未来事件和公众形象中的作用，那无疑是错失了将生意做强做大的最好机遇。新闻媒介可以帮助你在竞争中脱颖而出，它们也可能把那些暴发户一下子变成和你的同行都得认真对待的竞争对手。

在借助媒体这一方面，马云也是高手。早在创业初期，他就曾经借助在中央电视台《东方时空》栏目工作的杭州老乡登上了CCTV的舞台，《书生马云》的播出对当时马云和中国黄页都有着极其重要的作用。2006年3月，马云受邀为CCTV经济频道的大型经济类互动节目《赢在中国》担任评委。通过《赢在中国》，马云取得的收益是首屈一指的，是其他企业嘉宾和参加节目的创业者所无法比拟的。他巧用了《赢在中国》的舞台，不花分文，成功地实现了品牌的推广和扩张，让阿里巴巴再次成为万众瞩目的焦点。其实，借助媒体力量成功创业的还有很多，下面这个事例也会给你一些启示。

黛娜和很多年轻人一样，怀揣着美好而远大的理想，开始了创业之路。她贷款在市中心公园开了一家小美容店，美容小店艰难地起步了，在花花绿绿的现代社会里并不起眼，而且尤为糟糕的是在黛娜的预算中，根本没有广告宣传费。正当黛娜为此烦恼时，她收到一封律师来函。这位律师受两家殡仪馆的委托控告她，告诉她要么关张，要么就改变店外装饰。原因是美容小店花哨的店外装饰，破坏附近殡仪馆庄严肃穆的气氛，从而影响了业主的生意。

黛娜灵机一动，打了一个匿名电话给一家有影响力的报纸，声称黑手党经营的殡仪馆正在恫吓一个手无缚鸡之力的可怜女人，这个女人只不过想开一家经营天然化妆品的美容小店维持生计而已。这家报纸十分好奇，并在显著位置报道了这个新闻，不少富有同情心的读者都来美容小店安慰黛娜。由于舆论的作用，那位律师也没有再来找麻烦。

就这样，她的美容小店广为人知，名声传开了。

不过好景不长，一切发生了戏剧性的变化：顾客渐少，生意日淡。

经过深刻的反思，黛娜发现，新奇感只能维持一时，不能维持一世。在她看来，美容店虽然别具风格，但给顾客的刺激还远远不够，还需要进行宣传。

一个早晨，市民们去公园晨练，发现一个奇怪的现象：一个古怪女人沿着街道往树叶上喷洒草莓香水。她就是黛娜——美容小店的女老板。她的这些非常奇特且意外的举动，又一次上了报纸的版面。后来，广告商热情洋溢地主动提出要为美容小店做广告。他们相信，美容小店一定会接受他们的热情，因为在美国，离开了广告，商家几乎寸步难行。

出乎意料的是被黛娜却拒绝了。美容小店离经叛道的做法，引起商界议论纷纷。要想在商界立足，若无大量广告支持，无异于自杀。敏感的新闻媒介没有漏掉这一奇闻，他们在客观报道的同时，还加以评论。大家也开始关注，觉得这家美容小店确实很怪。这实际上已起到了广告宣传的作用，黛娜并没有去刻意策划，但却节省了巨额的广告费。

后来，小店的生意蒸蒸日上，已经被世人所瞩目，但黛娜依然没有做广告的想法。她一路的成功，就是依靠这一系列标新立异的做法，使最初的一间不起眼的美容小店扩张成跨国连锁美容集团。从而，她很快也步入亿万富翁的行列。

由此可见，黛娜虽然没有向媒体支付过一分广告费，却以自己不断推出的标新立异的的做法始终受到媒体的关注，使媒体不自觉地为其免费做“广告”，其手法令人叫绝。

媒体关注的是新闻效应，当商家制造有新闻价值的事件时，媒体自然不会轻易地放过，即使媒体也知道是在“为他人做嫁衣”，但是为了满足读者对新闻的需求，他们也甘心情愿地为商家服务。而商家在无形中提高了自己的知名度，扩大了商品的销售量。

作者寄语

好马配好鞍，好衣配人穿。好的产品同样也需要好的包装。

第十四课 运用商业法则制胜

创业关键词：巧妙灵活

做企业要善于变通

我们说上市就像我们的加油站，不要到了加油站，就停下来不走，还得走，继续走。

——马云

马云是一个非常善于出新招的“武林高手”。众所周知，马云是一个痴迷于武侠世界的人，他的偶像就是金庸。而在他的阿里巴巴集团处处可见以武侠圣地命名的地方，而阿里巴巴旗下七大业务部门也被马云命名为“阿里七剑”。靠着这七剑，马云纵横网络江湖。

2006年9月4日下午，众多媒体发布消息，阿里集团下的淘宝、阿里妈妈两公司将合并，新公司采用淘宝旗号，阿里二剑合一。两者合而为一，是马云别出心裁的一式新招，话句话说，马云已不满足做中国C2C江湖的武林盟主，而是要做世界的C2C江湖第一人，而淘宝、阿里巴巴的二剑合一，正是其在当时打造的最强新招，正是凭借此招，才有了今天淘宝网独霸C2C江湖的崭新局面。马云显然是个务实和善于变通的人，他的成功也许正因为如此。

创新出新路，不创新就可能走向死胡同。只凭一招鲜便能吃遍天的时代已经一去不复返了，做生意如果能多出一些出其不意的新招、妙招，往往会收到神奇的效果。

人生的过程中离不开自己所处的客观环境，也离不开自身的主观条件。改变整个客观环境，是整个社会的事，作为个人或企业只能适应客观环境。至于主观条件，有些是可以改变的，有些则不能改变的，这得靠自身的努力，还要善于活用主观条件。每个人都有一些无法改变的条件，比如眼睛的颜色、身材的高低、出身背景等等。每个人也有一些可改变的条件，如文化水平、工作能力、身体的强弱等等，只要自己奋发学习，注意方法，适当地锻炼保养，是可以提高文化水平、增强工作能力、强健身体的。有些人的通病在于漠视本身的条件，没有灵活运用和充分发挥自有的潜能，却祈求或奢望自己所没有的东西，那是难以事业有成的。看一看下面这个例子。

19世纪中期，英国一个叫詹姆士·高·史密斯的商人从哥哥那里借来一点钱开办一间小药厂。他亲自在厂里组织生产和销售，从早到晚每天工作18个小时。几年后，他的药厂办得有点规模了，每年有几十万美元盈利。但灵敏的詹姆士经过市场调查和分析研究后，觉得当时药物发展前景不大，而食品市场前途光明。经过深思熟虑后，他毅然出让了自己的药厂，又向银行贷款，买下“加云食品公司”的控股权。

这家公司是专门制造糖果、饼干及各种零食的。它的规模不大，但经营类别不少。詹姆士掌控该公司后，在经营管理和行销策略上进行了一番改革。

他首先将产品的规格和式样进行了扩展延伸，如把糖果延伸到巧克力、香口胶等多个品种；饼干除了增加品种，细分儿童、成人、老人饼干外，还向蛋糕、蛋卷等方面发展。这样就使公司的销售额迅速增长。接着，詹姆士在市场领域上下工夫，他除了在法国巴黎经营外，还在其他城市设立分店，后来还在欧洲众多国家开设分店，形成了广阔的连锁销售网。随着业务的增多，资金变得雄厚起来，詹姆士又随机应变，把英国、荷兰的一些食品公司收购下来，使其形成大集团，声名鹊起。20年后，他的食品连锁店已达2500家，成为英国最大的食品公司，而詹姆士本人也成为了世界20位超级富豪之一。

詹姆士的成功，正是得益于他当初对小药厂经营前途不佳的理智分析，及时舍弃，从而转向食品行业。可见，懂得变通和放弃也是商业经营中的一种高级智慧。试想，如果当初詹姆士抱着自己的小药厂迟迟不肯放手，又怎么会有今日跨国连锁店的辉煌呢？

其实，很多成功人士的一个共同特点就是深谙变通之道。此路不通时，转向其他方向寻求机会，充分活用一切有利条件，最终使自己峰回路转，柳暗花明，抵达成功的彼岸。

作者寄语

欲则立，立则变，变则通。

从“无”到“有”的智慧

我为什么能活下来？第一是由于我没有钱，第二是我对INTERNET一点不懂，第三是我想得像傻瓜一样。

——马云

马云的事业也是从无到有，由小及大，但是马云对待资源的利用是很慎重的。马云在论坛上谈到：“我愿意把这些钱投入到扶持更多的网站上去，把这些钱建设更多的电子商务基础上去，我觉得更充实。”

马云认为，现在的中国企业家和网商正在努力改变这个社会对商人一切以利益为重的观点。这一代企业家不仅在社会中寻找机会，更要解决社会问题，“让商业社会更加透明，更加开放，更加承担责任，更为未来去看。”

其实，“人一定要想清楚三个问题，第一你有什么，第二你要什么，第三你放弃什么，我今天觉得我马云既有很多，也没有，因为这些东西本来就不是我的，这是淘宝用户，是阿里巴巴用户的，是社会的，这个钱不是我的。”他指出：“你有100万的时候这个钱是你的，你可以花，你有一两千万的时候就变性质了，这是资本了，上亿的时候这是社会的资源，你要替社会花好这些钱。这是社会对我们的信任，最好地利用好这个资源，让更多的人有就业机会，让更多的企业发展起来。”任何东西到了商人手里都会变成商品。

有位犹太商人问他的儿子："一磅铜的价格是多少？"

儿子答说："40美分。"

父亲说："对，但作为犹太人的儿子，你应该说4美元。你试着把一磅铜做成门把手再看看结果如何呢？"

10年后，父亲死了，儿子独自经营铜器店，他曾把一磅铜卖到4000美元，这时他已是一家公司的董事长了。

1974年，美国政府为清理给自由女神像翻新扔下的废料，向社会广泛招标。但好几个月过去了，没人应标。他听说后，看了看自由女神像下堆积如山的铜块、螺丝和木料，未提任何条件就签了字。

当时不少人觉得他的这一举动不可思议。因为在美国处理垃圾有严格的规定，弄不好会受到环保组织的起诉。

他却开始组织工人对废料进行分类：让人把废铜熔化，铸成小自由女神像，把木头加工成木座，废铅、废铝做成纽约广场的钥匙。最后，他甚至把从自由女神像身上扫下的灰尘都包装起来，出售给花店。

不到一个月时间，他让这堆废料变成了400万美金，每磅铜的价格整整翻了上万倍。

由此可见，他的成功之处，就在于把别人眼里的垃圾变为自己的生财的聚宝盆。什么都可以成为商品，垃圾也不例外。利用"无中生有"的原则，就可以白手起家。

日本有个富翁名叫中山洋介。开始时，中山洋介手中既无资金，也无技术。当他跟别人说起准备经商时，大家都不相信。可他不但成为了一个很成功的商人，而且经营的还是资本量很大的房地产。

经营房地产，利润很大，但是风险也很大，要有一大笔的资本做后盾，对于一般人而言，恐怕只能看别人赚钱了。但中山有白手起家的妙计。

中山洋介经过考察发现，在日本有不少人想开工厂，但资金连土地都买不起，更谈不上建筑厂房了。与此相反，许多土地却还在闲置着。如果不用购买土地就可以建厂生产，肯定能受到创业者的欢迎。有了这样一个构思，中山洋介立即行动起来。他首先打听那些闲置的土地。这些土地往往地理位置偏僻，多是卖不出去的土地。他同这些土地所有者商谈，提出改造利用土地的计划。土地所有者正为这些土地没有买主着急，现在有一个开发的方法，真是雪中送炭。他们纷纷愿意出让土地，有的甚至还拿出一定的资金作为股份。

土地的问题解决后，中山洋介就创建了洋介土地开发公司，组织人员上门推销土地。这些工厂主正为没有资金兴建工厂着急，现在看到可以不用巨额资金，又有土地可以出租，当然十分高兴，上门和中山签约的厂主络绎不绝。

中山的做法是，从租用厂房者手上收取租金后，扣除代办费用和厂房分摊偿还金，所剩的钱归土地所有者。厂房租金和土地租金之间的差额，除去修建厂房的费用，就是中山洋介的盈利。

企业主、土地所有者、中山洋介三方达成协议后，中山洋介就向银行贷款建筑厂房，然后按分期还款的方式归还银行的费用。

中山洋介实际上只是起到了一个中介的作用，将土地所有者和工厂主联系起来。一开始，这一创意就很吸引人，那些偏僻的土地有了用处，而工厂主可以减去积累资金的时间。中山洋介第一年仅手续费用就收入了20亿日元，有了这笔钱后，就不用再向银行贷款了。

就这样，中山洋介从营造小厂房到建筑大厂房，再到营建大规模的工业区，他的公司像滚雪球似的越滚越大，公司的经营也不再只限于租用土地。白手起家的中山洋介，终于成为日本数一数二的大企业家。

中山洋介是一个成功的中介者，也是一个成功的商人。他能够把看似毫不相关的事情联系起来，从中获利，的确是个壮举。由此可见，经商不一定是在资金、技术、实力等都具备的情况下才可以的，只要有聪明的头脑，商机到处都是。

作者寄语

一穷二白并不可怕，可怕的是没有一个清醒的头脑去面对困难，没有将“无”变为“有”的智慧。

第五篇

创业心态——积极乐观，自信人生

这个世界，有这么一小撮人，打开报纸，是他们的消息，打开电视，是他们的消息，街头巷尾，议论的是他们的消息，仿佛世界是为他们准备的，他们能够呼风唤雨，无所不能。你的目标，应该是努力成为这一小撮人。

——马云

第十五课 做企业不仅要“想”还要“做”

创业关键词：行动回报

梦想要生长在土地上

你太在乎别人对你的看法，太在乎自己的包装，人不能沉浸在自己所谓的成功里面，忘记自己本来是想要做什么，走到后面然后又改回来……

——马云

犹太商人常常教育自己的孩子：“人生活在这个世界上，不能没有梦想，成功就是从梦想开始的。”同样，对一个人、一个民族来说，如果没有梦想，世界将呈现怎样一种景象呢？创业也是一样。任何创业者在最初的时候，都会有一个梦想，也会为达成这个梦想付出努力，但是有很多创业者在取得一时的成功后，往往就会放慢前进的步伐，守着眼前的成功止步不前，而不肯再为最初的梦想而努力了。像这样的创业者是不会有很大的成功，因为他们只会停留在长跑比赛的途中。只有时刻不忘创业梦想，并能一直坚持下去的创业者，才会有机会拨开云雾见到彩虹。

和马云同为互联网风云人物的盛大网络创始人陈天桥曾说过这么一段话：“当每天收入到100万的时候，我觉得它是诱惑，它可以让你安逸下来，让你享受下来，让你能够成为一个土皇帝。当时我们只有30岁左右，急需要一个人在边上鞭策。就像唐僧西天取经一样，到了女儿国，有美女有财富，你是停下来还是继续去西天？我们希望有人不断地在边上督促说：你应该继续往你取经的地方去，这才是你的理想。”陈天桥说的其实和马云主张的一样，那就是让创业者不要忘记最初的梦想，不要为一时的成就而迷失。

在创业者看来，当老板不仅是拥有财富的象征，也是有身份地位的表现。他们喜欢财富，尊重知识，敬畏权力，因此他们从来都不放弃自己追求财富的梦想，在他们看来，梦想是成功的开始。成功创业者的经历告诉我们：他们从最初的走街串巷提篮叫卖，到如今成为商场柜台的承包者、市场建设的领头人，无数放下“铁饭碗”的创业者都在做自己的老板。但是要想考究成就背后的秘密，就是因为他们有一个梦想在支持。正因为从小他们就立志要在商业世界里占有一席之地，所以他们从来比别人来得更实在，所谓心里有梦想，社会上才会有舞台。梦想是一切行为活动的基础。

有这样一个富含哲理的小故事，会给怀揣梦想的创业者一些启示。

2002年11月28日，感恩节的前3天。芝加哥一位名叫赛尼·史密斯的男子，向法院状诉，要求赎回自己去埃及旅游的权利，此案在当时引起了轩然大波。

事情发生在40年前，当时赛尼6岁。有一天，他的老师玛丽·安小姐让每个孩子说出自己的梦想。同学们都很踊跃，尤其是赛尼，他一口气说出了两个，一个是有一头属于自己的小母牛，一个是去埃及旅行。

当老师问到杰米时，杰米却说自己没有梦想。老师便建议他向同学们购买一个梦想。后来，在玛丽·安老师的见证下，杰米用3美分向赛尼购买了他的第二个梦想——去埃及旅行。

40年过去了，赛尼人到中年了，在商界已经小有成就。这些年里，他去过很多地方，瑞典、丹麦、希腊、沙特、中国、日本……就是从未涉足埃及。其实他很想去，但是他觉得作为一个虔诚的基督徒和一个讲诚信的商人，他是不能去埃及的，因为他已经把自己的这个梦想卖掉了。

2002年感恩节的前夕，他决定和妻子一起去非洲旅行。他们设计旅行路线时，赛尼做出了一个决定：他要赎回他的梦想。因为他觉得只有这样，他才能够安心坦然地踏上埃及的土地。

这就是文首提到的状诉，但是赛尼却没能赎回自己的梦想。因为经过联邦法院的审定，他的梦想现在已经价值3000万美元。要想赎回，他就得倾家荡产。

杰米也不同意赛尼赎回梦想，他陈述了自己的原因。

杰米说，自己从小就是一个穷孩子，穷到不敢有自己的梦想。在玛丽老师的鼓励下，他花3美分从赛尼那儿买下了一个梦想——去埃及旅行，之后自己就彻底变了，内心变得很富有。

杰米从此不再散漫，开始用功学习，并考上了华盛顿大学，因为他想要完成自己的梦想。他之所以认识自己美丽贤惠的妻子，也得益于这个梦想。因为她对埃及也很着迷，一次图书馆的相遇，两人热恋了起来。

杰米的儿子也在斯坦福大学读书。因为杰米从他儿子小时就对他说：“爸爸有个去埃及的梦想。如果你学习好，我就带你到那个美丽的地方。”儿子也在这个梦想的召唤下，走入了大学。

除此之外，杰米已经有了六家超市，总价值在2500万美元左右。前不久，他也正在准备和全家人一起去埃及。杰米对法官说，如果不是这个梦想的激励，自己就不会有今天的财富，这个梦想，是杰米的无价之宝，所以他不会再次卖给赛尼了。这起特殊的诉讼，成就了两个人的人生。

由此可见，能让梦想的种子生根、发芽、茁壮成长，会给你的人生有着怎样的改变。但是，也有很多创业者，取得了一点成功，就被眼前的一切止住了前进的脚步。这种做法是万万不可取的。

具体来讲，创业者为什么不能满足于一时的成就呢？这里面有三个主要的原因：

第一，如果创业者不满足于目前的小小成绩，就会充实自己，提升自己，将自己的项目做强做大，不会满足于一时的小小成绩止步不前，会继续为社会作出贡献，进而实现自己的人生价值。

第二，小小成就虽然也是一种成就，也是自己安身立命的资本，但社会的变化太快，长江后浪推前浪，如果你在原地踏步，社会的潮流就会把你抛在后头，后来之辈也会从后面追赶过去。相比起来，你的“小小成就”在一段时间后根本就不是成就，甚至还有被淘汰的可能。

第三，一个人不满足于目前的成就，积极向高峰攀登，就能使自己的潜力得到充分的发挥。比如说，原本只能挑100斤重担的人，因为不断地练习，进而突破极限，挑起120斤甚至150斤的重担。因为一个人只要安于现状，就失去了上进求变的动力，没有动力，就无法付诸切实的行动。

人们不可能指望一个放任自己随波逐流的年轻人有什么大作为，因为他们往往是安于现状的。小小的成就就以为已经到了事物的极点。即使他们知道自己体内还有许多潜力可挖，也还是以各种各样的方式白白地浪费耗损，面对停滞不前的现状他们还能不为所动、安之若素。也许他们总会有这样那样的收获或成就，但他们永远只能被眼前的小小成就蒙蔽了眼睛，看不到山外有山，人外有人。这些小成就成了他们可炫耀的资本，却不知人生还有更多伟大的目标等着人们去实现。就这样甘于平淡的生活，他们体内曾潜藏的那点潜能也将因为长久的被弃不用而逐渐荒废消亡。只有那些不满足于现状，渴望着点点滴滴的进步，时刻希望攀登上更高层次的人生境界，并愿意为此挖掘自身全部潜能的年轻人，才有希望达到成功的巅峰。

很多人的理想都是过于平庸，或者说跟他们的能力相比，他们的目标定得过于低调。试想一下，如果每个人都能比较容易达到自己的目标，实现自己的抱负，人们还有前进的动力吗？你不可能指望一个总是回头看的人能攀登上顶峰，人们的抱负必须略高于自身的能力。这就要求你不能满足于眼前的小小成就。

远大的理想可以带领着人类走出蛮荒的沙漠而进入充满希望、生机勃勃的大陆，进入太平盛世。只有那些停止了进步的人才会对现有的成就感到满足。对于那些永远追求前面的目标的人来说，他们总觉得自己身上还存在某些不完美的因素，因而总是渴望着进一步地改善和提高，他们身上洋溢着旺盛的生命力，从不墨守成规，这使得他们总认为任何东西都有改进的余地。这些人是不会陶醉在已有的成就里的，他们总会千方百计想方设法达到更美好、更充实、更理想的境界，正是在这一次次的进步当中，他们完善着自我，也完善着人生。

作者寄语

梦想是虚幻的，只有让它生根、发芽、开花、结果，梦想才有实际的意义。

创业要专注地做事

10只兔子摆在你面前，你不能希望一次全抓到，否则你一无所获。

——马云

马云非常重视专注的重要性，他认为现在的创业者尤其是年轻的创业者，往往或多或少有浮躁的毛病，他建议创业者要“重点突破，所有的资源在一点突破”。

马云的建议蕴涵着深刻的创业哲理。一花一世界，一沙一天堂。事实上，在选择创业后，只要你能凭借自己的力量去做成功一件事，你就绝对不是失败者。

凡是有专注精神的人，必定干一行爱一行，把专注之事视为快乐，忘掉了困难和苦涩，如爱迪生为了发明电灯，失败了5万次也不灰心和动摇，最终获得了成功。所以说，专注是一步步走向成功的阶梯。

奥克斯生于1858年。由于家庭生活艰苦，没有机会进入正规学校读书，少年时仅在夜校读过几年书。12岁开始在药店和杂货店当童工，14岁时又到《洛斯威利记事报》当杂工，16岁时当排字工人，后又转到一家地方小报当排字领班及记者。17岁时进入《洛斯威利论坛报》当排字领班。奥克斯是位勤奋好学的青年，专注精神十分强烈，就是这种精神，使他的事业获取了较大成功。

奥克斯斯在19岁时，萌发了与人合作办报的念头，于是与一位叫保罗和一位叫麦哥云的人合作，办了一份《漆坦隆加快报》，结果只经营了几个月就倒闭了。

合伙办的报纸失败了，奥克斯斯却没有灰心，他反复思考后，决定利用报社的残存机器和纸张发挥作用，编印一本《工商指南》，相信从中可赚到一些钱。根据其思路，他走访了许多工商界人士，记录了他们的地址、企业名称及经营目录、电话等等，然后自己亲自排字及开机印刷，装订成书，向工商界出售。这《工商指南》实质是一本广告刊物，在当时还算罕见，对工商界开展业务十分有利，因此非常畅销，使他赚了一笔钱。他顺着这路子，编印了一些小册子及承印一些宣传目录，获得了不少收入。

1878年，奥克斯斯20岁了，他的专注精神使他又迈进了一大步，他决心自己独立办报。此时正好有一家《漆坦隆加时报》因经营不善而将告倒闭，它正在廉价寻求买主，奥克斯斯以500美元买下了。

奥克斯斯接办了该报后，进行版面及内容的改革，集中报道社会大众关心的问题。同时，他对报社内部进行改组，精减了1/3人员。他自己既当总经理，又兼当排字领班；结果，不到两年，发行量大大增加，获利不少。到1892年，《漆坦隆加时报》成为当地最有名气的报纸，奥克斯斯积累增多，他投资15万美元盖起报社大厦。在19世纪末的15万美元价值可不是个小数目，因此该大厦十分豪华，对这份报纸的信誉十分有利。

奥克斯斯的专注精神使他雄心勃勃，他不满足于《漆坦隆加时报》的成就，决心向全国性报纸进军。1896年，他发现米勒接手后的《纽约时报》面临危机，他乘机插手，把它接了过来。奥克斯斯接管了《纽约时报》后，大胆进行了改革。他与银行取得了共识，对该报发行股份1万股，每股100美元，以2000股换回股东全部股份，另发行债券40万美元，以30万美元还债，其余当作周转金。这样，奥克斯斯实际上没有注入多少钱，通过扩股和发债券之手法，使他掌握了《纽约时报》。1896年8月13日，时报改组成功，奥克斯斯成为该报董事局主席了。

奥克斯斯跟着对《纽约时报》的编排也进行了改革，增加了金融新闻。

此时正是纽约市经济起飞之时，城市人口增长很快，这为《纽约时报》的销售提供了有利时机。奥克斯是排字工人出身，他在多年的排字生涯中积累了丰富的经验，在改革《纽约时报》中，他针对各竞争对手的报纸情况，把《纽约时报》精心编印，显示出与众不同的面貌，令人耳目一新。同时，他每到周末又增刊“周末书评”，使得各出版界纷纷在其报纸刊登广告。更重要的一招，是把零售价从每份3美分，降价至每份1美分。这样虽然减少了发行费的收入，但报纸销售量大大增加了，而厂商们看到《纽约时报》发行量大，大家纷纷在该报登广告。这样，《纽约时报》的收入反而增加了。

奥克斯刚接管《纽约时报》时，其发行量只有9000份，到1900年时，发行量已超过10万份，奥克斯的收入迅速增多。1904年，奥克斯斥资250万美元兴建《纽约时报》大厦，高为22层，在当时是少有的高楼大厦。

1928年奥克斯70岁时，他仍精力充沛地主持着这份报纸，当时另办的一份《星期日时报》也发行40多万份，他靠这两份报纸的经营，每年盈利近3000万美元，当时他已是美国的著名富豪了。

成功的事业依赖的是执著的追求和埋头苦干的精神，但是，在必要的时候，也要懂得变通，大胆创新。

创业成功者只做一件事，做深、做透、做专，做细致、做完全、做彻底，做到尽善尽美，做成绝技，做成专家。而失败者做了许多事，狗熊掰棒子，做一件丢一件，没有一件弄懂、弄通、弄明白。结果是什么都不懂，什么都不会，结果是说什么都天花乱坠，干什么都一塌糊涂，几十年一事无成，老之将至还在寻找赚钱项目。

当然，创业并不是只能做一件事，而是将一件事做成功，再接着去做另一件事。成功地解决一个问题，就有可能成功地解决第二个、第三个问题……如果一个问题都解决不了，就有可能永远地丧失解决问题的能力。

创业者应该明白专注的道理，做生意的关键在于精而不在于杂，卖“水”可以产生可口可乐和百事可乐，卖快餐可以产生肯德基和麦当劳……而如果一切美好的创业构思被你一遍又一遍演讲得天花乱坠，那也只不过是一种空洞的理念罢了。所以只有做，而且还要更专注地做，才会在创业的路上有机会登上成功的阶梯。

作者寄语

逐二兔，不得一兔也！

只要付出就会有回报

从第一天开始做互联网，我们被人家当作是骗子，到后来当疯子，到今天别人把我们当狂人了，我已经根本不在乎别人怎么看我了，只要你认为你做的事情有价值，请相信自己的眼光，只要努力去做，一定可以取得成功！

——马云

激烈的竞争意味着适者生存、优胜劣汰。我们是在和别人赛跑，也在和自己赛跑，我们能掌控的是自己，但是时间却在不停地向前走，因此，只有坚信“付出就有回报”的真理才会使你一直坚持下去。

马云在创建阿里巴巴网站时有人也提出了质疑，甚至是嘲笑。马云说：“在我刚开始创业的那个时候，有人说如果阿里巴巴能够成功，无疑是把一艘万吨巨轮从喜马拉雅山脚下抬到珠穆朗玛峰顶，我就要让他们看看我是如何把这艘万吨巨轮从珠穆朗玛山脚抬到峰顶上。”如今马云成功了，因为他坚信“付出就有回报”的真理，只要坚信自己的梦想，不断地努力，就一定会成功。其实，创业者如果没有一个良好的心态，盲目地去创业，是不会成功的。

以色列有名的商人邦斯，他从小就随父母到耶路撒冷做生意，他的父母耐心地教育，培养他有责任心，并且要刻苦地学习。邦斯考上了耶路撒冷市非常有名的经营管理专业大学，毕业以后进入国际著名的哈斯坦公司来做销售的工作，工作非常吃苦。在他进入青年时代时充满了活力，头脑敏捷，兢兢业业并且勤学苦练，努力奋进，使得成绩卓越，深受领导的赏识与同事们的赞赏。邦斯凭这股劲经过四五年的努力，便被破格提拔成了公司的总裁。后来经过十多年的千辛万苦，最终成为了享誉全球的著名商人。

其实，在他上任之前他就知道如果仅靠自己，公司就没有办法大步前行，于是他就做了充分的准备。上任第一天，他提早到了公司，准备当天的工作，准备就绪以后，到9点，便召集了管理层的干部开会。在会上，他点名提拔了几个可以把握住局面与世界经济大趋势的顶尖的人员，要他们扶助他的工作，并要求他们很快地投入工作，协助他总结前辈总裁的经营管理经验来进行调研查访；对以往的经营管理的模式进行分析，重新预测公司的未来发展趋势。摸清公司的优劣形势与研究的实力，并和相关的人员一起研究起了财政收支状况，调整了公司的资本运营，适当地进行内部的机构调整，废除繁琐与不合理的经营程序，选拔了优秀人才参加公司的队伍，进行组班培训，提高他们的综合办事能力和办事效率。10点半会议才算结束了。但是，这一切都是在按照邦斯的计划进行着。

一个星期后内部的调整完了，邦斯总算是放下了心。他知道，简单管理，重新组合，居安思危，减少后顾之忧，才可以安居乐业。于是他又很快地步入下一步的工作。他开始全身心地投入到经营管理工作当中，邦斯工作起来一丝不苟，日复一日，并且废寝忘食。那时在研究课题上，邦斯开始时对别人研究出的课题，不太明白，在付于实践时他只能理解他们的意图。但是他找来专业人员不耻下问，并且刻苦钻研，就走出了困惑，然后就向顶尖的人员学习经营管理、办理事务的新思维，不断地调整自己的工作方式和方法，扶助预测商品走俏的市场趋势，掌握国内外商业动态、商品供销信息、流通渠道拓展的工作。

两个月以后，邦斯经过自己的不懈努力，由自己总结出的经营管理、办理事务的思路与工作方法，创造出了自己的经营管理模式并进行了操作。这使得他培养出了灵活办事的能力，可以灵活地处理各种各样的市场的千变万化，提高了决策的效果，并且也创造了收益。

他每一天工作完了都要做反思，回顾这一天的工作，顺利了就总结经验；失败了就去查找原因，考虑相应的措施，把它完全纳入了计划当中，然后才会去睡觉。经过一段的时间，在不知不觉中他便把握住了成功与失败的要领，丰富了自己的阅历，他就从中受益匪浅，资产数额直线上升。不久他便成为了举世瞩目的商人。邦斯所取得这些成功，也是他不断努力的结果。

由此可见，只有那些不停奔跑的人，只有那些不停忙碌的人，才能拥有这个世界，他们为了生活忙碌着，他们为了自己心中的目标，一步一步地向前迈进。如果有一天他们停止了这种奔跑，那么就有可能被别人甩在身后，更可能因此而失掉积极进取的斗志，这样的人，最终会被社会淘汰掉。只有不断探索，不停地奔跑，主动出击，不断前进的人才会为自己赢得主动，才会在人生和事业中常变常新、不断向前。反之，沉醉于一时的成功或安于一时的快活而停滞不前，最终将会落于别人之后，平庸和失败也会尾随到来。因为遭受过别人没有经历过的痛苦，所以他们深深懂得这一点。尽管他们受尽了歧视和迫害，但他们从来不消极悲观，而是积极进取，不停地进行着奋斗。他们有极强的时间观念，认为消沉和坐以待毙不但是对自己生命的不尊重，更是把宝贵而有效的时间白白地浪费掉了，将可能的财富和机会拱手让时间冲走，这不仅是可惜的，而且是可悲的。

在生活中，人们有美丽的愿望自然是好事，但一味地空想，不去付诸行动，到最后不但会一无所获，而且还会挫伤你的进取心。人们总是希望拥有美好的生活，但是，人们却不愿意为之付出相应的代价。很多人甚至连一丁点儿的付出都不愿意，只是盼望着天上能够掉下馅饼，这种事情是多么的愚蠢与可悲呀！然而，在这个社会上，你要得到多少，就必须先付出多少。任何东西只有先从你这儿流出去，其它东西才会流进来。

总而言之，要想获得回报，你就要付出努力，付出劳动，只有这样，才会得到你想要的东西。另外，你所付出的额外服务也会为你带来更多的回报。就像种植小麦的农民，如果种植一株小麦只能收成一粒麦子，那根本就是在浪费时间。但实际上他的收成必定多出他所种植的好几倍。有时候，即使你的慷慨付出并不能保证得到回报，你也要毫不气馁地去付出更多的美好东西。记住，只要我们付出，那么我们每个人都将是“获利者”。

作者寄语

我今天的收获，是我过去付出的结果；假如我想增加明天的收获，就要增加今天的付出！

创业需要敢想敢为的人

创业最需要的就是敢想敢干的人。

——马云

必须承认，从现阶段的中国来看，创业是最容易实现自己价值的一个重要途径，但前提是创业者必须拥有足够的敢想敢为的创业胆量。对此，马云十分赞成，他多次在青年创业论坛上对此发表演讲，强调敢想敢为的创业胆量的重要性。

遗憾的是，现实生活中，很多有点眼光的人却没有充足的胆量，致使创业计划一改再改，一拖再拖，最终化为泡影。因此，创业不仅需要商业眼光，更需要敢想敢为的创业胆量。尽管敢想敢为的创业胆量是创业家精神的一个重要组成部分，但创业毕竟不是赌博。因此，胆量决定一个创业者成功与否。在这里，我们来看看马云的创业故事。

4年之内连续两次放弃，这是一种敢想敢为的创业胆量。就像马云最开始选择离开那个神圣的教师岗位一样。然而胆量和雄心总是成正比的。就如同陈胜吴广当年喊出的“王侯将相，宁有种乎”，如果没有当王侯将相的雄心，又何来揭竿而起的胆量？从马云第一次接触互联网这个概念开始，创业的雄心就开始蠢蠢欲动，接下来就有了两次揭竿而起，如果没有这份雄心，马云这辈子或许就是以“凤尾”的身份终结，正是这份雄心支撑着他连续两次的放弃，让他成为了领袖级的“鸡头”。

马云是电子商务方面的权威人士，同时也是成功学方面的专家。在中央电视台举办的青年创业论坛上，马云询问了几个想创业的人“对于未来有没有打算，预想一下自己能在几年内达到自己所设定的成果”。然后为青年人讲述该如何达到自己的目标，也就是成功之路。马云告诉想创业的人，妨碍青年成功的因素为：无目标、无胆量、无毅力、无责任感。成功需要胆量和气魄，就像他当初创建阿里巴巴时一样，能创造阿里巴巴这个大集团就是目标加胆量加毅力。

事实上，在21世纪的今天，创业仅仅只有智慧是永远不够的。纵然有勇无谋只能做个莽夫，但有谋无勇也只能做个懦夫。而现代社会里，教育的发达和信息技术的高超让大多数人都有一定的“眼光”，但胆量却绝非是人人都能具有的。从这层意义上说，智慧，只是胆量的一个组成部分。确实，马云如果没有敢想敢为的创业胆量，那么马云不可能拥有今天的成就。

马云提醒那些即将创业，或者正在创业的人，“在创业者追求成功的道路上，第一个要素就是要有敢想敢为的胆量。”确实，成功需要敢想敢为，要有突破现状的勇气。任何组织和个人发展都常出现一个规律：在初期往往有较强的学习能力和改造能力。但是当工作一旦上手了，并且积累了一定工作经验时，就很容易有抗拒心理，反对任何改变，即使自己也有试图改革与创新的想法，但怕麻烦，怕失去原有优势而不想改变。

同样，来岛船坞企业集团的创始人坪内寿夫对创业必须要有足够的胆量的观点十分赞同，他在接受《朝日新闻》采访时强调：“只要肯做，任何事情都可以做到。但大部分人还没有去做，就说做不到，首先要除去这种心理。一旦努力作为，七成以上的成功率是跑不了的。”

毋庸置疑，胆量是决定创业成功与否的一个重要条件。马云在《赢在中国》栏目中点评时非常强调胆量在创业时的作用，他说：“创业，最需要的就是胆量与勇气。因为这个世界就是这样，你要有梦想，你还要有胆量，毫不妥协的信念和实现梦想的决心和行动才会赢，只有偏执狂才能生存。”

应该说，马云的成功是中国诸多创业者比较成功的一个，究其原因就是胆量让马云发现了自己经营企业的潜力，而敢于做第一个吃螃蟹的人，则无疑彰显了他非凡的胆量和超人的能力。

马云多次指出：“创业没有人们想象的那么难，难就难在很多人只有创业的想法，而没有敢想敢干的创业胆量。”事实上，创业面临着更多的困难，比如创业环境、投资政策、创业时机未到、好项目有限、启动资金筹集难等等这些都是理由。数据显示，从20世纪90年代中后期以来，中国出台了一系列帮扶政策，国内的创业环境已有了很大的改善，为什么还是有那么多有创业意向的年轻人不能将创业计划付诸实施呢？我认为创业环境、投资政策等因素绝对不是有创业冲动的人不去实现梦想的关键因素，最重要的理由只有一个——没有敢想敢为的创业胆量。

农民企业家鲁冠球以90.5亿元的资产占据2006年福布斯中国富豪榜第十位。作为中国最受尊敬的第一代企业领袖之一，鲁冠球还见证了万向集团从一个小工厂发展成为国内最大民营企业之一的全过程，只有初中文化的鲁冠球向世界伟大的企业领袖展示了一个农民的传奇故事。

鲁冠球，这位至今都带着浓重乡音的浙江老汉，15岁辍学，做过打铁匠，3年的铁匠生活使鲁冠球对机械农具产生狂热的爱好。他把一间农机小作坊打造成中国乡镇企业的佼佼者，并把持万向集团的方向盘稳步前行，在数不清的桂冠和乡镇企业大多昙花一现的背景面前，鲁冠球奇迹般地成为民营企业家中的常青树。在WTO与国际化大潮汹涌而来之际，鲁冠球再一次成为故事的主角，成为国内第一个为美国通用汽车公司提供零部件的OEM厂商。

鲁冠球首次创业是办了一家米面加工厂，后因被人指斥为办地下黑工厂而遭关闭，机器被迫廉价拍卖，他只好出卖刚过世的祖父遗下的三间旧房，才得以还清向亲友借贷的3000元欠款。这一次创业几乎使他倾家荡产。1969年，鲁冠球受宁围公社领导邀请，接管了宁围公社农机修配厂，开始第二次创业。他依靠作坊式生产，生产犁刀、万向节等五花八门的产品，这种多角经营，为他完成了最初的原始积累。

1979年，鲁冠球调整战略，集中力量专业化生产汽车万向节。1980年，鲁冠球在经济十分拮据的情况下，将价值43万元不符合标准的万向节，送往废品收购站，在全国万向节厂整顿检查中，他的工厂以99.4的高分居全国同行业之首，被列入全国仅有的三家万向节定点生产专业厂之一。从1980年至1989年，鲁冠球的万向节产品经济效益年均增长达40%以上，1988年鲁冠球以1500万元向宁围镇政府买断万向节厂股权。1990年开始，鲁冠球提出“大集团战略、小核算体系、资本式运作、国际化市场”的战略方针。他的“钱潮牌”万向节产品打开了日本、意大利、法国、澳大利亚、中国香港等18个国家和地区的市场，每年创汇在229万美元以上。

凭借良好的商业触觉和早年打下的根基，1992年后的万向已在跨国并购和金融领域实现了更深层次的扩张，一个庞大的商业帝国已经呼之欲出。1994年，万向美国公司在美国注册成立，这是鲁冠球为整合海外资源而投下的一枚重要的棋子。万向美国公司最初主要负责将中国生产的产品销售到美国，通过“股权换市场”、“设备换市场”和“让利换市场”等方式，整合海内外两套资源。1997年8月，万向集团生产的万向节正式敲开了世界汽车业巨头美国通用汽车公司的大门，成为美国通用汽车公司的配套产品。2001年8月28日，他一举收购NASDAQ上市公司UAL。开创中国乡镇企业收购海外上市公司的先河。至此，他手中的上市公司内有万向钱潮，外有UAL。现如今鲁冠球已经将26家海外企业揽入自己的企业帝国版图之内。

回首鲁冠球的创业轨迹不难发现，鲁冠球对时局的精确把握和商业手段的扎实运用，方能把握住每个稍纵即逝的机会，现在的他依然处于时代大潮的浪尖。2005年7月18日，杭州市政府对万向给予300万元巨额奖励，半年后杭州萧山区政府又因万向对地方经济的突出贡献，奖励其宝马车一辆。在媒体和官方众口一词的好评面前，万向这家影响力非凡的企业并没有在功劳簿上睡觉，万向的产业布局正在向纵深推进。

应该说，鲁冠球的成功是中国成功创业者其中的一个，究其原因就是胆量让鲁冠球发现了自己经营企业的潜力，而敢于做第一个吃螃蟹的人，则无疑彰显了他非凡的勇气和超人的能力。

北京华夏圣文管理咨询公司在2007年做过一项调查显示，85.47%的年轻人都有创业意向，但真正付诸实施的却只有7%。这颇值得探究。可能正如一些业内专家认为的那样，创业面临着更多的困难，比如创业环境、投资政策、创业时机未到、好项目有限、启动资金筹集难等等，这些都是理由，研究发现，从20世纪90年代中后期以来，中国出台了一系列帮扶政策，国内的创业环境已有了很大的改善，为什么还是有那么多有创业意向的年轻人不能将创业计划付诸实施呢？创业环境、投资政策等因素绝对不是有创业冲动的人不去实现梦想的关键因素，更不是最重要的理由。最重要的理由只有一个——不愿冒险。创业环境再好，创业也有一定的风险，有多少人能够战胜自己对稳定的渴求而去冒险呢？可是，不冒险，便没有创业的成功，也就享受不到创业成功的快感。

人的一生中，会面对许多机会，但你能否认定它就是真正的机会，并为了这个机会可以百分之百地努力，甚至不惜改变自己原有的、较好的、稳定的生活状态？选择冒险，确实需要胆量。但同时，你要知道，你或许已给自己选择了一条成功之路。确实，马云的胆量令人欣赏，不过每一个创业者一定要记住：那就是要想创业成功，就必须拿出敢想敢为的创业胆量去冒险，只有这样，创业的成功几率才会增加！

从马云的经历中，我们分析得出，胆量其实是成功创业的第一资本。尽管世界上有数以千计想创业的人，却只有少之又少的人在没有资金、销售渠道、国际合作伙伴等的情况下，有胆量地“敢想，敢说，敢为”，最终成为成功的创业者。因此，没有超人的胆识，就没有超凡的事业。创业要求有志者具备超人的胆识，勇于承担多数人望而生畏的风险。而那些畏首畏尾的人，现在依然在原地踏步，没有什么改变。

作者寄语

只想不做的人是空想主义者；只做不想的人是一介莽夫。创业需要敢想敢做的聪明人。

第十六课 逆境中的阳光同样灿烂

创业关键词：进取突破

在逆境中发财

——所有的创业者应该多花点时间去学习别人是怎样失败的。

——马云

有这样一则寓言故事：

有三只青蛙一同掉进一只装满鲜奶的桶中。第一只青蛙说："这是神的旨意。"于是，它缩起后腿，一动也不动。第二只青蛙说："这只木桶太深了，我实在没有办法跳出去。"说完，也同样动也不动了。不久，这两只青蛙都被淹死了。只有第三只青蛙没有放弃努力。它想："只要我的后腿还有些力气，我就一定要把头伸到鲜奶上面。"它就这样慢慢地游啊，游啊。忽然，它觉得它的腿碰到了一些硬硬的东西，试试，居然能够站在上面。原来，它不停地游来游去，把鲜奶搅成了奶油。第三只青蛙站在奶油上面，一跃跳到了桶外。

我们每个人降生到这个世界以前，就被注定了要背负起经历各种困难折磨的命运。既然是前生注定，今生的苦乐就是难以避免的。做生意顺利的时候，财源滚滚而来，取之不尽，用之不竭；一旦遇上风险逆境时，就要过一段节衣缩食的日子。不够坚强的人在逆境来临时，就会匆匆结束这次旅行，提前承认自己的失败；而足够坚强的人却深深懂得，我们就是为经历这些逆境而来的。

马云在自己的创业经历中也把逆境看做成才的不可缺少的优秀品质。只有在逆境，在危机中展现出来的才华才是真正的领导者。

2000年，马云经历了互联网寒冬，许多企业面临着倒闭或者已经倒闭。这个时候，阿里巴巴也处于高度危机状态。股东的脸色很难看，甚至放出狠话：再不赢利，就把网站拆了。当时，阿里巴巴的账面上，只剩下能维持半年多的700万美元，更危险的是当时阿里巴巴还没有找到赢利的办法。面对这种情况，马云当机立断，宣布在全球范围内进行撤站裁员，启动了后来被马云称作“回到中国”的战略收缩。这次撤站裁员可谓惨烈之极：原来30人的香港办事处只剩下8人；在美国硅谷的30个工程师只剩下3人；设在上海的办事处减员到10人以下。

残酷的撤站裁员暂时化解了阿里巴巴的寒冬危机，为其赢得了宝贵的喘息时间。但是并没有从根本上解决问题，而且使阿里巴巴员工的士气大落。马云显示了超强的在逆境中生存的能力。马云在阿里巴巴内部掀起了一场别开生面的运动，做了三件大事：给员工灌输价值观；培训员工；提高销售人员能力。通过一系列举措，阿里巴巴员工的士气得到了迅速回升，上下一致，士气昂扬，共渡难关，终于有惊无险地度过了那个“寒冷的冬天”。

事实上，对于创业者来说，不仅自身要在危机和逆境中能够独当一面，还要尽可能地培养这种能力。因为，逆境能够塑造人才，能使企业具有生命力和凝聚力。能在逆境中顽强生存的人，在面对困难的时候，也会在危机中寻求转机，在危机中寻找财路，这是智者的谋略，很多成功人士都有过相似的经历。

19世纪时，发现金矿的消息从美国加州传来。对于许多人来说，这是一个千载难逢的发财机会，因此许多人都纷纷奔赴加州。那一年，亚默尔刚刚17岁，他就成为了淘金队中的一员，同别人历尽千辛万苦，赶到加州。

淘金梦确实是一个很美的梦，而且还有许多人都愿意做这种美梦，有越来越多的人纷至沓来，一时间加州遍地都是淘金者，而金子自然不能尽如淘金者的意愿，变得越来越难淘。

不但金子很难淘出，而且这里的生活也变得越来越困难。当地气候干燥，水源奇缺，许多不幸的淘金者不但没有圆致富梦，反而丧身此处。亚默尔和这里的人一样，经过一段努力，不但淘不到金子，反而渴得要死。

一天，望着水袋中一点点舍不得喝的水，听着周围人对缺水的抱怨，亚默尔突然想到，在这里既然淘不到金子，还不如卖水来赚更多的钱。于是亚默尔毅然放弃对金矿的努力，将手中挖金矿的工具变成挖水渠的工具，从远方将河水引入水池，用细沙过滤，成为清凉可口的饮用水。

然后，将这些水装到瓶里面，卖给那些淘金者。当时有人嘲笑亚默尔，说他胸无大志，“千辛万苦地到加州来，不挖金子发大财，却干起这种蝇头小利的小买卖，这种生意哪儿不能干，何必跑到这里来？”

对于别人的嘲笑亚默尔毫不在意，继续卖他自己的水。哪里有这样的好买卖？把几乎无成本的水卖出去。哪里有这样好的市场？结果，淘金者都空手而归，而亚默尔却在很短的时间靠卖水赚到几千美元，在当时，这可算是一笔相当可观的财富了。

由此可见，真正的创业者无论在什么情况下，都能发现致富的机遇，他们似乎对财富有一种特殊的感觉；而一些普通人，只会使致富的机遇从自己手中偷偷地溜走，视而不见。

逆境？什么是逆境？逆境就是上帝看你不顺眼的时候，也是人们遭受挫折或失败的时候。“逆境”可以是大自然的莫测风云，也可以是人际间的互相倾轧。可以是飞来横祸，也可以是人为事端。总之就好像一条铺满荆棘的人生路，在这条路上充满了障碍和阻力。逆境也许会打击一个人，毁灭一个人，但是，一个人的成功也是从此开始的。人的一生中，总会碰到几次这样的事情，这是任何人都无法避免的，当我们遇到这类问题时该如何去面对呢？

有些人在面对逆境时，总是怨天尤人，灰心丧气，这也是最常见的一种态度。大部分的人只要遇到一连串的打击或不幸，通常就会一蹶不振，沉沦颓废，甚至还会选择自杀来摆脱这种逆境中的痛苦。

其实，面对逆境，要百折不挠，能屈能伸，耐心等待，要始终相信自己会有战胜逆境的那一天。更何况世间万物总在不断地变化，自己不可能永远都处在逆境之中。三十年河东，三十年河西，说不定哪一天时来运转，就可以咸鱼翻身，东山再起。另外一种态度就是把逆境作为一种平常事，任凭你风吹浪打，胜似闲庭信步。这种人并不多见，因为他已经拥有了超凡脱俗的智能，看透了人生的真谛。

此外，创业者还要把逆境看成人生的一种挑战。他们认为就是因为有外来的压力，才激发出了他的潜力，自己的勇气也升了几级。还有一些人好像就是为逆境而生的，当他一帆风顺的时候，他也许反而昏昏欲睡，而一旦遇到了逆境，有了压力，他反而精神抖擞，就会有能力与逆境抗衡。

其实，生活中，我们不妨试着跳出一般人的思维，换一个角度来看待“逆境”这个问题，那时你就会发现：“逆境”也许是上帝设计的一种淘汰机制，看某些人能不能通过逆境的考验，借着残酷无情的逆境，来达到优胜劣汰的目的，只有那些经得起考验的人，才能够脱颖而出，创造出一番不平凡的事业。

可见，逆境也可以说是人生的一个分水岭，有的人就此销声匿迹，有的人从逆境中崛起，人生和事业就此进入了一个全新的境界，整个人也脱胎换骨，像破茧的蝴蝶一样，获得新生。人的一生中，不可能总是一帆风顺的，总会遇到一些挫折或失败，但并不能因为失败而丧失理性，成为一个一蹶不振的人。逆境是一种优胜劣汰的选择机制，翻越逆境这座分水岭，人生必然呈现一种崭新的境界。否则，他将是一个平庸的人，无所作为的人。

作者寄语

管理就是集众人之智，成众人之事。管理的起源是员工对结果的自我承诺与自我负责。管理的出发点是事的顺利，而权术的出发点是人的服从。

适时放弃，不一定是失败者

我马云不会在失败时放弃，只会在成功时离开。

——马云

“永不放弃”是马云的座右铭，但事实上，在面对无法改变的事实面前，马云也会做壮士断臂之举，适时地选择放弃，但这并不与他的人生观相冲突，而是为了能更好地实现自己的最终目标。“大丈夫能屈能伸”说的就是这个道理。

在这一方面，马云和阿里巴巴就做得很好，可以称得上是大舍大得。

“忘掉Money，忘掉赚钱，不要理会外界关于你们‘不能赚钱’的指责。”在2007年的公司年会上马云提醒手下的员工，淘宝、支付宝、阿里软件以及雅虎都不要急着去赚钱，尤其对于支付宝而言，目前最急切的任务就是“做规模”。

2002年以后，网络游戏开始大规模圈钱。盛大、网易等大网站都推出了新游戏，马云毕竟也是一个商人，按照他的作风，很多人猜测他也会加入网游阵营，可是马云却出乎所有人的意料发下这样的誓言：“我绝不会在网络游戏投一分钱，我不想看到我的儿子在我做的游戏里沉迷。”原来马云的儿子沉迷于网络游戏，为了孩子学习，马云的妻子辞职回家做了全职太太，经过马云一番教育，儿子渐渐淡出了网络游戏。

经过这件事，马云深深体会到了网络游戏的危害，在赚钱与社会价值之间，马云选者了后者。这种舍得放弃小金子，旨在创造社会价值的经营理念，使得马云把握住了互联网的命脉。

对于年轻的创业者来说，应该学习马云“欲取之，先予之”的创业精神，但是不能拥有时，也要学会适时放弃。这是一种态度，一种策略和手段。如果想赚钱的话，必须先让对方赚钱。只想自己赚钱的人，不仅不能赚大钱，而且还会被视为吝啬鬼。能让自己赚到钱，也能让别人赚到钱，彼此才会努力协作往来，获利也才会更多。

“暂时地放弃一些利益，是为了得到更多的利益。”说的就是先“舍”后“得”的道理。这其实是一种表面上亏损的促销方法，但它在打开产品销路的方面却能够起到良好的效果。放弃是为了更好地选择得到，在放弃中进行新一轮进取，你所得到的比失去的更可贵。

成立于1881年的日本钟表企业精工舍，是一家世界闻名的大企业。它生产的石英表、“精工·拉萨尔”金表远销世界各地，其手表的销售量长期位于世界第一的位置。它能取得这样的成功，全取决于其第三任总经理服部正次的放弃战略。

1945年，服部正次就任精工舍第三任总经理。当时的日本还处在战争破坏后的满目疮痍中。精工舍步子疲惫，征尘未洗。而这时，有“钟表王国”之称的瑞士，由于没有受到二战的破坏影响，其手表一下子占据了钟表行业的主要市场。精工舍面临着巨大的生存危机！

服部正次并不为困难所吓倒，他沉着冷静，制定了“不着急，不停步”的战略，着重从质量上下手，开始了赶超钟表王国的步伐。10多年过去了，服部正次带领的精工舍取得了长足的进展，但仍然无法与瑞士表分庭抗礼。整个20世纪60年代，瑞士年产各类钟表1亿只左右，行销世界150多个国家和地区，世界市场的占有额也达到了50%~80%之间。有“表中之王”美誉的劳力士和浪琴、欧米茄、天梭等瑞士名贵手表，依然是各国达官贵人、富商巨贾等人财富地位的象征。无论精工舍在质量上怎样下工夫，都无法赶上瑞士表的质量标准！

怎么办？是继续寻求质量上的突破，还是另辟蹊径？服部正次思量着。他看到，要想在质量上超过有深厚制表传统的瑞士，那简直是不可能的。服部正次认为精工舍该换个活法了，他要带领精工舍另走新路。经过慎重的思考，服部正次决定放弃在机械表制造上和瑞士表的较劲，转而在新产品的开发上做文章。

经过几年的努力，服部正次带领他的科研人员成功地研制出了一种新产品——石英电子表！与机械表相比，石英表的最大优势就是走时准确。表中之王的劳力士月误差在100秒左右，而石英表的误差却不超过15秒。1970年，石英电子表开始投放市场，立即引起了钟表界和整个世界的轰动。到20世纪70年代后期，精工舍的手表销售量就跃居到了世界首位。

在电子表市场牢牢站稳了脚跟后，1980年，精工舍收购了瑞士以制作高级钟表著称的“珍妮·拉萨尔”公司，转而向机械表王国发起了进攻。不久，以钻石、黄金为主要材料的高级“精工·拉萨尔”表开始投放市场，马上得到了消费者的认可，成为人们心中高质量、高品位的象征！

现代社会似乎给我们描绘了一幅幅风和日丽、欣欣向荣的财富画卷，而一个个诗情画意、神乎其神的成功的故事，则更令我们激情冲动、意乱情迷。于是，在众多的诱惑面前，太多的人忘却了理性的分析和选择，忘却了放弃，而任凭欲望的野马在陷阱密布的商界里纵横驰骋。殊不知，“放弃”是一种战略智慧。学会了放弃，你也就学会了争取。

鱼和熊掌不可兼得，你必须有所选择，有所放弃。人生是一个不断放弃，又不断创造的过程，所以适时地放弃一些不切实际的要求，会令你收获更大的惊喜。

生活中，一扇门如果关上了，必定有另一扇门打开。失去了这种东西，必然会在其他地方有所收获。关键是，你要有乐观的心态，相信有失必有得。要懂得放弃，正确对待你的失去，有时失去也就是另一种获得。

作者寄语

生活就像海洋，只有意志坚强的人，才能到达彼岸。

修炼强者心态

心中有敌，天下皆为你的敌人；心中无敌，则无敌于天下。

——马云

在商场大战中遇到强手，不能气馁，不能怯阵，不能手软，不能不敢战，更不能不敢胜，要敢于对敌，要敢于出手，要敢于杀敌，要敢于拼命，要从心理上压倒敌人，要从气势上震慑敌人，要从狠劲上吓跑敌人，要刀快枪准，心狠手辣，出手必杀，方能使敌人怯、馁、疑、慌，愦、逃、败、亡，自己方能争取生机，取得最后的胜利，才能够生存下去，才能够发展壮大。否则，怯战也得战，怕输更得输，怕死还是死。

而马云作为中国互联网的领军人物，在竞争气质上与李云龙有着惊人的相似。“网络上面就一句话，光脚的永远不怕穿鞋的。”这是马云的经典语录之一。马云在竞争时的确有一种狠劲和“匪”劲，他以“光脚的永远不怕穿鞋的”为精神动力，逢敌敢于亮剑，出招从来不按常理，面对eBay这样强大的竞争对手，他主动亮剑，建立淘宝，向其发起挑战，而不是选择逃避和退让；在竞争过程中，又身先士卒，采用神鬼莫测的攻势，使淘宝网这个刚“牙牙学语”的“婴儿”不可思议地战胜了行业“巨人”eBay。就像马云所说，“心中有敌，天下皆为你的敌人；心中无敌，则无敌于天下”。其实，真正的敌人不是别人而是你自己。

现实生活中，我们经常看到一些人，他们总是不停地抱怨，自己的不成功是因为其他的原因，或是别人影响了自己的成功。他们有时甚至认为，生存的时代不能给他成功的机会而整日怨天尤人。更有甚者会走向极端，报复社会，不仅给自己造成了伤害，甚至造成不良的社会影响。

强者们从来不向别人抱怨，因为他们没有什么抱怨的理由，他们能勇敢地面对事实，通过自己的努力来实现理想，从不靠等待和别人的怜悯；因为他们知道，成功总是发生在无声无息中，一个坚持真理执著追求的人往往能取得更大的成功。

罗森沃德是全美最大的百货公司西尔斯·娄巴克公司的最大股东，他也是全美20世纪商界风云人物。然而，这个做服装生意起家的富翁却也在创业时经历了许多的失败与艰辛。

罗森沃德的家境不好，为了维持生活，中学毕业后，他就到纽约的服装店当跑腿，做些杂工。罗森沃德从年幼时就受犹太人的教育影响，这使他拥有了艰苦奋斗的精神。他相信凡人皆有出头之日，一个人只要选定了目标，然后坚持不懈地往目标迈进，百折不挠，胜利一定会酬报有心人的。罗森沃德本着这种精神，十分卖力地赚了几百块钱。

“我要当一个服装老板。”这是罗森沃德的奋斗目标。为了实现这个目标，他除了在工作中留心学习和注意动态外，把全部的业余时间都用于学习商业知识，找有关的书刊阅读。到1884年，他自认为有些经验和小额本金了，决定自己开家服装店。可是，他的商店门可罗雀，生意极为不佳，经营了一年多，把多年辛苦积蓄的一点点血汗钱全部赔光了，商店只好关门，罗森沃德垂头丧气地离开纽约，回伊利诺依州去。

痛定思痛，罗森沃德反复思考自己失败的原因。最后，他找出了缘由：服装是人们的生活必需品，但又是一种装饰品，它既要实用，又要新颖，这才能满足各种用户的需求。而自己经营的服装店，没有自己的特色，也没有任何新意，再加上自己的商店未建立起商誉，没有销售渠道，那是注定要失败的。针对自己出师不利的原因，罗森沃德决心改进。他毫不气馁，继续学习和研究服装的经营办法。他一边到服装设计学校去学习，一边进行服装市场调查，特别是对世界各国时装进行专门研究。一年后，他对服装设计很有心得，对市场行情也看得较为清楚。于是，决定重整旗鼓，他向朋友借来几百美元，先在芝加哥开设一间只有10多平方米的服装加工店。他的服装店除了展出他亲自设计的新款服式图样外，还可以根据顾客的需求对已定型的服式改进，甚至完全按顾客的口述要求重新设计。因为他的服装设计款式多，新颖精美，再加上灵活经营，很快博得了客户的欣赏，生意十分兴旺。两年后，他把自己的服装加工店扩大了数十倍，并把服装店改为服装公司，大批量生产各种时装。从此以后，他的财源广进、声名鹊起。

在人生的征程中，失败时常发生，每个人都不必悲观，因为失败并不意味着没有希望，相反“失败”是成功之母，活用失败与错误，是自我教育和提高的有效途径。在失望面前，你必须坚强起来，冷静面对失望。失望与快乐，都是人生的一部分，重要的是，如果你今后在希望落空时，不能把它视为仅是一时的退却或应该克服的考验，而把它当作是毫无道理的大失败，那么你将会被失败所击溃！这一点你应该铭记在心。只有当你甘心承受失败，并且失去再尝试的意愿时，才是真正的失败。

爱默生说：“伟大、高贵人物最明显的标志，就是他坚韧的意志，不管环境如何恶劣，他的初衷与希望不会有丝毫的改变，并将最终克服阻力达到所企望的目的。”所以要做生活中的强者。强者心里没有闷气，对别人有不满就立即找当事人解决，自然没有必要在背后说别人的坏话，更不需要丑化和贬低别人。强者不怨天不怨地、不怨父母不怨家人。具有强者心态的人被别人打败，并不心存怨恨，只怪自己功夫不精，从此苦练本事，认真研究对手的长处和自己的短处，10年后再来比试。

具有弱者心态的人被别人打败，只是到处哭诉打他之人的品德如何败坏，把自己的敌人描述成一无是处的恶人。强者依靠自己解决问题，弱者依赖他人解决问题。具有强者心态的人失败后只怪自己，具有弱者心态的人失败后会找出许多借口。

与对手竞争时一定要以强者自居，要自信坚定、冷静沉稳，我们可以被对手击败，但一定要能再爬起来；我们可以被对手打败，但绝不能被自己的弱者心态所打败。始终如一地保持强者心态，那么总有一天，你一定会变成真正的强者。

作者寄语

一个人的痛苦，与天下相比便不能算是痛苦；一个人的仇恨，放到天下便也不能算是仇恨。大胸怀和大包容是解决一切问题的思想根源。

第六篇

企业文化——给企业注入新鲜血液

一个缺少文化的企业是一个没有灵魂的企业，一个没有文化的网站也将是一个缺少灵气、无法大量凝聚人气的网站。我们提倡的价值观、企业文化不要在口号上，而要在行动上。

——马云

第十七课 营造良好的工作氛围

创业关键字：竞争力团队意识

良好的工作氛围是企业成功的基础

人有一样东西是平等的，就是一天都有24小时。不快乐地工作就是对自己不负责任。

——马云

阿里巴巴在2000年就推出了名为“独孤九剑”的价值观体系。“独孤九剑”的价值观体系，包括群策群力、教学相长、质量、简易、激情、开放、创新、专注、服务与尊重。而现在，公司又将这九条精炼成目前仍在使用的“六脉神剑”。阿里巴巴正是在这种认识的高度下不断地完善其企业文化建设。

从管理的角度来看，员工就是企业的内部客户，必须先服务好员工，让他们有良好的情绪，让他们一想到工作就觉得开心、快乐、喜悦，愿意并且能够在企业的平台上不断成长，在工作中获得超越工作本身的价值与意义，他们才能把这种使命感与情感传递给客户。客户在接触到这种情绪与情感时，他们才会相信企业的广告、宣言或承诺中所言非虚。

“亚洲最佳雇主”联邦快递亚洲区总裁说过：“我们要照顾好员工，他们就会照顾好客户，进而照顾好我们的利润。”

快乐工作是马云和阿里巴巴团队一直在努力营造的核心文化。

在马云看来，员工工作的目的不仅包括一份满意的薪水和一个好的工作环境，也包括在企业中快乐地工作。事实上，马云曾不止一次在公众场合中强调，阿里巴巴最大的财富就是员工，不快乐地工作就是对自己不负责任。马云要求自己的员工“上班像疯子，下班笑眯眯”，而不是把工作当成负担，每天像个苦行僧一样活着。用他的话说，“没有笑脸的公司是痛苦的。”

在阿里巴巴，一个员工的业绩再好，如果其价值观考核不合格，那么也不能获得加薪、奖金、晋升，甚至有可能被辞退。事实上，所有公司都说自己重视价值观，但像阿里巴巴这样把价值观考核与收益紧密挂钩的还真很少见。

马云和阿里巴巴一直主张：企业文化要做到“润物细无声”，不要挂在墙上，而是要印在员工的心中；不依靠任何大张旗鼓的宣传，而是于细节处以点点滴滴的影响，浸润每一个员工。比如，关心员工的生活起居，策划员工的集体婚礼、趣味运动会、单身舞会等。

在企业内部，马云经常会笑容可掬地走到某员工的身旁，拍着他的肩膀倾听工作中的难题。这种领导方式不但不会让你感到很唐突，又能及时了解工作中的难题。马云微笑着说：“在阿里巴巴，员工可以穿旱冰鞋上班，也可以随时来我办公室，总之一定要让员工爽。”“压力是自己的，不应传染给员工。我一直和我的同事说，没有笑脸的公司其实是很痛苦的公司。我最喜欢猪八戒的幽默，他是取经团队的润滑剂，西天取经再苦再累，一笑也就过了。我们公司的LOGO就是一个笑脸。”

马云为员工所做的不仅得到了员工的认可，也得到了社会的认同，马云曾获得“2005CCTV中国年度十大雇主”的称号。以下是马云获奖后的感言：

我是“2004年度中国经济十大人物”之一，我们今年再次被“中国十大雇主公司”提名……我们希望在3~5年之内成为“全球十大雇主公司”，我们希望在5年内成为年轻人最希望加入的公司。今年获得这个奖的提名让我无比高兴，我们两年前提出这个目标的时候感觉路还很长，所以说你提出了目标并付出了努力，还是有机会的。

可见，不要认为做个成功的商人就应该是严肃的、冷酷的、不苟言笑的。其实不然，作为一个成功的商人还要“微笑”，微笑着面对生活、面对战场、面对你的敌人！笑也是一种走向成功的武器。

然而，进行企业文化的渗透不是一件易事。成功的企业都特别注重企业文化的落实，而不仅仅作为墙壁上的口号，像那样流于形式，是一点作用也不会起的。

阿里巴巴每年至少要把1/5的精力和财力用在改善员工办公环境和员工培养上。阿里巴巴人事部经理陈莉告诉记者，阿里巴巴对员工的工作时间没有严格的打卡要求，只要完成工作任务随便什么时候上下班。作为IT业，研发性的工作用脑量大，员工处于紧张繁忙的状态。提供优雅一点的工作环境，可以让员工心情舒畅，开心工作。这可能就是一般企业人才流动率高达10%~15%，而阿里巴巴连续数年的跳槽率仍然能控制在3.3%的根本原因。

可以看到，企业的文化建设对于企业的发展是多么的重要。正如马云所说，那些失败的企业，整个屋子里都充满铜臭味。当一个企业领导人满脑子都是美元、人民币的时候，他说话时肯定满嘴是钱，那他的企业就不会走得远。

作为一个部门管理者，与做职员时的唯一区别就是，当你管理一个部门的同时，与部门人员共同构成了一个团队，部门主管作为团队领导者需要建立团队文化，合理分工，领导大家去完成团队目标。我们可以得到以下几点启示：

一、团队氛围需要营建，但不能强加。一个部门也是一个团队，必然存在团队文化的要求。一个团队文化的形成，需要有一个长期的过程，因为这涉及到大家对生活方式、生活水平、审美观等一系列问题的改变，是一个潜移默化的过程。俗话说“三代才能出贵族”，贵族的生活方式是一群人在各方面的一整套标准，但在不同人群间不存在正确与否的问题，而是能否适应和接受的问题。这需要在文化的冲突中找到解决之道，首先要理解原有文化，吸纳其中好的地方，再将其他企业文化好的部分结合进来，以促进组织氛围的改善，达到提升组织文化的目的。

二、管理人员对待下属不能加入个人好恶，这样才能做到公平、公正、公开地对待每一位员工，员工才能信服。有时管理者在一些小事上无意中加入自己的好恶，而自己并未注意，这些小事日积月累就会成为明显的不公。

三、管理人员对下属要有充分的了解，知人善任。人力资源的一个含义即下属的能力就是资源，作为管理者要充分发挥下属的资源优势，避免资源浪费，这样即可避免自己直接面对一线操作，把时间投入到其他更有价值的工作上去。

美国钢铁大王卡内基曾说过这样的话："你可以把我的工厂、设备、资金全部夺去，只要保留我的组织和人员，几年后我仍将是钢铁大王。"卡内基死后，人们在他的墓碑上刻着这样一段文字："这里安葬着一个人，他最擅长把那些强过自己的人，组织到为他服务管理机构之中。"卡内基的成功在于善用比自己强的人。在知识经济时代，管理者更需要有敢于和善于使用强者的胆量和能力。

四、注意沟通方式的有效性。沟通的目的不仅仅是信息的单向传递，而是一个信息往复传递最终达成一致的过程。沟通的表现方式在企业中由于文化差异往往不同，作为管理者需要深入掌握企业的沟通语言特点，从而明确沟通信息，保证沟通信息的有效性。

美国奥格尔维·马瑟公司总裁戴维·奥格尔维有个习惯：每次一有新经理上任，他都要送他们一件礼品——木娃娃。这件礼品意味隽永：大娃娃里有个中娃娃，中娃娃里有个小娃娃，小娃娃里有一张字条："如果我们每一个人都雇用比我们自己小的人，我们公司就会变成一个矮人国，侏儒成群。但是如果我们每个人都雇用比我们自己高大的人，我们就能成为巨人公司。"前一句话正与从大娃娃到中娃娃再到小娃娃的次序吻合，后一句话正以小娃娃到中娃娃再到大娃娃的次序吻合，聪明的经理一看就明白了。

五、注意观察下属异常情况，消灭事态于萌芽中。一名员工存在不满时，往往会有与以往不同的表现，比如上班迟到、工作中出现更多的失误、情绪低落、沉默寡言等，这时需要认真地与员工做一次谈话，了解背后的原因。如果等员工做出了决定，提出了辞职信，这时做工作往往已经太迟了。

由此可见，良好的工作氛围是企业必不可少的文化建设。没有良好的工作环境就不会有长久的“财”。年轻的创业者要时刻记住：把金钱作为拼命追逐的对象，不是经营企业的全部，企业是一种文化，是丰富多彩的。

作者寄语

经营企业要像经营自己的家一样，一定要用心。正如“家和万事兴”，员工和则企业兴。

在自我反省中长大

你还年轻，80年代的人还需要摔打，不管做任何事，更要从主观原因检讨自我。

——马云

反省其实是一种学习能力。创业既然是一个不断摸索的过程，创业者就难免在此过程中不断地犯错误。反省，正是认识错误、改正错误的前提。对创业者来说，反省的过程就是学习的过程。有没有自我反省的能力、具不具备自我反省的精神，决定了创业者能不能认识到自己所犯的错误，能不能改正所犯的错误，是否能够不断地学到新东西。

事实上，对于那些正在创业路上的人来说，失败和挫折难免让他们失去前进的勇气。对此，马云却说出了他的一些想法，马云说：“反省其实是创业者的一种学习能力。”因为创业既然是一个不断摸索的过程，创业者就难免在此过程中不断地犯错误。特别是创业失败后，那些企业者通常都会自我检讨——没有经验，职责不明，缺乏管理，总是有很多很多缺点，然而这些其实都不是关键，每个公司从小到大都是要经历这些过程。创业者要检讨的是为什么团队没有很好的组织起来不断学习，为什么不能很快适应变化的市场和客户，自己在团队的角色是不是相应发挥了，影响其他人了。这样的创业失败仍将是再次创业的一个很高起点。

当然，失败对于任何一个人来说，都是非常痛苦的，创业者也不例外。如果一个失败的创业者，也许只是经历了一次小小的挫折，却从来不反省自己的错误，放弃自己的预定目标，那么这样的创业者最好不要创业，因为创业本身就是一个艰难的历程，失败和挫折在所难免。因此，反省就非常必要，而且也是成功的一个重要手段。

对此，马云告诫创业者，他说："对创业者来说，反省的过程，就是学习的过程。"有没有自我反省的能力，具不具备自我反省的精神，决定了创业者能不能认识到自己所犯的错误，能不能改正所犯的错误，是否能够不断地学到新东西，它是决定着创业成功与否的关键因素。

马云多次强调自我反省对于创业者的作用，马云谈到："在成功的道路上，你没有耐心去等待成功的到来，那么，你只好用一生的耐心去面对失败。"

我们所接触到的创业者有一个共通之处，就是都非常善于学习，非常勇于进行自我反省。高德康做波司登，经常"晚上睡不着，想心事。常常半夜里醒过来一身冷汗。"高德康何许人也？江苏常熟白茆镇山泾村的一个农民。高德康曾经这样描述他的创业经历：那时候高德康做裁缝，组织了一个缝纫组，靠给上海一家服装厂加工服装赚钱，每天要从村里往返上海购买原料，递送成品。"从村里到上海南市区的蓬莱公园，有100公里路。我骑自行车每天要跑个来回，骑了几次车就不行了。于是我就挤公共汽车，背着重重的货包挤上去，再挤下来，累得满头大汗。因为我挤车也是在上班时间，车挤得不得了。我背着货包好不容易挤上去，车上的人闻到我一身臭汗，就把我推下来，有一次把我的腰都扭伤了。有时候他们还要骂一句，你这个乡下人，乡巴佬。神气得不得了……可是包重呀，你把我推下来，我怎么办？那个时候我是哭也哭不得，我想那些人一点都不理解我。有时甚至考虑还要不要和上海人做生意？但是不去上海，家里就没有活干，吃不上饭。只能上，乖乖地上。做生意龙门要跳，狗洞要钻，没办法的，只能受点委屈。"在这种情况下，高德康睡不着觉，后来他的事业做大了，波司登已经成为了中国羽绒服第一品牌，自己也变成了千万、亿万富翁了，却仍然常常睡不着觉。

高德康总是在反省自己，为了一些想不明白的问题，他还特意跑到北大、清华上了一年学。他说："我总是在听人家讲，听了以后抓住要害，再在实践中去检验，到最后看结果，看到底是不是真的。"高德康只有小学文化，而他现在最大的爱好竟然是看书。"时间再紧张，学习也不能马虎。平时很少有时间去看书，有的时候在飞机上看看。在这种学习时间很少的情况下，每个月一定要集中3天时间。集中3天学了之后，把自己的思路理顺。作为一个领导来说，不一定整天忙得不得了的领导就是好领导，你必须把思路理顺，用一种思维的状态来考虑这个企业的发展。"

高德康作为一个山沟里的农民、上海人嘴巴里的乡巴佬，最后却能让上海人抢着购买自己的羽绒服，把上海人的钞票大把大把地揣进自己的兜里，原因何在？现在你明白了吧！

作为一个创业者，遭遇挫折、碰上低潮都是常有的事。在这种时候，反省能力和自我反省精神能够很好地帮助你渡过难关。曾子说："吾日三省吾身。"对创业者来说，问题不是一日三省吾身、四省吾身，而是应该时时刻刻警醒、反省自己，唯有如此，才能时刻保持清醒。我们将自我反省的能力放在最后，并不意味着我们认为它是有关创业者素质的最不重要的一项。相反，我们认为创业者需要的是综合素质，每一项素质都很重要，不可偏废。缺少哪一项素质，将来都必然影响事业的发展。有些素质是天生的，但大多数可以通过后天的努力改善。如果你能够从现在做起，时刻督促自己，培养自己的素质，你的创业成功一定指日可待。

遭遇挫折，关键还是必须正视自己的错误，善于反省的创业者可借此实现自己的人生愿望。如果创业者能够不断反思自己所处的境况，并努力地寻找种种解决问题的方法，从中悟到失败的教训和不完美的根源，并能全力以赴去改变，这样创业者就可以脱胎换骨，成为能够巧妙运用能力与思想，直至获得成功的智者。

相反，没有这种深刻的反省和感悟，创业者常常会因为疑虑困惑而停滞不前，甚至不肯迈出一小步。创业者只知道一直等待，不敢前进，好像前面是万丈深渊似的，不愿意全力以赴，更不会破釜沉舟，因为创业者根本不知道问题出在哪里。要想创业成功，创业者只有弄明白如何改进以后，才会充满力量，可以不依赖外界的力量塑造创业者自己，激发出创业者潜在的天赋和资源，成就光辉的未来；创业者才会在最恶劣的情况下，坚信一定会有出路，一定会有机会使创业者从失败转向成功。一个学会了反省的创业者，世界上再没有任何艰难险阻可以妨碍他走上成功的道路。

事实上，要想创业成功，就必须拥有较强的市场意识、前瞻的技术优势，及其创业者的自我反思和反省能力。对此，马云强调："创业成功的企业有很多类似的经验，而失败的企业也同样有相似的教训，如果不自我反省，那么这样的企业最终失败是难免的。"因此，反省是创业者的一种美德，只有经常反省的创业者才能进步，才能在上帝关上门后，发现他留出的另一扇窗。

作者寄语

"失败是成功之母，检讨是成功之父。"许多人最终迈向成功，是在经历了无数次失败之后，不曾失败者不会成功；领导诞生于反省。

第十八课 企业管理黑脸白脸都要唱

创业关键词：制度约束

允许犯错，善于纠错

我觉得网络公司一定会犯错误，而且必须犯错误，网络公司最大的错误就是停在原地不动，最大的错误就是不犯错误。关键在于总结我们犯的各种各样的错误，为了明天跑得更好，错误还得犯，关键是不能犯同样的错误。

——马云

对我们而言，去了解别人是一种态度，而不是一种能力。一个人不可能完全了解或体会另一个人经历的事情。有时候我们自己都不知道为什么会这么做，别人怎么可能了解你呢？实际上，我们的行为都是感情用事，不够理智，这也是最无法解释的。要拥有博大的胸怀，必须首先培养包容的心，确实去实行。去想和去做是完全不同的两件事。

马云在论坛上也很形象地做了比喻："30%的人永远不可能相信你。不要让你的同事为你干活，而让我们的同事为我们的目标干活，共同努力，团结在一个共同的目标下面，就要比团结在你一个企业家底下容易得多。所以首先要说服大家认同共同的理想，而不是让大家来为你干活。我认为，员工第一，客户第二。没有他们，就没有这个网站。也只有他们开心了，我们的客户才会开心。而客户们那些鼓励的言语，鼓励的话，又会让他们像发疯一样去工作，这也使得我们的网站不断地发展。今天阿里巴巴的员工我们要求诚信，学习能力，乐观精神，和拥抱变化的态度！”可见，马云对于自己的员工还是很讲策略，很有宽容之心的。

包容的心，简单地说，就是接受别人原来的样子。富有包容心的人，能多看到下属的优点，很少看到下属的缺点。对下属的评估，正面评价多于负面评价，鼓励多于责难。然而奇怪的是，愈来愈多的人总是期望别人从不犯错，在他心里将自己的雇员或朋友，塑造出理想的完美形象。因此只要他们犯错或行为不理想，那么他心中那个“完美的形象”就粉碎了，他就一定会生气和失望。彼此开始互相猜忌，自我意识强烈，不为对方着想，互相挑毛病，渐渐摧毁了他们的未来。情感是有扩散性的，愤怒只会引发愤怒。

令人惊讶的是，有些人似乎特别喜欢强调和注意别人性格上的缺陷。他们似乎以找出别人的错误为乐趣，并以此达到自我满足。然而这种寻找乐趣的方式代价太高，因为这会渐渐抹煞一个人的包容心。

学习注意别人的优点，你要随时记住这一点：如果你能够看到别人的好处，你就不需要处处拘泥于容忍别人，自然便能达到那个境界！努力培养容忍的心，你就是有福的人。你会快乐，更接近真实的自我，而且也能够享受丰富而美好的人际关系，从而让你更好地发挥你的潜能。相反地，缺乏容忍的人会使你感到痛苦，甚至会闷出病来。这些道理你都懂，但是也许你并不能完全了解，没有包容心的人在你心理上所造成的影响有多大。

企业是现代文明的产物，它需要现代的管理艺术，需要许多优秀的人文品质，而宽宏大量就是现代领导者、老板必须具备的品质之一。

宽容首先表现在能容忍下属对自己的不满。从消极的方面讲，矛盾无时不在，无处不有，即使你的领导再出色，再有成效，也永远有令人不满意之处。“如果你想有所作为，就要准备承受责难。”假如你不相信这句话，不按这句话行事，那你就永远不可能成为一位真正成功的领导者。

从积极的方面讲，责难和抱怨也能产生良好的影响。让下属讲话既可以获得更多信息，使自己做到兼听则明，又可以从中得知自己的不足，便于改正。同时也更加有利于你了解下属，为自己所用。“记住，如果没有不满，就没有改进。”所以要记住，下属万马齐喑之日，必是你领导失误之时。领导者的宽容还表现能容忍下属的缺点和错误。有高峰必有峡谷，才干越高的人，缺点往往也越明显。用人，在于求其所在，而不在于求其完美。

在一些大公司里，领导者不仅善于容忍下属的缺点和错误，而且还鼓励下属犯“合理性的错误”，不犯合理性的错误的人是不受欢迎的。这一点与我们的传统观念完全不同，所谓合理性错误是指在工作中，特别是在竞争激烈的“经济战争”中，对于担有一定风险的经营决策，敢于开拓，勇于承担风险者，或因对手过强，条件不足，或因对方配合不够，不守信用而产生的错误和问题。至于知法犯法、怠工懒惰、莽撞胡来自然不在此列。

这些成功的企业家认为，如果受聘人员在一年的任职工作期间不犯“合理性的错误”，则意味着此人缺乏创造性、竞争力、保守平庸，心理素质和工作能力都成问题，不可能有所建树。一个不能冒风险的经营者在竞争中丧失的机会要比捕捉到的机会多得多。风险越大，往往希望就越大，获得的利润也越高。这种鼓励进取，不惧怕失败的做法与我们要求尽善尽美，忽视个性特长的惯性思维截然不同。

我们在理性上容易承认“失败是成功之母”，在实践中，我们常常避讳失败，不容忍错误，甚至责备犯有过失的人。

提倡合理的失败，在现代企业管理中有许多好处，创业经营不可不记。这些好处是：

第一，领导者允许合理的错误和过失存在，下属则容易视他为大度，而虚怀若谷的领导者最容易建立起威望。

第二，领导者不但不纠缠下属成员的错误和失败，反而给予适当的鼓励，则容易造成一种宽松愉悦的精神环境，其主动精神和参与意识就会大大增强。

第三，一旦出现失败，人们没有忌讳、不会隐瞒，更不会寻求庇护，有助于尽快找到原因，有利于解决问题。

第四，人们正视错误，正视失败，乐于接受教训，而且往往一人有疾，众人会诊，把一个人的教训变为众人的财富，也有利于形成良好的人际环境。

由此可见，没有允许错误失败存在这一条，真正敢于直言的人，敢干、能干的人才就难以脱颖而出。而这对于领导者来说非常重要。所以领导者要有容人之量，宽以待人，这是领导者处理好自己与下属、智囊成员关系的又一不可缺少的素质之一。

著名的企业家希尔顿在选拔、使用人才方面做得就很好。希尔顿饭店中的许多高级职员，大都是从基层提拔上来的。由于这些人有丰富的经验，所以经营管理很出色。希尔顿对提升的每个人都很信任，放手让他们在职业范围中发挥聪明才智，大胆负责地工作。如果他们犯错误，他常常单独把他们叫到办公室，先鼓励安慰一番，告诉他们："当年我在工作中犯过更大的错误，你这点小错误算不得什么。凡是干工作的人，都难免会出错。"然后再客观地帮助他们分析错误的原因，并一同研究解决的办法。他之所以对下属犯错误采取宽容的态度，是因为他认为，只要企业的高层领导，特别是总经理和董事会的决策大体上正确，员工犯些小错误不会影响大局。如果一味地指责，反而会打击一部分人的积极性，从根本上动摇企业的根基。希尔顿的处事原则，是使全部的管理人员都愿意为他奔波效命，对工作兢兢业业，认真负责。这也许是他成功的一个秘诀。

对于做小型生意的人来说，宽容更为重要。因为小的商店和工厂人员少，监督机制不完善，往往是一个人说了算，在这种情况下，更要重视宽容，避免出现三天两头被下属反炒鱿鱼的局面。做生意也是做人。除了要善于抓住时机，懂得运用技巧，还需要保持良好的心态。现代商业和市场，信息量大，反应速度加快，竞争激烈，传真机一分钟的信息也足以让人应接不暇。因此，必须胸襟开阔，使自己保持良好的竞争状态，和传统生意人的斤斤计较不同。

对于发展中的中小企业或个体小企业来说，胸襟大的人常常表现出勇于承担责任的精神，这是一种重要的成功品质。许多成功的人士都有极强的责任感，勇于获取，也勇于承担，绝不会因处境的不利而推诿退缩，怨及旁人。

实践也证明了这一点，推脱责任是一种不健康的心态，对创业者的经营活动造成极大的损害。只有勇于承担责任者，才是真正的财富创造者。如果肯把埋怨别人的心情拿出来检验一下自己，就可以从失败中找到自己所应负的责任。每个员工都渴望表现自己，尤其希望通过施展才华而得到上司和同事的重视，如果把握住了员工的这个心理需求，把员工的能动作用提高到了“你就是公司的老板”这样的高度，就能使员工做出超越其职责所要求的成功努力。

作者寄语

企业管理的三个阶段：小团队靠感情，中团队靠制度，大企业靠文化。企业文化就是老员工文化，就是老板文化，就是老板思行、品德、行为的延伸。

适当约束，制度保证

权威是你把权给别人的时候，你才能有真正的权力，你懂得倾听，懂得尊重，承担责任的时候，别人一定会听你，你才有权威。

——马云

一般来说，企业法规和企业经营制度影响和制约着企业文化发展的总趋势，同时也促使不同企业的企业文化朝着个性化的方向发展。但真正制约和影响企业文化个性化的原因，是企业内部的管理制度和经营观念。企业的制度与企业的经营观念有着相互影响、相互促进的作用。

马云在谈及企业管理的时候，强调团队的重要性，他说：“小企业成功靠精明；中等企业成功靠管理；大企业成功靠的是诚信。”但不管哪一类企业，要健康成长，成就卓越，又怎一个“精明”、“管理”、“诚信”了得？所以在企业管理上，选人很重要，用人更是重要，所以一个企业能否健康顺利的发展，根据实际情况制定一些企业管理制度是很有必要的。

合理的制度必然会促进正确的企业经营观念和员工价值观念的形成；而正确的经营观念和价值观念又会促进制度的正确贯彻，使职工形成良好的行为习惯。但是，尽管如此，如果你没有制定出一定的公司规章制度，要么你发现自己处于一个非常尴尬的位置，要么所有人都视你如无物，什么事都不自作主张，要不就是事事报告，事事请教。在这时候，你才会发现，为什么大多数成功创业者还喜欢规则这东西。因为他告诉公司的工作人员什么事该不该做，什么事该如何去做。用制度说话，就是这个道理。常见的管理制度具体有以下几点。

1. 服饰不可太过随意

如今，随着社会开始追逐休闲和个性，在服饰上也越来越呈现多样化了。许多公司为保留员工的积极性和创造性，也对员工的服饰上的限制不多。这是公司对于内部的一点考虑，也情有可原。对于公司员工的服饰和衣着不能过于随便，而且还要视场合而定。这样，可以保证员工的积极性也可以保证不因为衣着上的不小心而给公司造成经济上的损失。

如果某个员工在公司里并不需要经常接待顾客和客户以及高级来访者，那么他的服饰衣着可以随意些，但这种随意，要保证不要让人看到时觉得反感。当然，创业者的这种开明的政策也有可能会让员工在衣着上随心所欲和为所欲为，但是一想到这样给员工留有更大的发挥空间，他们还是坚持着这样做。因为他们认为值得。

在顾客和来访者的眼里，你代表的是你的公司而不是你个人，因此，你体现出来的品位就是你公司的品位。而如果你太过随意的话，来者或许会认为你的公司不够正式而对你们公司的形象大打折扣。所以在这点上，精明的创业者对这样一些员工则在服饰衣着上有严格的要求。

2. 上班时间是铁定的

制定固定的上班时间或换班时间，这样才有利于统一。但是这不是绝对的。有时他们为了满足某些员工的需要，就尽可能地给他们的工作时间安排得更加灵活。例如，为了某位员工因为要照顾在家卧床不起的老父亲，他们可以让他在完成预定工作量的情况下，迟点上班、早点下班。当然，这些都只限于极特殊的情况下。通常而言，上班时间都是固定的，这是一个铁定的时间概念，上至公司老板，下至公司员工，都要遵守。或许有人会说，老板的事情太多，不能严格按照这个时间表。但是很多公司老板做到了，他们上班下班的时间都成为了一个生物钟，如果一个老板连正常按时上班都不能做到，那么他如何去严格要求自己的员工。所谓言传身教是也。

3. 工作时间是老板的

很多创业者认为，工作时间是老板的，因为这段时间老板是要支付工资的。所以无论从老板还是员工来说，在上班时间做私事是非常不道德的一件事。因为这不但没有完成老板交给的工作，还造成不好的氛围以及影响了正常工作。在办公室里打私人电话更是造成恶劣的影响。老板对待这种员工可能给予警告，也可能给予开除。因为员工犯规了，犯规了就要受到惩罚，这是规律。

当然，相关的规定有很多，我们就不一一列举。总之而言，成功的老牌公司，都有其一整套制度和原则，揭示出来，以使上上下下有规有矩，遵照执行。

以色列某企业，就对人力资源制度有深刻的描述。该公司的人力资源方面的方针，最基本的有六条：

第一，对公司的基本经营，必须有充分彻底的了解。

第二，必须认识到，好的经营的根本在于人。

第三，人必须要有诚意和“大的人情”才行。

第四，不仅要用权力去驱使别人，而且要用理解和信赖，令人自动自发地工作。

第五，要培养人才，必须首先给他适当的目标和希望。有目标，有希望，才能充分调动人的积极性和创造性。因此，要经常给部属强烈的意愿，使他们有目标、有希望。

第六，必须给予权力，让他负起责任来。责任和权力应该是相辅相成的。如果让部属和员工去做不必负责的事情，就会使工作松散、拖延，甚至产生不良的后果。同样，如果只给责任而不赋予权力，结果也是如此。因此，必须给予他和责任相当的权力，让他在责任和权力之内，放手去做，做出最有效的创造、发明来。当然，如果遇到关系大局的事情，要求下属向上司请示还是应该的。

作者寄语

制度不是束缚手脚的锁链，而是营造良好工作氛围的保证。

第十九课 团结就是力量

创业关键词：合作凝聚力

企业离不开核心的团队

如何把每一个人的才华真正地发挥作用，我们这就像拉车，如果有的人往这儿拉，有的人往那儿拉，互相之间自己给自己先乱套了。当你有一个傻瓜时，你会很痛苦；你若有50个傻瓜是最幸福的，吃饭、睡觉、上厕所排着队去的；你有一个聪明人时很带劲，你若有50个聪明人实际上是最痛苦的，谁都不服谁。我在公司里的作用就像水泥，把许多优秀的人才黏合起来，使他们的力气往一个地方使。

——马云

对于团队建设，马云非常重视，对此，马云多次谈到团队竞争的重要性。媒体记者问马云什么样的团队才是你理想的团队？马云回答说：我非常欣赏《西游记》中的唐僧团队，唐僧团队是一个高效，凝聚力较强的团队，我曾在媒体多次谈过，没有人能挖走我阿里巴巴的团队。

事实上，现代企业的竞争不是靠个人英雄主义，而是靠团队。团队力量不是若干个体的简单相加，而是个体有机结合形成的一种新的力量。只有有优秀的集体，才有优秀的个人。没有优秀的集体，就没有优秀的个人。一个团队的业绩取决于最薄弱环节的改善程度与改善速度。企业的业绩是所有各部门工作结果的累积，一个部门的业绩为零，相乘之后的结果仍为零，不要让你或你的部门成为公司的零因子。“基于公司牢不可破的文化壁垒，天下没有人能挖走我的团队。”马云如是说，“整个文化形成这样的时候，人就很难被挖走了。这就像在一个空气很新鲜的土地上生存的人，你突然把他放在一个污浊的空气里面，工资再高，他过两天还跑回来。”

事实上，在21世纪知识经济的时代，对团队合作的要求越来越高。一个人的能力始终有限，如果每个团队成员只顾发挥自己以一当十的干劲是远远不够的，必须要提高自己团队的合作意识，这样，整个团队才能发挥出以十当一的功效。也只有这样，三个臭皮匠才能胜过诸葛亮。对此，马云非常强调团队的力量，他在中央电视台《赢在中国》曾告诫过创业选手：“没有什么忌讳的，你们公司的核心竞争力就是你和你的团队，不要有什么难为情。”

在这里，推荐一个三只鼹鼠一块去偷喝牛奶的小故事，相信创业者能够得到更多的启示。

有三只鼹鼠一块去偷牛奶喝，由于牛奶缸太深，牛奶在缸底，他们只能闻到牛奶的香味，根本就喝不到牛奶，愈闻愈垂涎。喝不到牛奶的痛苦令他们十分焦急，但焦急又解决不了问题，所以他们就静下心来集思广益，终于想到了一个很棒的办法，就是一只鼹鼠咬着另一只鼹鼠的尾巴，吊到缸底去喝牛奶，他们取得一致的共识：大家轮流喝牛奶，有福同享，谁也不可以有自私独享的想法。

第一只鼹鼠最先吊下去喝牛奶，他想：牛奶就只有这么一点点，大家轮流喝一点也不过瘾，今天算我运气好，不如自己痛快喝个饱。夹在中间的第二只鼹鼠也在想：下面的牛奶没多少，万一让第一只鼹鼠喝光了，那我岂不是白出力了吗？我干什么这么辛苦地吊在中间让第一只鼹鼠独自享受一切呢！我看还是把他放了，干脆自己跳下去喝个痛快！第三只鼹鼠则在上面想着：牛奶是那么少，等他们两个吃饱喝足，哪里还有我的份，倒不如趁这个时候把他们放了，自己跳到缸底饱喝一顿，一解口福。

于是第二只鼹鼠放了第一只的尾巴，第三只也迅速放了第二只的尾巴，他们争先恐后地跳到缸里，浑身湿透，一个个都是狼狈不堪的样子，加上脚滑、缸深，他们从此再也逃不出牛奶缸，最后死在牛奶缸里。

马云对这个故事评价说："也许每一只鼹鼠都不希望有这样的结局，但是在这一结局之前它们为何就没想到这样的结局呢？这就是自私的心理造成的后果。它们根本没有认识到团结合作的重要性，只想求得个人的满足，不顾及整体局面，这样只会断送自己的前程和生命，而不可能有更好的结局。"在很多公司中同样如此，团队信任与合作是至关重要的，而自私是团队信任的天敌。对于公司员工而言，也有不少员工目光短浅，为了个人私利，不顾公司和集体的利益，利用公司的资源炒单或是收取回扣和贿赂，因此失去公司的信任，断送了大好前程。因此，优秀的团队精神才是企业真正的核心竞争力。一个企业如果没有团队精神，将成为一盘散沙；一个民族如果没有团队精神，也将无所作为。相反，如果重视团队的力量，那么这样的组织却能够收到事半功倍的效果。

马云在讲述团队精神的时候经常提到上述的故事，相信能给那些正在创业，或者即将创业的人更多的启示，那就是在世界经济一体化的今天，无论你从事什么工作、处于什么环境，都无法脱离其他人对你的支持。因此，在创业途中，你经常会听到一个词——团队。可以说，随着竞争的日趋激烈，团队的力量已经越来越为企业和创业者所重视，因为这是一个团队的时代。所以，必须要有高素质的创业团队，才可能创业成功。创业的初始阶段个人因素很重要，崇拜个人英雄；但企业成长以后就要依靠团队的力量，团队精英。华人企业往往做不到这一点，华人企业的一般情况是个人名气往往比企业大。在世界排行榜上，华人在富人排行榜上的位置比企业排行榜上高多了，因为华人企业的形态是他个人的，而不是一个纯企业的形态，这也是企业难以长大的重要原因。所以在企业里要将个人的魅力、资源组织化。这要善于运用两类人，一类是能力比自己强的人，一类是不如自己的人。

有好多企业家是不如自己的人看不上，比自己强的人不敢用，这就很危险了。另外，领导团队建设过程中要处理好元老问题。随着企业的发展，一部分创业元老跟不上企业的发展，领导团队需要更新。这个时候怎么办？不管是家族成员还是非家族成员，企业对于元老不能太无情，应该采用有偿制的办法，给他一定的股权，让他安安心心，未来拥有一定的财富。这个财富还要和企业发展挂钩，企业发展越好财富越多，所以元老就愿意让位了。柳传志的做法就是：这棵苹果树是大家种的，现在你老了，不能给苹果树浇水，也不能施肥了，那么你现在回家去，每年秋天摘的苹果仍然送你两筐，这样的话他就愿意回去。国有企业为什么解决不了这样的问题？因为他虽然承认苹果树是你种的，现在你老了、退休了，那么你以后要吃苹果只能自己到市场上买去，因此造成国企元老不愿意退休。

一个好汉三个帮，红花也需绿叶扶持。不管创业者在某个行业多么优秀，但不可能具备所有的经营管理经验，而借助团队就是拿来主义，他们可以拥有企业所需要的经验。而且人际关系在创业中的比重被放在一个很重要的位置，人际关系网络或多或少地帮助创业者，是企业成功的因素之一。通过团队，人脉关系可以放得更大，可提高创业成功的几率。

凡是创业成功的企业家，总拥有一个优秀的核心团队。虽然每个企业家关注的侧面不同，但都直接或间接地反映了一个组织核心团队建设中必须注意的要素，非常值得借鉴。

1. 人品第一

在Netscreen公司的创始人和北极光创投基金合伙人邓锋看来，创始人管理团队的能力和人品将直接决定着这家公司能走多远，而几名创始人能否团结一致，除了共同的经济利益之外，还有很重要的一点就是人品。他说："一个公司的创始人，不能因为我做得早我就是创始人，如果做事不行，那你就不配做创始人。"

2. 互补性要强

核心团队成员间，最好有互补性。这种互补，既包括知识、经验上的互补，也包括性格、能力上的互补。邓中翰创建中星微，首先找到的是斯坦福大学的电子工程学博士杨晓东，他有在英特尔和惠普的工作经历，长期从事CMOS大规模集成电路系统的研究，有技术特长；接着，邓中翰又找到了移民加拿大的老同学金兆玮，这位成都电子科大毕业生，有着丰富的市场经验。当团队组成后，大家专门做了如下分工：邓中翰是一个知识结构和能力都很全面的人，做事情喜欢从全方位考虑，所以主持大局；说话和走路的频率都比别人快的杨晓东则是对技术充满了激情，就专注于技术；金兆玮“和再难缠的人都能打交道”，所以抓销售。就这样，凭着相互的信任，这几个不同时段的朋友跟邓中翰一起开始了新的创业。

3. 包容性很重要

在这个世上，要想做一番事业，必须具有识人的眼光。这也是作为领导者整合人才资源的第一条件。但光会识人还不够，还要有敢于用人的魄力，容人的雅量。不能像武大郎开店，容不得比自己强的人。大行不顾细谨，成大事者历来都是心胸似海之人。不仅仅是企业创业需要包容，在我们人生慢慢走向开放的过程中，包容心也是非常珍贵的品质。

4. 不谋全局者不足谋一域

中信资本是由中信集团旗下的中信泰富和中信国际金融控股两家香港上市公司联合创建的。建立初期，恰逢世界经济领头羊的美国经济低迷。受此影响，香港等地经济形势到2002年依然没有好转，一些著名的大投行不得不裁人。“机不可失”——张懿宸却这么认为，大家都裁员，他反而打算借此聘请一批业务拔尖人才。

何谓团队精神？毋庸置疑，一个新的团队能够组成，首先来自于团队成员的相同目标。而所有成员为这个目标进行的奋斗和努力就构成了一种氛围，继而成为一种精神。围绕相同的目标，有助于形成创业的合力，从而激发每个团队成员的竞争力。面对共同的目标，需要的不仅是个人的奋斗，还需有一种甘为“团队利益”放弃“个人利益”的牺牲精神。

作为联想、新浪等企业“元老级”创业者之一的陈恒六，在过去的17年中，拥有在11个城市中创业的经历。在总结自己17年的创业生涯时，陈恒六表示如果一个团队中有一个人开始为“个人利益”斤斤计较，必将导致团队其他成员像“多米诺骨牌”一样纷纷仿效，最终瓦解团队的凝聚力。

为此，要保证一个团队目标的可靠和团队成员的团结，在实现“团队利益”之前，永远不要提“个人利益”。同时，陈恒六还特别补充，在新型的团队精神中，不仅有参与者的牺牲精神，更要有领军人物的宽容胸怀。在合作过程中，领导者面对分歧的态度将直接影响到其他成员的积极性。在他过去的经历中，甚至发生过由于分歧致使团队骨干入狱之事。尽管出狱后这名团队骨干依靠自己的能力“东山再起”，但由于入狱浪费的多年时间已无从弥补。陈恒六无比惋惜地表示，团队成员间的分歧，只要不是为了一己之利，都应该“有话好好说”，不必走极端；否则，人才的流失对于任何一个团队来说，都是巨大的损失。大多数人才是极有个性的，如何激发这种个性为整个团队的目标努力，而不是打击这种个性的存在，是每个团队领导不可避免的问题。“不能太固执、不能太偏执”，陈恒六建议，所有的团队领导者都要培养一种“容天下难容之事”的雅量。

一个企业仅靠创业者个人的能力显然是难以生存的，唯有依靠团队的智慧和力量，才能获得长远的竞争优势与发展潜力。一个好的团队可以把企业中不同职能、不同层次的人集合起来，找出解决问题的最佳方法，形成强大的战斗力。团队是企业生存和发展的根本。如果企业员工不能形成团队，就是一盘散沙，就不会有统一的意志和统一的行动，更不会有战斗力和竞争力。

确实，在创业途中，实现个人的以一当十并不难，真正难的是实现团队的以十当一。因为以一当十只要最大程度地发挥一个人的潜力就行了，而以十当一则需要最大程度地发挥十个人的潜力，并且使这些潜力朝着一个方向发展。

我们经常可以看到很多企业在建立初期处于市场追随者的地位，这时候企业更多的是采取个人以一当十的策略，因为这个时候企业的规模有限，只有如此才能在市场中站稳脚跟。而当企业发展到一定的规模，处于市场挑战者和市场领先者地位的时候，企业就开始注重制度和文化的建设，这时候企业追求的是团队的以十当一，通过绩效考核、培训等方式培养员工的凝聚力、协调力，使企业成为一个富有竞争力的整体。

作者寄语

一个篱笆三个桩，一个好汉三个帮。企业也是一样，如果没有一个核心的团队，再厉害的领导单枪匹马也不会走多远。

凝聚团队力量是企业成功的法宝

今天的阿里巴巴，我们不希望用精英团队。如果只是精英们在一起肯定做不好事情。我们都是平凡人，平凡的人在一起做不平凡的事，这就是团队精神。

——马云

团队凝聚力是维持团队生存的必要条件，对团队的潜能发挥着重要作用。如果一个团队丧失凝聚力，就会像一盘散沙，难以维持下去，并呈现出低效率状态；而凝聚力较强的团队，其成员工作热情高，做事认真，并有不断的创新行为，因此，团队凝聚力也是团队实现目标的重要条件。

作为团队的领导人，在给予每位成员自我发挥的空间的同时，要破除个人英雄主义，搞好团队的整体搭配，形成协调一致的团队默契；同时还需让团队之间相互了解、取长补短。如果能做到这些，团队就凝聚出高于个人的团队智慧，随时都能创造出惊人的表现和业绩。

马云是一位非常强调团队精神的企业领导。他说："我一直倡导，在中国，企业要讲究团队精神。我是我们公司的说客，我是光说不练的人。我对我们的团队感到非常骄傲，公司是4个'O'的团队，我把我们公司做的事情跟大家分享。

"我们COO关明生是我们的总裁，在CE、BTR等全球500强公司做了25年的经理人，英国籍中国香港人。我们CFO蔡崇信，欧洲InvestAB公司做投资的，他是法学博士，加拿大籍中国台湾人。"

那么马云强调的团队精神是怎样的呢？作为团队的领军人物，他又是怎样的CEO呢？

马云对此做了形象的比喻，他这样评价自己的团队和自己在团队中的角色：

中国人认为最好的团队是刘、关、张、诸葛、赵团队。关公武功那么高，有那么忠诚。刘备和张飞也有各自的任务，碰到诸葛亮，还有赵子龙，这样的团队是千年等一回。很难找，可我认为中国最好的团队就是唐僧西天取经的团队。像唐僧这样的领导，什么都不要跟他说，我就是要取经。这样的领导没有什么魅力，也没有什么能力。悟空武力高强，品德也不错，但唯一遗憾是脾气暴躁，很多单位都有这样的人。猪八戒是狡猾且天真，没有他生活少了很多的情趣。沙和尚更多了，你不要跟我讲什么人生观、价值观，“这是我的工作。”半小时干完就去睡觉了。这样的人单位里面有很多。就是这样的四个人，千辛万苦，取得了真经。这种团队是最好的团队。

传说中的“江湖”很注重个人英雄主义，因为他们相信一个人会挽救整个团队，这个人就是处于危难之中的救世主！其实不然，任何一个团队都是个人的整合相互协作才达到最优化，最强化。南美亚马逊热带森林里有一种蚂蚁，论个体大小虽超出同类蚂蚁，但相比其它生物物种却势单力薄，因为论单个它不能对其他物种形成威胁，但这种蚂蚁却是以强大的群体力量而著称，就连美洲虎这类大型食肉动物都敬而远之。显而易见，团队力量是多么的重要。

抛开战争年代我们所敬仰的民族英雄，就事论事，现如今团队力量表现得已愈发的重要，一个凝聚力十足的团队会所向披靡，战无不胜！一个企业离不开各个职能部门的相互协作，同在为一个大目标而共同努力，这就要求我们必须抛开个人利益和小团体利益，为大集体而战斗，我们不能鼠目寸光只局限于眼下既得利益，应该放眼全局，凝聚整个团队的力量，这样才能整合资源最大化。相反，个人能力再强但却融入不到整个团队之中，终究成不了大器！

早在1945年，号称“经营之神”的松下幸之助就提出：“公司要发挥全体员工的勤奋精神”，并不断向员工灌输所谓“会员经营”、“群智经营”的思想。为打造坚强的团队，在20世纪60年代，松下电器公司会在每年正月的一天，由松下带领全体员工，头戴头巾，身着武士上衣，挥舞着旗帜，把货物送出。在目送几百辆货车壮观地驶出厂区的过程中，每一个工人都会升腾出由衷的自豪感，为自己是这样团队中的一员感到骄傲。在给员工树立团队意识的同时，松下公司更是花大力气发动每一个工人的智慧和力量。为达到这一目的，公司建立提案奖金制度，不惜重金在全体员工中征集建设性意见。

正是因为松下公司充分认识到群体力量的重要，并在经营过程中处处体现这一思想，所以松下公司的每一位员工都把工厂视为自己的家，把自己看作是工厂的主人。即使公司不公开提倡，各类提案仍会源源不断而来，员工随时随地——在家里、在火车上，甚至在厕所里，都会思索提案。

松下公司与员工之间建立起可靠的信任关系，使员工自觉地把自己看成公司的主人，产生为公司做贡献的责任感，焕发出高涨的积极性和创造性。松下公司因此形成了极大的亲和力、凝聚力和战斗力，不但使公司从一个小作坊发展成为世界上最大的家用电器公司，而且成为电子信息产业的大型跨国公司。其产品品种多，市场范围广，成长速度之快和经营效率之高都令人惊叹！

各领域因团队协作创出佳绩的例子不胜枚举，以我们最常见的足球球队来说，这个集体是由教练组、医疗队、队员等等组合而成，缺一不可，虽然现在的足球越来越商业化，这是出于赢利的目的，但不能否认的是他们都在为荣誉而战，这是他们的总目标。相信任何一名足球成员都会为之不懈努力，都想争取冠军，这就要求教练有技高一筹的战术，要求球员在场上的奋力拼搏，任何一个成员懈怠都有可能造成功亏一篑，这种胜利属于整个团队。因为他们在为荣誉而战，这种团队力量不容忽视。

一个有凝聚力的团队必定有共同的目标，心往一处想，劲往一处使。这种团队往往会优于其他的团队，优秀的团队领头羊，又有一批高素质的团队成员，在对待荣誉和集体利益时都能奋然不顾个人利益和荣誉，认为集体利益崇高无上，有共同的理想和目标，这样的团队力量定会所向披靡，无坚不摧。

作者寄语

成功来自于支持！你能团结多少人，就会有多少人来支持你。

第七篇

领导力——企业生存的生命线

创业者也许有多重身份，但最重要的就是有领导身份，领导者的意义在于不是一个人把所有的事情都做完，也不是把所有的事情你都交给别人干。创业路上，创业者们不要做孤胆英雄。

——马云

第二十课 在创业中不断完善领导力

创业关键词：学习完善

在学习中竞争，在竞争中强大

创业者往往是开拓者，你在MBA学了很多知识，未必可以让你去创业。创业者最大的快乐就在于创业过程中去学习，去提升。

——马云

一个企业的竞争力将从规模竞争到品牌竞争，再到人才竞争，最后是学习力竞争，提高组织和个人竞争力的最有效途径就是学习。而未来唯一持久的优势就是比自己的对手学习得更快。在商业竞争日趋激烈的今天，商人面临的是新观念、提高技能的挑战，因此需要终生学习。商人只有不断地学习才会把企业做得更好。

在这一方面，马云可以做一个很好的表率。“3年以前我送一个同事去读MBA，我跟他说，如果毕业以后你忘了所学的东西，那你已经毕业了。如果你天天还想着所学的东西，那你就还没有毕业。学习MBA的知识，但要跳出MBA的局限。”自创业以来，马云一次一次上演竞争大戏。用马云的话解释：“进攻者永远都会有机会。”但是这个机会不是谁都会把握住，谁都会拥有的，这需要超强的知识作为铺垫。

现在很多创业者已越来越清楚地认识到这一点，扩大知识和培养能力是从事商业活动的重点。人们衡量一个企业成功的尺度是创新能力，而创新来源于不断的学习，不学习就没有新思想，也就不会有新策略和正确的决策。领导能力、决策能力是学来的，谁都可能通过学习成为好的商人。

1．学习是成功的基础

学习是一种新型的劳动。的确，商人的成功越来越多地依赖于学习，在巨变的时代，善于学习的商人将会主宰未来，学习已经成为这些商人赖以谋生的手段。为了增强自己企业的竞争力，商人从经济、法律、市场等全方面去学习、研究，从科技、知识创新与企业运行模式、营销方式诸方面构建新的企业运行机制，从而成为外商投资合作与国际化经营与竞争的赢家。

管理大师彼得说过：“通过学习，我们会重新认识世界以及我们同世界的关系，这就是‘学习型组织’的基本含义——学习型组织就是不断地扩充其创造未来的能力的组织。‘生存性学习’是很重要的，实际上是非常必要的，但对于学习型组织来说，‘适应性学习’必须辅之以‘创造性学习’，即能够创造能力的学习。”

2．不断地学习

20世纪是生产力的世纪，21世纪则是知识和质量的世纪。的确，人们生活在一个变革的时代，在这个历史过程中，技术、经济、社会、政治上的变革频率加快，世事变得更频繁。作为企业领导者的商人的学习和改善，已经不再是可有可无的了。

正如辍学的孩子更容易出问题一样，不再学习的商人更容易在自己的商海生涯中碰到麻烦。很多创业者都在不断地追求提高自己，他们观察、和别人交谈、倾听人家的经验，以便把工作做得更好。

为什么成功的创业者都把一生坚持学习看得那么重要呢？因为在他们看来，学习是一件最重要不过的事了。教育不再只是年轻时学习，成年后运用了，学习已经成为终生的要求。

教育不再是一套课程沿用数代，在我们有生之年，课程将会不断持续地发生变化。

我们的组织必须成为终生学习的中心。对于“在职学习”这一做法，应该大力推广。

我们生活在一个变化的时代，每天都会碰到挑战及发展中的问题，为了增强企业竞争力，必须不断地学习新知识。

不断地学习和完善自身的知识结构，可以让自己在做出判断和决定时更准更快更好。

既然学习这么重要，那么商人该如何来继续他们的学习呢?

第一，和周围的人交谈。一些优秀的商人惯用的做法是：到处走走看看的管理方法。换句话说，就是要深入到员工、客户、供应商、竞争对手和社区中间去。每个阶层的人对所涉及的问题可能都有不同的看法。商人同他们交谈，可以了解一下他们对各种问题的看法，以及对相同问题的不同看法，这样，可以使商人学会很多。

第二，从所犯的错误中学习。大家知道，经验是通过犯错误而总结出来的，犯错误为你提供了进行学习的最好机会。当自己努力奋斗的时候，你更有可能取得成功。

第三，从别人的经验中学习。注意研究自己所观察的人，接受他们身上你认为最有价值的东西，并照着去做。通过这样的观察比通过传统的学习办法提高更快。仔细地观察别人身上最显著的优点，选择那些你所钦佩的素质，努力化为己有。

第四，仿效干练的领导人。设法让你的老板或上司每天交给你一些东西，确保他们这样做。这比空谈“提高”更能有效地使你成为一个好得多的商人。选择一个好的上司，向他学习，一个好的上司就等于是一个全国最好的老师。

第五，每天都学点新的东西。确保每天都在你的办公室、家庭和社会里发现新的东西，你每天每时都能看到这些东西，但实际上你并没有真正观察过它们。一定要敏锐地观察，发展感知能力，这将使你成为一个更加完美、更加警觉的人。

下面这位成功创业者的经历就会给我们一些这方面的启示。

小伙子罗奇瓦，18岁开始在建筑施工岗位学木工，先后担任过班长、质量员、施工员、工段长、施工队长等。担任项目经理10多年来，完成建筑面积70多万平方米，屡屡创优夺杯，创建了一大批名优工程，获得了公司老板和政府官员的认可。

回溯其从木工到项目部经理的成长历程，可以概括为八个字："不懈追求，不断学习"。

1978年罗奇瓦高中毕业，因家里贫困，于是辍学走上社会。开始接触建筑业，便感到这行业天地广阔，大有可为，要成为建筑方面的专家，必须学习建筑业方方面面的知识。于是，他白天干活，晚上读起了建筑技校，再回家自己钻研。尽管一天工作到晚已经很累，他还是骑自行车去20多公里外去进修，风雨无阻，从不间断。先学土木施工，接着又学了资料员、预算员的课程。经过两年孜孜不倦的学习，大大丰富了建筑施工的理论知识，为他后来的发展奠定了坚实的基础。1980年，他参加了有300多人角逐的建筑设计大赛，一举成为17个合格的幸运儿之一，很快当上了设计员。

建筑理论经过同施工实践的紧密结合、反复运用，罗奇瓦的施工技术得到了可喜的升华，工作业绩显著，职务也不断提升，逐步从中天集团的工段长、施工队长上升到项目经理。他独当一面，建造了一幢又一幢优质工程，干得相当红火。可是他并不满足，因为自己建造的只是多层建筑。特别是有一次一位领导说他"多层造得不错，可惜不会造高层"给他相当大的刺激，"不行，要成为一个出色的行里人就必须得学会建高层，而且要创品牌。"他想，要停下工作去学习，显然不现实。于是，他从1989年9月起，参加了附近大学函授学院土木建筑专业的学习。与此同时，他又从百忙中见缝插针，奔赴希尔顿大酒店等著名工程参观学习，向一些著名的建工集团等富有经验的项目经理取经。诸如软土地层的深基础处理，高层建筑的结构施工等问题，都一一请教，有的还索要了图文资料。

知识的积累，使他胸有成竹，自1991年起，他开始中标建造高层建筑，越干越欢，越干越好。截止目前，已竣工高层6幢，建筑总面积达15万平方米。其中4幢荣获大奖，面积达9万平方米。在建高层12幢，建筑总面积16万平方米。这些高层建筑，多数在24层以上，有3幢为33层。

追求没有终点。在罗奇瓦看来，要做一个专业的行里人，就应该开阔视野，拓展市场，学习和掌握建筑施工的“十八般武艺”，不只是会造房子，还得能干别的工作。如今，他把学习和经营的触角伸向了市政工程等领域，而且已经中标承包了高速公路建设项目。

从对建筑业一窍不通的中学生到荣获奖杯的优秀项目经理，其间横隔着一条鸿沟，罗奇瓦为什么能够实现成功的跨越？

“追求是前进的源泉，知识是拼搏的力量。只有不懈追求，不断加油充电，才能持续攀登，与时俱进。”这位经理的寥寥数语，掷地有声，道出了其成长的轨迹，揭示了其成才的秘诀。

一个人活在世上，时刻面对着命运的挑战。真正掌握命运的人，决不是祈祷和等待的人。商业和生活一样，如逆水行舟，不进则退。不求上进的人势必会被后来者所超越。作为商人如果不求上进，不断吸收新的知识，也势必会影响自己整体的商业帝国的构建。

作者寄语

多学习，善于思考；多行动，善于感悟；多坚持，善于反省；多付出，方可收获。卓越就是永远比别人多做一点点。

平凡人做非凡事，提升领导力

领导力在顺境的时候，每个人都能发挥出来，只有在逆境的时候才是真正的领导力。

——马云

一个人可以不拥有过人的聪明才智，但是他需要有一颗谦虚的心，那样他才能够学到比别人更多的知识，拥有更强的能力。一个人可以没有各种熟人关系，但是他需要有一副真诚的态度，真诚的人给人以可靠和信赖感，这样才能真正得到有益的帮助。一个人可以暂时没有机会，但是他需要有一份安宁的心情，能够安心地继续自己没有完成的事情，因为偶然的机会常常隐含着一些必然的联系，如果能坚持，不断前进，那么机会总是会伴随在左右。

在马云看来，创业者的能力对于企业的兴衰至关重要。就像他所说："一个胜利的创业者，三个因素，目光、襟怀跟实力。"因为市场运作是一门大学问，并不一定是高文凭的人才就有驾驭市场的能力；也并不一定说出身贫穷，文化不高的创业者就不会与成功交汇。这需要一个人的能力，这种能力需要在实践中磨炼自己、培养自己以及完善自己的过程。

被誉为"金融天才"的索罗斯，出生时并没有很好的条件。他在17岁时，从匈牙利流浪到伦敦，开始做小工维持生计。但是他并不甘心，因为他有很大的志向，幸好他有着超强的能力，通过自己的努力，他涉足金融界，并一发不可收拾，成为世界瞩目的金融天才。他就像是宗教里的神一样，主导着全球的金融市场，他的一言一行都将直接影响着商品或货币的交易行情的变化。他投资黄金买卖时，黄金价格便急速上升，当他投资伦敦房地产时，原来一直处于颓废状态的房地产价格得以迅速扭转，当他质疑德国马克的价值时，德国马克汇价立即下跌。索罗斯完全靠自己的能力为自己打下了一片属于自己的天空，这里的主宰就是索罗斯。

所以，如果你现在身无分文，或者一无所有，就告诉自己，我很幸运！我属于可能成功的大多数人，我可以创造从无到有的奇迹，我可以拥有一个真真正正展示自我价值的机会，做我该做的事情，好好坚持，一定会成功！

事实上，有很多创业者出身都不是经济基础很好，甚至是白手起家，但是他们之所以能脱颖而出，就是因为他们自身的能力。个人能力决定最终的胜利是成功创业者处世的重要观念，它激励了许多出身贫穷的人去积极进取，也体现了社会公平的原则。

成功是每个人都向往和追求的目标，然而成功似乎并不会服从某个人的意愿而去垂青他。以色列有一位非常杰出的年轻法官，当他被问及对人生的成功来说，什么东西最重要时，他说："一些人靠自己出众的能力取得成功；一些人靠裙带关系取得成功；一些人靠奇迹取得成功，但是，大多数人是从身无分文开始走向成功。"他很简洁地将成功依托的条件类型归结了四类：

能力、关系、机遇和奋斗，这不仅仅是对现实生活的一个很真实的写照，同时也是对多数人的鼓舞。虽然这四种人不乏有交叉的可能，但是毕竟他表明了一个道理，成功是可以从无到有的，不要因为今日的贫困与挫折，而放弃了对成功的不懈努力和奋斗。

很多人以为在高等学府念过书之后就可以飞黄腾达，可以发财致富。甚至很多没有高等文凭的成功人士也在羡慕在高等学府生活过的人。在这些人看来，出身和学历在很大程度上代表了一种能力。

其实，这种观念是很不可取的，一个人拥有好的文凭，并不能决定他这一生就可以衣食无忧了，相反一个人没有好的家庭条件和文凭也并不能注定就一辈子受穷。能够踏上高等学府的台阶，只代表了对书本知识的掌握，而如何把书本知识转化为能力，则是另一回事了。读书成绩好，未必在商场上就能够得心应手，特别是那些只会读书的书呆子。

在商场上的成绩可能和学校里的截然相反。谁也不敢保证，在商场上一个大学生会胜过一个中学生，如果真这样的话，那么大学生岂不个个都是富翁了。而事实上，很多成功创业的人并不是在学校里呆过多长时间。知识本身不是力量，他的巨大作用在于将它转化为能力。而对于商人来说，从书本上获得知识固然重要，但是从实践得来的教训却更让人记忆尤深。没有学历并不可怕，关键在于自己要看清自己。

有个年轻人，出身贫寒，小时候父亲就病逝了，一直在母亲的教育和抚养下长大。但是，这个年轻人不甘心一辈子平庸，决心做些事，来补贴家用，让自己的老母亲过上好日子，一方面也实现自己的人生理想。说干就干，年轻人说服了两个朋友，组建了一个服装公司。说是公司，实际上除了三个活人加一肚子点子之外，别无余物，资金是无形的，除了脑海中的智慧，一个子儿也没有。

服装公司没有资金，但有的是智力、精力、组织能力，有的是发财的点子，成立之初，首先，他们做了一番市场调查，掌握了服装业的市场供求情况，找到了入手处，从生产服装的原料之一，原棉入手。他们了解到，某地正在闹卖棉难，棉农手中的大量棉花积压无买主，于是，他们就直奔而去，果然有不少好棉库存，无人问津。几经谈判之后便以先货后款的方式，签订了供销合同。记住，是先货后款。而且，付款期在两个月之后，一次付清。棉农自然高兴，因为积压下去，不如现货赊销，反正早晚也得付款收钱，管他呢。而他们的服装公司有了这批好棉便有了依托。

棉花收购之后，便由棉农负责发送，运到了他们指定的某地。这里有许多家濒临倒闭的棉纺厂，因材料不足，早已停工待料了。对于大卖主的来临，奉若贵宾。几经交涉，便签订了来料加工的合同，加工款在交货后的一个月两次支付。棉纺厂反正没活干，又何必考虑那么多呢？于是，便先垫支。开工上机了，这样，没过多久，棉花便变成了棉布。公司便由棉纺厂发货，再运往服装加工厂。服装加工厂接下这批加工业务后，日夜加班加点，一个月后，全数加工成了各式各样的服装。

与此同时，他们又立刻在大都市招聘时下遍布大街小巷的各种流动摊贩，各种销售点及二级批发商。签订供销合同，现钱现货，约定取货日期，交款后马上取货，当日办妥。由于这一大批服装款式新潮，让利折扣极大，一下子，全部都批发出去了。于是买主们便到服装加工厂拿着现款等发货。工厂加工一批，就卖出一批，没有半点时间停留。这样，公司收钱发货，不多时间，全部批发完毕。

之后，便逐个付加工费，付棉布加工款，付棉花钱。剩余的就是他们的利润了。

由此可见，致富从根本上来说还是要靠能力，只有能力才能决定一个人在自己的人生竞赛中取得最终的胜利。成功离我们并不遥远，路在脚下。相信自己的能力，别人能够做到的，自己也一定能够做到。

作者寄语

只有建立内心的价值系统，才能把压力变成生命的张力；只有具备不断的行动力，才能把知道的转化成做到的，最终才会达到人生中理想的高度。

第二十一课 领导用人

创业关键词：攻心潜能

领导要抓住员工的心

最大的挑战和突破在于用人，而用人最大的突破在于信任人。

——马云

企业管理是一项艰难的工作，作为企业的老板除了要付出努力之外，还要付出大量的心智，去思考如何才能把企业管理好，把员工带领好，从而实现企业的高利润。

“创业者也许有多重身份，但最重要的就是有领导身份，领导的意义在于不是一个人把所有的事情都干完，也不是把所有的事情交给别人干，而是带领别人一起干。在创业路上，创业者不要做孤胆英雄。”马云如是说。

那么，在企业管理中，作为老板究竟要注意些什么呢？马云给了我们很好的启发。

第一，应该拥有能让广大员工接受的管理方式。企业的管理方式直接关系到老板和员工的关系问题，因为员工永远是被管理的对象。无论我们说民主到什么程度，员工是永远不能代替老板决策的，最大的限度是让其参与管理提出合理化建议。因此，在管理时，要懂得如何掩盖这个矛盾，实行最大化的民主。

第二，懂得如何让员工接受自己的方案，并让他们保持一致。当自己的管理风格和方式确定时，就要知道该如何让自己的员工在最大限度上和自己保持一致。无论企业做什么事，其目的都是为了利润，为了赚钱。而要赚钱，自然需要内部的高度一致。

第三，如果上下级之间有矛盾冲突，老板应该让广大员工采用和自己相同的步调。在很多时候，因为信息掌握的多少，上下级的决策和看法是存在很现实的差距。这种差距会使双方在看待问题上产生矛盾。那么，如何调和这个矛盾，使得问题得以在员工内部消化掉，就成了老板工作的一个重要方面。而往往此时，老板的决策还带些风险因素，因此，要取胜必须做好内部的协调工作，使得广大员工和自己采取相同的步调。

第四，应该把成绩归功于员工，切不可自我夸耀成绩。人都是虚荣海里的鱼，现代社会的人，大多脱离追求温饱和安全两方面的需求，进而要求自身的社会地位和荣誉感得到上升。在公众场合得到老板的赏识和表扬，为自己庆功，把完成重大工作取得重大成就的功劳归功于员工的努力，那么这些人在平时就会更加卖力地为老板工作。作为老板来说，那些虚荣对他们来说已经没有多大意思，用这种虚荣赢得一个个员工的忠诚和努力工作，何乐而不为呢？

当然，这些方面看似平常的很，但至今也只有少数国家的少数企业能够做得到。有的大会小会宣传自己的新方案，却不让大家参与其中讨论，这样就有一种强加于人的态势。

作为一名企业的领导，要领导好企业就一定要有美好的形象，而这种形象不是通过摆架子和权威作风树立起来的。只有被员工尊敬的领导才是好领导，领导未必样样精通，行行是专家，但是要善于领导，就像钢铁大王卡耐基一样，要在用人方面成为专家。另外，领导也不能长期当外行，领导者首先要充实自己，通过学习尽可能使自己在所从事的技术专业上成为内行，才更有方法进行管理。

有的领导在获得某方面的荣誉时，总想将它归为己有，以展示自己的威风，留下一个英名。其实这样做的话，对于共同努力拿到的荣誉，员工们自然不会很满意。即使当时不知道，后来总会知道的。而一旦被员工们所知道，这位老板马上就失去员工们的信赖和尊敬。即使老板做了大量工作才获得的荣誉，也一定要学会把功劳分给自己的员工。荣誉是一个人的尊严，无论什么样的荣誉，都不能独享，而要以各种各样的形式让员工一起来分享。这样，员工们会觉得自身价值得到实现和受到老板肯定的满足，在此之后，会释放更大的能量，以更积极的姿态投入到工作中去，以便希望下次得到更好的荣誉。在人们心中都是渴望荣誉感的，领导应该学会像足球教练一样：如果有什么事没办好，那一定是自己的错；如果有什么差强人意，那是自己做的；如果有什么事做得很好，那一定是员工做的。

有两样东西比金钱更为人们所需要：认可和赞美。的确，金钱可以调动员工的积极性，但赞美在这方面则表现得更为有力，每个人都有自尊心和荣辱感，当管理人员赞扬员工时，不仅使他感到他的价值得到认可和重视，同时，也使他的自尊心和荣辱感得到了满足，从而产生一种积极进取的精神，他们会以加倍的热情努力工作，这也正是企业梦寐以求的效应。在企业里，每位员工都愿意脱颖而出，而领导的赞扬正好满足了他们。有了成绩的员工被表扬，就等于在企业里树立了一个榜样。

创业者认为，赞美是需要发自内心的、真诚的，管理人员赞扬员工，一定要在员工的工作成绩达到该赞扬的程度时再加以赞扬，只有这样，员工才会产生无限的喜悦和神圣的使命感，感到自己得到应有的承认，因而更加努力地去工作。

作者寄语

有德有才，破格重用；有德无才，培养使用；无德有才，控制使用；无德无才，坚决不用。

留住有能力、有进取心的员工

要让员工都知道，他们来就是要把公司做大。

——马云

在马云看来，企业要想留住进取心强的员工，最根本之处就在于，给其一个施展能力的空间，即“把公司做大”，让其进取心有充分发挥的可能。

进取心强的员工是创业者最富有价值的、积极的资产，这一类型的员工往往具有很强的表现欲，当创业者无法满足他们实现自我价值时，他们会感到自己的价值取向与老板的价值取向存在较大的差异，因而抱怨得不到老板的充分重视和支持，就会寻找新的平台。所以，创业者要挽留这类人才，最简单的方法是做出适当的让步，为其提供能发挥其才华的条件。

那么怎样才能留住人才呢？

留住优秀的员工并不是一件很困难的事，只要当领导的在工作中、生活上给人才营造公正、平等与融洽的环境，使他们能在你的领导下有一种实现自我价值的成就感，人才便会忠心地在你的旗下勤奋工作，回报于你。

下面是一些留住人才，使之发挥积极性的办法，有很好的参考价值：

（1）委以更多的信任。用人不疑是用人的一个重要原则。当然这个“不疑”是建立在自己择用人才之前的判定、考核决策上。不用则罢，既用之则信任之。做首脑的人只有充分信任部属，大胆放手让其工作才能使下属产生强烈的责任感和自信心，从而焕发出下属的积极性、主动性和创造性。所以说，一旦决定某某担任某一方面的负责角色后，信任即是一种有力的激励手段，其作用是强大的。试想一下，使用别人，又怀疑他，对其不放心，是一种什么局面；试想一下，在你的公司里，如果下属得不到你起码的信任，其精神状态、工作干劲会怎样？假如你的公司职员情绪欠佳，精神沉郁，怨懑丛生，上下级关系怎么能融洽？这种彼此生疑生怨的状况，常是导致企业瘫痪的主要原因。

信任你的下属，实际上也是对下属的爱护和支持。古人云：木秀于林，风必摧之。特别是对于担当生产、销售、试验、拓展、探索者角色的下属而言，容易受人非议、蒙受一些流言蜚语的攻击，那些敢于直面领导错误提建议、意见的，那些工作勤勉努力犯了错误并努力改正的，领导的信任是其最后的精神支柱，柱倒而屋倾，在此种状态下，领导者切不可轻易动摇对他们的信任。

企业老板对下属的信任与下属感受到的责任感常常是一致的，但生活中误解也是常常发生的，因此老板对下属一定要坦诚。如果出现变故及不利因素，有话要说到当面，不要在背地里议论下属的短处，对下属的误解应及时消除，以免积累成真，积重难返。有了错误要指出来，是帮助式的而不是非难指摘式的，相信你的下属不是傻子，好意歹意自会心中自明。总之，与下属经常保持思想交流非常重要。

因此，企业老板用人重在“信而不疑”。既然选准了就要信任，大胆使用。企业老板要有正确的用人态度，有清醒的用人意识，有坚定的用人信心。要谨慎对付各方面的反应，不因少数人的流言蜚语而左右摇摆，不因下属的小节而止信生疑，更不宜扑风捉影、无端地怀疑。而且在信任的程度上，也应该是离自己最近的最亲的，给他们以更多的信任，更广泛的更高质量的信任，因为他们非常需要，你一定要记住这一点。

（2）付给丰厚的报酬。较高的报酬当然是吸引人们跳槽的最大的原因之一。在这个问题上你基本无能为力。尤其是你认为对某个雇员已经支付了与其能力相当，甚至超过其能力的工资。

你可以试着与他们讨价还价，但这种方法在工资问题上无论对雇员与公司都没什么益处。

波顿公司发表了一篇有关人才与工资待遇的研究文章。这篇文章的研究对象是450名调换工作的经理。其中有40名在工资问题上与老板做这样那样的讨价还价，27人接受了提高了的工资，继续留在原来的单位，可是在18个月内，这27人中的25人不是自己离开公司，就是解雇了。这样看起来，工资金额并不是解决他们问题的关键。

（3）时常与员工谈一谈他们的工作，取得认同。不过这些简单的方法还不能杜绝大部分公司里发生的人才问题。优秀的人才总是不断离开原来的公司而另攀高枝。不要忘记有的时候你是无能为力的。

（4）努力挽留要离去的人才。如果一个优秀的员工离开公司去接受另外一份工作，他的老板竟全然不知而大吃一惊，这实际上是该公司管理不善的一个信号。公司里面应该有人事先就觉察到，并做出努力使这位不得意的职工回心转意。

优秀的领导对其下属的要求、工作的阻力以及有什么事在使他们生气等等，都应该非常敏感。雇员的情绪处处都会表现出来，有时他们会迟到，工作拖拉，巧妙地告诉你他的家人对目前所居住的城市很讨厌等等。你或许不能解决所有这些烦恼。但你应该了解他们的困难并表示同情，有时候这些足够了。

（5）满足人才的志趣。一个员工的工作表现并不总是显示了他对公司的看法。常常有这样的情形，某个员工仅仅依靠自己的才能和遵纪守法的习惯就能够在某个岗位上工作得极为出色，而实际上他本来对这项工作毫无兴趣。

例如，在某部门有一位经理工作极其出色，不断打破销售纪录，可是他内心梦想的工作却是该公司的电视部。从公司的角度考虑问题，他当然应该留在原部门，去继续创造记录。但现实问题是，如果他一心要搞电视工作，其他公司满足了他的要求，他很快就会离开公司。

对这个问题，非常有效的解决方法是让他同时插手两项工作。他如果确实很优异，那么参加电视部的工作不会影响他在原部门的工作，相反却会拓宽他的知识面，使他继续与公司在一起，从而使双方获得满足。

（6）领导要和人才交流思想。如果说领导有责任对其助手的思想状况敏感地做出反应，那么这个责任是两方面的，作为雇员，他们应该向领导诉说自己的思想波动和要求，而领导虽然难以探测他们的内心秘密，起码应该使员工们能够接近自己，并暴露思想动态。

（7）快速提拔。有时候，领导会有幸得到这样一个员工，其能力极高，以致没有人怀疑他一定会沿着台阶一直升上去。问题只是，升到什么位置以及以哪样的速度上升。你在提拔这个家伙时一定要多动脑筋，因为他很可能会给你的公司机构带来破坏。如果没有处理好这个问题，你不仅会失去他，同时还会得罪其他留在公司的职工。不用说，这是一个高级的烦恼，但是请不要轻视它。

一家公司曾聘用过一位年轻人在海外某部门。几个月后，他就显示出非凡的能力，其上司相比之下显得黯然无光。如果将年轻人提拔到他应该的位置，那他的上司将会因为不满而破坏公司的安定。于是公司把他调到公司另一个驻外代表处担任主任，充分发挥他的才能，那位年轻人实际上连升了三级，但公司里没有人注意到他的三级跳，也没有人发牢骚。

（8）重视有前途的年轻人。在任何一个公司里，新聘用的那些刚刚从大学或商学院毕业的优秀生最容易跳槽。他们是公司花了很大的力气去争取的人才。他们是具有远大前程的人才。但令人悲哀的是，他们也是各公司所忽视的人才。

一个精明的、怀有雄心壮志的员工如果在加入公司后被扔在底层，被人忽视，那么他很可能就要离开你的公司去寻找一个新天地了。

解决的办法是：在最初12个月，将新的雇员看成一笔投资。如果你失去他们，确实是公司的损失，因为你只好在另外一个雇员身上投资。在这12个月里，观察他们培训他们，让他们有机会接触公司最有能力的人员，促使他们负责一些稍稍超过其能力的项目。就像一切投资一样，这一项投资你不要希望立刻就回收利润。其实，他们在你的公司待得越长，利润就越高。

的确，很多创业者能够成功都是有一个强大的团队，有一位知贤能用的领导。马云在他的创业语录上也很感慨地说："我自己在创业过程中遇到过好多事情，最大的苦难不是缺钱，而是缺人。最有成就的事情是到今天一大帮人为了阿里巴巴的梦想，为了他们自己每个人的理想在阿里巴巴工作。"

作者寄语

让每个优秀的员工感觉他真的很重要。

第二十二课 领导风范

创业关键词：仁爱道德

抛却成见，广泛结人缘

作为创业者，最重要的是通过跟人打交道，通过团队协作才能得到自己的结果。

——马云

我们经常看到很多创业者人缘很好，到处都是朋友，而我们大多数人在交友上都有不同程度的障碍。对别人的成见往往来自于对别人的畏惧。畏惧别人是一种很严重的自卑，但仍然有方法克服。如果你能学会适当评价别人，就能克服对他们的恐惧。

马云是一位性情中人，在《赢在中国》节目中，他曾向一位选手坦言，他自己也不愿意与不喜欢的人相处，但是为了大局，为了实现自己的梦想，他会选择与自己不喜欢的人和平相处。其实能做到抛却成见，与人为善，是聪明的创业者成功的重要元素。

一位经营奇木雕饰工厂相当成功的商人是这样解释他怎样学会适当地评价别人的。“第二次世界大战时，”他说，“我在进入陆军服役以前，几乎害怕所有的人。你简直难以想象我是怎样的害羞与胆小。我觉得每一个人都比我聪明，我自己的身体与心理不够成熟，是个天生的失败者。

“然后，在命运的巧妙安排下，我不再怕别人了。1942年~1943年，陆军进行一次颇具规模的征兵。我很幸运地被任命为征兵中心的医官，天天进行各种体检。我对这些新兵看得愈多，就变得愈不怕别人。上百个新兵站成一列，像傻瓜似地赤身裸体，看起来都是一个样子。当然，他们有高、矮、胖、瘦的不同，但全都显得迷惑和孤单。不过在几天前，他们中有些是刚升迁的年轻经理，有些是农民、推销员、工人。但在征兵中心，每个人都是一个样。当时我发觉一般人在许多方面都很相像，不同点并不多。有一个新兵跟我非常相像，他喜欢美食；他想念家人与朋友；他希望自己有一番成就；他有他自己的问题；他喜欢放松自己的心情。所以，既然有人基本上很像我，我又何必怕他们呢？”

下面是两种适当地评价别人、克服对别人的恐惧的方法：

1. 对别人的看法要保持平衡

与其他人相处时，要能记住两点：第一，别人都是重要的。每一个都是重要的角色。但是第二，也要记住：你也很重要。所以，当你遇到任何人时要这么想：“我们是两个重要人物，正坐着讨论有关共同兴趣与利益的事情。”几个月以前，有一位经理打电话告诉成功学家拿破仑·希尔，他刚聘用一位不久前希尔推荐给他的年轻人。

“你知道那年轻人是凭哪一点打动我的？”经理问。

“哪一点呢？”

“他在自我表现上与众不同。大部分的求职者在进入我的办公室时，都有一些恐慌。他们的回答，都是他们认为我想要听的。说实在的，他们有点像乞丐，他们对任何事物毫无主见。但是这个年轻人却是个例外。他尊敬我，但同样重要的是，他也尊敬他自己。更不简单的是，他发问的次数几乎和我问他的次数一样多。他不是像老鼠般的小人物，他是一位有所作为的男子汉。”这种看重双方的态度能帮助你保持平衡。不必把别人想得比你重要，虽然他们看起来可能很有分量，非常重要，但是，请记住：在本质上他跟你有相同的兴趣、嗜好与问题。

2. 谅解别人

有时会有人辱骂你、对你咆哮、挑你毛病或是使你被动。如果你没有准备，这些就会打击你的信心，使你觉得完全崩溃了。你的确需要采取一些措施来防范这些外强中干的、蛮横的人。下面就是一个对付这类人物的好例子。时间是下午5点多，柜台上正忙着为新顾客登记，一个人报出他的姓名后，柜台服务员很快说："是的，R先生，我们已经为你预备了一间上好的单人房。"

"单人房？"那位仁兄大叫，"我定的是双人房。"

柜台服务员很有礼貌的说："先生，让我再检查一次。"他抽出旅客预定房间的资料查阅，然后说："很抱歉，先生。你的电报明明指定要一间单人房，如果我们有任何空余的双人房，我是很愿意为你安排的，但是我们现在确实没有多余的双人房。"那位愤怒的顾客说道："我不管那份电报说的是什么，我就是要一间双人房。"然后他开始骂："你知道我是谁吗？我会想办法让你被开除的，你等着瞧吧！"在咒骂声中，这位年轻的柜台服务员只能竭尽所能地安慰："先生，非常的抱歉，但我们的确是依照你的指示来办的。"最后这位顾客发火了："你们旅馆的管理是这样的糟，你即便让我住，我也不会住的。"说完怒气冲冲地走了。下一个顾客接着走向柜台，想到柜台服务员刚受到这么恶劣的责骂，可能会很消沉，可是他却很热忱、愉快地招呼着下一个顾客特罗斯："晚安，先生。"当他处理特罗斯的房间手续时，特罗斯对他说："我非常欣赏你刚才的表现，你很善于控制自己的脾气。""先生，"他说，"我实在没有必要为那种人生气。你晓得，他其实并不是在对我发脾气。我只是个替罪羊。这位可怜的家伙可能跟太太有严重的摩擦，可能他的生意快垮了，也可能是他感到处处不如人，而这是使他感到像个大人物的大好时机。我只是给他机会，让他失调的系统获得一些满足感。其实，他可能是个很好的人。大部分的人都是如此。"下次有人跟你作对时要记住，在这种场合获胜的方法是：控制自己的情绪，让对方尽情发泄，然后再忘掉它。

如果思想上有着相同偏见的人，结合成团体，这将形成一股最具有杀伤力也最危险的力量。如果公司中每一个成员都希望能获得较多的利益，必须借助大家的共同奋斗，老板认识到公司的强大也是由于每一个人身上具有不同的优点。人与人之间的彼此需要，是由于他们之间的不同，而并非由于他们之间的共同点。美国能变成一个强大的国家，同样是由于它能办到历史上许多国家无法做到的事。各个不同种族、不同文化、不同信仰，以及不同民族的人，凝聚成一个国家。他们会碰到多种问题，他们的梦想并未完全实现，但是他们在不停地进步。不同年龄、不同性别所导致的偏见，也是很可怕的。为什么一般人要努力去造成很明显对他们有害的鸿沟呢？年轻人需要老年人，而老年人也需要年轻人。男人需要女人的帮助，女人也需要男人的扶持。为什么在这些人之间会有歧视及中伤呢？

海伦在这家外贸公司工作已经3年了，国际贸易专业毕业的她在公司的业绩表现一直平平。原因是她以前的上司胡悦是个非常傲慢和刻薄的女人，她对海伦的所有工作都不加以赞赏，反而时常泼些冷水。一次，海伦主动搜集了一些国外对公司出口的纺织品类别实行新的环保标准的信息，但是上司知道了，不但不赞赏她的主动工作，反而批评她不专心本职工作，后来海伦再也不敢关注自己的业务范围之外的工作了。海伦觉得，胡悦之所以不欣赏她，是因为她不像其他同事一样奉承她，但是她自问自己不是能溜须拍马的人，所以不可能得到胡悦的青睐，她也就自然地在公司沉默寡言了。

直到后来，公司新调来主管进出口工作的Sam，新上司新作风，从美国回来的Sam性格开朗，对同事经常赞赏有加，特别提倡大家畅所欲言，不拘泥于部门和职责限制。在他的带动下，海伦也积极地发表自己的看法了。由于Sam的积极鼓励，海伦工作的热情空前高涨，她也不断学会新东西，起草合同、参与谈判、跟外商周旋……海伦非常惊讶，原来自己还有这么多的潜能可以发掘，想不到以前那个沉默害羞的女孩，今天能够跟外国客商为报价争论得面红耳赤。

在不被重视和激励、甚至充满负面评价的环境中，人往往会受到负面信息的左右，对自己做比较低的评价。而在充满信任和赞赏的环境中，人则容易受到启发和鼓励，往更好的方向努力，随着心态的改变，行动也越来越积极，最终做出更好的成绩。

一个顽固的心灵将会由于武断的偏见，而将自己与周边的人和事隔离起来。当一个人的心灵放任心中的仇恨与冷漠自由滋长时，他就开始停止追寻新的事物，而他也会为此失去很多应该交上的朋友，这些人很多都可能会对自己的事业产生很大的影响，同时自己和自己的事业会受到很大的局限，也就不再成长了。

偏见造成的影响是如此之大。有些人只是由于不小心，而刺伤你的自尊时，你会发现，不管你多么努力，都无法使自己对他产生好感。反过来，同样想象你自己，是否因为别人某一次对你的冒犯或者是你对他某一次的印象不好而蒙蔽了自己的内心，主动试着去对别人稍尽心意，当你以自己的方式来关心帮助某人时，相互之间的成见便会消失于无形了，而过后你往往发现你对别人的成见往往是自己制造的。

作者寄语

卓越领导者的三项基本功：说故事、谈梦想、给希望。

下放权威，恩威并施

权威是你把权给别人时，你才能有真正的权力，你懂得倾听，懂得尊重，承担责任的时候，别人一定会听你的，你才会有权威。

——马云

由于受性别、家庭背景、教育程度等因素的影响，一个人不可能完美无缺，使用和培养自己的人才，最重要的是找出对方的长处，量才而用，做到人尽其才、人尽其职。真正成功者向来非常关注自己员工的长处，而不拿显微镜来看他们的短处。

马云常常这样思考：一个员工在某些地方有许多缺点，但是在某一方面却有着自己独特的优点，那把他安排在他内行的领域，他一定可以干好的。疑人不用，用人不疑，对自己的员工委以重任，可以促使他们加倍努力，变压力为动力，从而使自己的思想得到高层次的升华。

作为老板的商人，一方面他具有天然的权力优势，因为员工是跟随他才能够拿到自己的薪金。在管理自己的员工上，创业者更看重的是员工对自己的感恩。一个成功的商人，他必须要有自己的权威。权力来自于自己的财势和商业能力，但是威信则来自于自己的为人处事，如果一个老板只懂得运用权力，却不懂得威信能创造更多的财富，那他就大错特错了。威信往往能让一个员工更为忠诚地把老板的事业当成自己的事业而拼搏。

商人在经营自己的企业时，如果欠缺严格的管理，一味随和，员工很容易被惯坏，而言行也变得随便，毫无长进；但若过分严格，往往会导致员工心理畏缩，表面顺从，实际对抗，对事情没有自主性，也缺乏兴趣。如此一来，不仅人力不能有效地发挥，整个机构也将毫无生机了。

总而言之，一个领导者在处理情况时，恩威并用，宽严得宜，才能相辅相成，收到事半功倍之效。而所谓“宽严得宜，恩威并用”的意义，并不是恩、威各占一半，而是说根据事情的情况而定，恩威配合，以身作则地教导部属，如此，员工一定会积极地完成交给他的任务。实际上，一个领导者对员工的一言一行，都应该以宽大的态度去包容，在遇到该严格的时候，也要使员工心服口服，这样才不愧是一位成功的领导者。身为一个领导者，不仅要明了员工的想法，对于世间的一切事物以及人与人之间的相处之道，也应有更深入的了解。宽严务求得宜，才可以带动自己的部属。千万不要把员工培养成唯命是从的傀儡，一定要让他们多思考，独立自主地工作。

有个商人经营着一家超级市场。在每年的新职员欢迎会上，这个商人都要说一段话：“在我们公司的员工中，有很多都是未出阁的小姐，公司将代替你的父母来管教你们。公司不希望在你们出嫁后，你们的丈夫发现你们连到商店选购东西的眼光都没有，公司也不希望你们回家时，你们的父母发现你们连打招呼的礼貌都没有。所以公司对礼貌方面的训练十分关注。公司希望你们能胜任自己的工作，我们之所以如此，正是为了顾客好、为公司好，你们一定要记住，你们的努力将会有好结果的。但是，一旦你们在这上面犯了错，公司也就只有让你自己吃些苦头，再次融入这个外界社会去吃些苦头。”这位商人的话实在太棒了。在一开始的时候，他就让他的员工领略到他的恩威并重。他在强调公司利益的同时，还顾及员工。对于公司的好员工以及做出过突出贡献的老员工，这个商人还给予了很多福利政策。

公司的设计工程师是在超市开业筹备过程中临危受命接受了整个设计制作以及监督工程的，他来这里并不为金钱而来，而是出于一份想做事的心。老板和公司的很多人都对他非常敬爱。这个商人也想了很久到底给这个老工程师什么样的待遇才好，因为物质利益对他来说已经没有多大的意义。后来，这位商人终于得知一个消息，原来这位老工程师喜欢喝酒，每次都会给他带来很名贵的酒，投其所好，这位设计师也很感谢这位商人，很快地使自己融入到了集体当中。

由此可见，一个成功的商人在管理上不会死把权力不放，而是善于抓住每个员工的心理，下放权力，恩威并施，这样才会使整个团队真正的团结起来。

作者寄语

做一个懂得倾听的观众，别人不会说你失去权威，相反你会得到同样的尊重。

第八篇

融资方略——花投资人的钱要谨慎

要找风险投资的时候，必须跟风险投资共担风险。

——马云

第二十三课 融资管理

创业关键词：灵、巧、活

节约资金，避免不必要的花销

Spendtime，invest time，on the internet，把自己的时间投资在网络上面，网络一定会给大家省钱，但不一定今天就能赚多少钱，赚钱是明天的事，省钱，你今天就看得到。

——马云

有这样一个故事：两个年轻人一同寻找工作，一个是英国人，一个是犹太人。一枚硬币躺在地上，英国青年看也不看地走了过去。犹太青年却激动地将它捡起来。英国青年对犹太青年的举动露出鄙夷之色：一枚硬币也捡，真没出息！犹太青年望着远去的英国青年心生感慨：让钱白白地从身边溜走，真没出息！

两个人同时走进一家公司。公司很小，工作很累，工资也低，英国青年不屑一顾地走了，而犹太青年却高兴地留了下来。两年后，两人在街上相遇。犹太青年已成了老板，而英国青年还在寻找工作。英国青年对此迷惑不解，说："你这么没出息的人怎么能这么快地'发'了？"犹太青年说："因为我没有像你那样绅士般地从一枚硬币上迈过去。你连一枚硬币都不要，怎么会发大财呢？"

老子曾说过："合抱之木，生于毫末。九层之台，起于累土。"就是告诫我们凡事要从小做起，由小及大，所谓"不积跬步，无以至千里"。在商界这种精神也是尤为重要的。作为一个创业者，任何时候都要对开支精打细算，对怎么样去降低成本，减少费用心中有数。马云在创业伊始也是在节约中发展起来的。1995年，马云创立中国黄页时，面临的是困难的处境。那时，公司"只租一间房间当办公室，只用一台电脑，一块钱一块钱地数着花。付完房租只剩下三四千块钱。买办公用品的钱都没有，只好把家里的家具搬到办公室里去用。"1999年，在杭州创办阿里巴巴的时候仍然是困难重重。那时阿里巴巴的员工的工资只有500元，围绕着马云的住所租房子，只为了节约交通费用。后来马云实在没钱开工资了，就向员工借钱，再发给他们。

由此可见，马云当时把一块钱当两块钱用，该用的时候用在刀刃上；不该用的时候，一分钱都不能花。因为他深深地知道，如果在某一方面用错了一元钱，并不是损失了一元钱，而是花了两元钱。经验告诉我们，金钱也跟人一样，你尊重它们，它们就不会亏待你；你忽略它们，它们就会从你的身边溜走。所以你不要轻视任何一分钱，说不定那一分钱会使你步入辉煌。

凡事从小做起，从零开始，慢慢进行，不要小看那些不起眼的事物。这一道理从古至今永不衰竭，被许多成功人士演练了无数次。

有个叫哈罗德的青年，开始只是经营一个小型餐饮店的商人。他看到麦当劳里面每天人山人海的场面，就感叹那里面所隐藏的巨大的商业利润。他想，如果自己可以代理经营麦当劳，那利润一定是极可观的。

他马上行动，找到麦当劳总部的负责人，说明自己想代理麦当劳的意图。但是负责人的话却给哈罗德出了一个难题——麦当劳的代理需要200万美元的资金才可以。而哈罗德并没有足够的金钱去代理，而且相差甚远。

但是，哈罗德并没有因此而放弃，他决定每个月都给自己存1000美元。于是每到月初的1号，他都把自己赚取的钱存入银行。为了害怕自己花掉手里的钱，他总是先把1000美元存入银行，再考虑自己的经营费用和日常生活的开销。无论发生什么样的事情，都一直坚持这样做。

6年！哈罗德为了自己当初的计划，整整坚持不懈存了6年。由于他总是在同一个时间——每个月的1号去存钱，连银行里面的服务小姐都认识了他，并为他的坚韧所感动！

现在的哈罗德手中有了7.2万美元，是他长期努力的结果。但是与200万美元来讲仍然是远远不够的。麦当劳负责人知道了这些，终于被哈罗德的不懈精神感动了，当即决定把麦当劳的代理全部交给哈罗德。

就这样，哈罗德开始迈向成功之路，而且在以后的日子里不断向新的领域发展，成为一代巨富。

如果，哈罗德没有坚持每个月为自己存入1000美元，就不会有72万美元了。如果当初只想着自己手中的钱太微不足道，不足以成就大事业，那么他永远只能是一个默默无闻的小商人。哈罗德从1000美元开始慢慢充实自己的口袋，而且长达6年之久，终于感动了负责人，也开始了他自己的富裕人生。

万丈高楼平地起，你不要认为为了一分钱与别人讨价还价是一件丑事，也不要认为小商小贩没什么出息。金钱需要一分一厘地积攒，而人生经验也需要一点一滴地积累。在你成为富翁的那一天，你已成了一位人生经验丰富的人。

作者寄语

节约资金并不是说领导抠门，因为企业跟过日子一样，精打细算，才能细水长流。

要善于盘活资金

eBay用一亿美金砸这个市场，我认为没有技术含量，能用钱去解决问题，这世界还要企业家干什么。企业家是懂得用最小的资源去把市场价值扩大化，是能够发现一个价值同时又能够用各种各样的办法使它产生影响力，这才是企业家的智慧。

——马云

阿里巴巴在2001年2002年互联网泡沫破灭以后，马云在不断反思：

最重要的三件事：有钱的时候什么事情都想干，谁跟我谈我都有兴趣，但是到冬天冷的时候你必须要想自己干做什么，要做什么。如果明天要死了，你要做最后的三件事情是什么事情？我觉得这个是第一个我觉得要去反思的。

反思企业模式：我们利用那个时候进行团队建设、文化建设，平时在忙的时候也不注重团队建设、文化建设，现在可能是最好的时候，来思考组织是不是对，文化建得好不好，我们商业模式是不是要调整，我觉得这些模式大家要思考一下。

现金为王：目前对任何中小企业来说，现金为王。不要让手中资金断裂，目前你手中有资金也要熬一下。我不知道你出来，如果你有什么投资，希望有人问你买，价格不错赶紧卖掉的，这是我个人的建议。

他还写了一封信，一时间颇为著名。在信里他提醒阿里巴巴集团下的同事们要"广积粮、缓称王"，做好过冬的准备。

马云说："市场不景气，很多多年从事服装行业生产和零售的企业主关张停业。这些人手里握有大量的资金，并且熟悉、了解服装行业。在盘活这些闲置资金的竞争中，具有广阔市场前景、具有先天竞争优势的、能够迅速实现赢利的B2C电子商务企业具有与生俱来的优势。"

马云的故事也告诉我们这样一个道理：要想捕捉金钱，收获财富，使钱生钱，就得学会让死钱变活钱。千万不可把钱闲置起来，当作古董一样收藏，而要让死钱变活，就得学会用积蓄去投资，使钱像羊群一样，不断地繁殖和增多。其实像马云这种善于运用手中的闲置资本的企业家还有很多。

普利策出生于匈牙利，17岁时到美国谋生。开始时，他在美国军队服役，退伍后开始探索创业路子。经过反复观察和考虑后，他决定从报业着手。

为了搞到资本，他靠自己打工积累的资金赚钱。为了从实践中摸索经验，他到圣路易斯的一家报社，向该老板求一份记者工作。开始老板对他不屑一顾，拒绝了他的请求。但经过普利策反复自我介绍和请求，老板勉强答应留下他当记者，但有个条件，半薪试用一年后再商定去留。

普利策为了实现自己的目标，忍耐老板的剥削，并全身心地投入到工作之中。他勤于采访，认真学习和了解报馆的各环节工作，晚间不断地学习写作及法律知识。他写的文章和报道不但生动、真实，而且法律性强，吸引了广大读者。面对普利策创造的巨大利润，老板高兴地吸收他为正式工，第二年还提升他为编辑。普利策也开始有点积蓄。

通过几年的打工，普利策对报社的运营情况了如指掌。于是他用自己仅有的积蓄买下一间濒临歇业的报馆，开始创办自己的报纸——《圣路易斯邮报快讯报》。普利策自办报纸后，资本严重不足，但他很快就度过了难关。19世纪末，美国经济开始迅速发展，很多企业为了加强竞争，不惜投入巨资搞宣传广告。普利策盯着这个焦点，把自己的报纸办成以经济信息为主的报纸，加强广告部，承接多种多样的广告。就这样，他利用客户预交的广告费使自己有资金正常出版发行报纸。他的报纸发行量越多广告也越多，他的资金进入良性循环。即使在最初几年，他每年的利润也超过15万美元。没过几年，他成为美国报业的巨头。

普利策初时分文没有，靠打工挣的半薪，再节衣缩食省下极有限的钱，一刻不闲地滚动起来，发挥更大作用，是一位做无本生意而成功的典型。这就是“有钱不置半年闲”的体现，是成功经商的诀窍。美国著名的通用汽车制造公司的高级专家赫特曾说过这样一段耐人寻味的话：“在私人公司里，追求利润并不是主要目的，重要的是如何把手中的钱用活。”

对这个道理，许多善于理财的小公司老板都明白，但却没有真正地利用。往往一到公司略有盈余，他们便开始胆怯，不敢再像创业那样敢做敢说，总怕到手的钱因投资失败又飞了，赶快存到银行，以备做应急之用。虽然确保资金的安全是合理的想法，但是在当今飞速发展、竞争激烈的经济形势下，钱应该用来扩大投资，使钱变成“活”钱，来获得更高的利益。这些钱完全可以用来购置房产铺面，以增加自己的固定资产，到10年以后回头再看，会感觉到比存银行要增很多利，你才会明白“活”钱的威力。

商业是不断增值的过程，所以要让钱不停地滚动起来，攒钱只会让人变得越来越贫穷，因为连他的思维也贫穷了；赚钱会让人富有起来，因为这是一个富人的思维。

攒钱是成不了富翁的，只有赚钱才能赚成富翁，这是一个普通的道理。并不是说攒钱是错误的，关键的问题是一味地攒钱，花钱的时候，就会极其的吝啬，这会让你获得贫穷的思想，让你永远也没有发财的机会。

有句话说："人往高处走，水往低处流。"还有句话说："花钱如流水。"金钱确实流动如水。它永远在不停地运动周转流通，在这些过程中，财富就产生了。像过去那些土财主一样，把银子装在坛子里埋在房基下面，过一万年还是只有这么多银子，丝毫也没有增值。

作者寄语

资金对于企业来说是生命线。但是把挣来的钱很爱惜地装入钱袋的做法，势必会将企业拖入死角。

第二十四课 财务秘籍

创业关键词：缜密合法

要做合法的纳税人

不管做什么账，税一定要交，所以这个是我的一个警告。

——马云

在阿里巴巴，马云不止一次地强调缴税对于一个企业的重要性。对此，马云在阿里巴巴论坛上曾发表过这样的观点：世界上只有两件事不可避免，税收和死亡。马云说："阿里巴巴为什么能成功，其中一个关键的因素就是按照法律规定的税负缴纳，在这里，我需要提醒创业者的是，照章纳税是企业的义务，必须不折不扣地缴税，这样你的企业才有可能发展，否则，只是一场虚幻的梦境。"

对于这样的创业者，马云毫不隐晦地谈到："偷税、漏税是企业的耻辱，只有把纳税看作是企业的义务、责任，是远见卓识的表现，一个企业在纳税上如果不对国家尽责，私自偷逃税款，那么，人们会有理由怀疑，对顾客你是否能讲诚信。纳税多是企业实力和经营业绩的体现，凡是纳税先进企业，就自然而然在消费者心目中树立起爱国守法、诚实可信的良好形象，人们就喜欢与你谈生意、做买卖，顾客盈门，良性互动。要是一个企业税源枯竭，拖欠税款，那必然信誉不良，经营萎缩，不仅消费者不乐意光顾，就连向银行贷款人家也敬而远之。”

事实证明，一个聪明的企业家，绝对不会在国家税收上打折扣，而是用按时足额纳税来包装自己，塑造良好形象，使企业兴旺发达。在阿里巴巴，马云同样重视依法缴税。在这里，我们来看看发表在新华美通阿里巴巴跨入亿元企业行列每天纳税过百万的文章，就不难理解马云强调缴税的重要。

阿里巴巴（中国）网络技术有限公司2005年缴的税收为25480万元，首次跨入税收亿元企业行列，按全年250个工作日计算，成功实现了公司2005年初提出的每天纳税100万元的目标。同时，高新区方面表示，这一缴税仅仅是阿里巴巴公司本身，并未包括被收购半年的中国雅虎业务。

CEO马云表示：“依法纳税是企业和公民应尽的义务。对于企业来说，交税是其为国家和社会创造价值的表现，也是对自身成就的肯定。现在企业的纳税意识在不断提高，阿里巴巴在2004年就把一天纳税100万元作为公司未来几年的经营目标，并给自己设了一个紧箍咒，没有一天100万元的税，就是对社会没贡献。”

杭州高新区人士表示，目前杭州高新区有2000余家各类高新技术企业入驻，技工贸总收入逼近千亿元大关。阿里巴巴在电子商务领域引领潮流，和阿里巴巴一样有着丰富想象力和创意的高新技术企业是杭州高新区充满活力的创新主体，在他们的带动下，高新区有望真正成为天堂硅谷。

阿里巴巴目前运营着全球最大最活跃的网上市场和商人社区，企业和商人会员遍及全球200多个国家和地区，阿里巴巴公司近年来业务高速发展，2003年成功实现每天收入100万元，2004年实现每天赢利100万元。但因为阿里巴巴并非上市公司，所以从未公开过相关财务数据。2005年公开缴税额也是阿里巴巴的营业数据第一次正式公诸于众。

在阿里巴巴，依法纳税是企业和公民应尽的义务，对于企业来说，交税是其为国家和社会创造价值的表现，也是对自身成就的肯定。然而，令人遗憾的是，很多创业者却保有与此相反的想法，那就是想方设法偷税逃税，无视国家税法，纳税意识淡薄，与税务人员捉迷藏，给税收带来困难。这些创业者的主导思想是，税收是国家的，能偷就偷，能逃就逃，把权利与义务对立起来，这是十分错误的。

对于逃税、漏税在我国屡禁不止这一现象。马云对此深恶痛绝。确实，近年来，全国地税稽查部门在税务稽查中发现，企业法人指使财务人员做假账偷逃税款的现象屡见不鲜，由此触犯法律被判刑的人也不少，而其中以私营企业尤其突出。据广州地税稽查部门介绍，私营企业中涉税违法犯罪的共同特点是企业法人代表在利益驱使下，利用财务人员为保住自己饭碗的心态，授意、指使财务人员做假账偷逃税款。通常企业采取偷税漏税的手法主要有：

第一，企业法人授意或指使财务人员设置两套账，实行账外经营，内账记录实际收支作为内部核算使用，外账则采取不列，或少列收入的手段用来应付税务、工商等部门的检查；

第二，企业法人故意向财务人员隐瞒真实经营情况，提供虚假的经营凭证给财务人员记账；

第三，企业法人要求财务人员按指定的利润额记账和申报税费。

毋庸置疑，偷税漏税是一个企业最可耻的行为，因为规规矩矩地向政府缴纳自己的税收，不偷税漏税是实施企业社会责任的其中最重要的一条。关于社会责任这个问题，马云曾这样诠释过社会责任的要义：“当前，很多企业家对企业的社会责任已经达成共识，企业履行社会责任并不一定是要在电视上去当场做秀捐款，最基本的也是最重要的方面首先是要管理好自己的企业，而规规矩矩地向政府缴纳自己的税收，不偷税漏税是其中最重要的一条。这不仅是一种责任，也是每个公民应尽的义务。”

企业确保适当利润，是企业对社会的责任。但把追求利润当作企业最高的目标，而忽略对社会所负的责任，是不应该的。获取适当的利润和负起对社会的责任，并不冲突，一样能够获得成功。日本“经营之神”松下幸之助很好地处理了企业利润和依法纳税之间这看似矛盾却又关系紧密的两者关系。

在本质上，我们必须把利润看成企业达成使命所获得的报酬。因此，经营没有获得利润，可以说是因为它对社会贡献太少，或是没有完成它所负的使命。没有利润的经营，违反了企业的社会责任。换句话说，企业由经营的活动来达成贡献社会的使命，并从中获得适当的利润，这对企业而言非常重要。因此任何企业，不管处于何种社会情势之中，都必须诚实及努力地完成它对社会的使命，同时从其经营活动中获取适当的利润，然后依法纳税，取之于社会，用之于社会。这对企业来说，是个相当重要的责任和义务。

松下将百分之十的利润，视为适当的利润，以这种利率来经营他的企业。当然适当利润的基准，因各个行业以及企业本身的发展阶段，而有所不同，但是不管怎样，从应缴的税款、分配给股东的红利、为达成企业使命所必须积存的资金这三个观点来分析，应该可以计算出适当的利润率。而确保适当的利润，是企业对社会应负的重大责任，这是企业家应当有的观念。

无论任何企业，都有向国家纳税的义务。国家便以这些税收，从事各项社会设施，维护全体国民的安定和福利，谋求国民的幸福。这是一个很重要的问题。

我们必须正确地认识到，我们的利益与整个国家人民的福利息息相关，这不是可以根据我们个人的观点自由决定的。在日本有一家拥有几十万名员工、几千亿元资本的大企业，十几年来没有缴过税，理由是没能赚线。反言之，国家却为了安定该企业，花费了几千亿元。松下电器公司的人员与资本只有该企业的十分之一，但十几年来，却缴纳了几百亿元的税金。这税金变成了道路、社会福利或教育的一部分。

由此可见，公司追求合理利润，以促进国家社会发展的基本方针，是正确的。我们如果处事非常诚恳，对方即使吃亏，也会接受，这就是人情。自己应该做而没有做，却去要求别人做，这是不可以的。但是，已经十分努力，而仍然血本无归地出售，以致无法经营，是应予改正的。把这种情形向对方提出，对方一定会接受。

一般人往往认为，自己所做的生意是完全属于自己的，不需要别人帮忙或过问，这是错误的观念。生意看起来虽然属于自己，而实际上却不是这样，这或许就是生意的真谛之一。谁都知道有了顾客及供应商，才能维持生意，并且有意去报答他们。

拿道路来说，我们每天不断地使用公共道路，而不重视其重要性，但一旦缺少了它，就寸步难行，动弹不得。因此，对于经常使用，却不觉得要去感谢的道路，也应该报答才对。但怎么报答呢？除了大家缴税，靠税收保养、改良道路之外，没有其他的途径。为了缴税，大家得争取利润。否则，大家缴不起税金，造成使用道路的保养不利，任其荒废，结果大家都会受害。除了道路之外，大家在普遍利用其他公共设施和机关。例如，大家都享受到国家警察、消防单位的保护。如果你知道，正因为有了这些保护及援助，才能维持正常的买卖，你能不拚命工作以缴纳税金来报答社会吗？

松下所谓商业道德的责任感和使命感是十分崇高的，基于这种观点，松下认识到：经营者是利用社会大众的资金来营运的，不赢利当然就不能回报大众；同时经营者正当利润的一部分是上缴国家的税金，不赢利当然也就无法纳税，这也是不道德的。松下的这种观点相当独特，但又相当有道理。由此而来的商业道德观，可以说是相当科学的。

在松下一生中，信守如此商业道德的事例，可以说是不胜枚举。

由此反观，逃税漏税是一些初创企业惯用的伎俩，但最终却将自己的企业送上法庭，不但没有能够给企业带来什么好处，反而葬送了苦心经营的企业。马云认为，我国税收环境正在发生质的变化，如果再用旧思维来看待税收，教训可能会很惨重，初创企业应该抛弃做假账的思想，尽量利用税收筹划，合法经营才是初创企业基业常青和永续经营的前提。

作者寄语

钱少是自己的，钱多是大家，为大家才会成为大企业家。

聘用一名优秀的财务主管

我也不懂财务，我请一个很好的财务来管，让他算得清清楚楚。

——马云

看到阿里巴巴财报的时候，有一种感动。2008年11月，阿里巴巴进行了5年以来的首次产品价格体系调整，金牌供应商价格由5万元/年降到1.98万元/年。降价的效应直接显现，一方面客户迅猛增长；另一方面利润下降。对此，马云说："我们少赚了5000万的利润，但是帮助了5万家中小企业，5万家中小企业每家假如有10个人的话，50万人因此有了希望和信心。"由此可见，马云在财务管理上是多么的谨小甚微。

事实上，无论企业是大是小，财务都是其生存的命脉之一，所以财务主管也将成为现代企业最为重要的部门之一，他在企业决策层中占有重要的地位。可以说，企业的任何决策都与财务主管有关，能否发挥其决策参谋的作用，受到企业所处客观环境的制约，但从根本来讲还是取决于财务主管本人自身的素质与能力。企业的财务管理工作既是一项科学又是一门艺术，要搞好这方面的工作，必须聘用真正的有素质、有能力的人充当财务主管。那么选择一个好的财务主管要从以下几方面入手。

1. 道德素质

财务主管是现代核心部门的负责人，由于其所处位置的重要性，他的品德素质对企业的发展至关重要。财务主管的道德素质主要有以下几个方面：

（1）作风正派。一个优秀的财务主管应当具有良好的工作作风，不论做人还是做事都要实事求是，光明磊落，在财务管理工作中遵纪守法，廉洁奉公，严格按规章制度办事，坚持原则。

（2）有敬业精神。一名优秀的财务主管应当热爱本职工作，把工作视为一种需要和自我价值的实现。在工作中，勤恳忠实，不断追求创新，自觉学习相关工作知识与技能，不断提高自身业务水平。

（3）对企业忠诚。主要表现在：视企业利益高于自身利益，不做任何不利于企业的事情，针对企业财会工作中的各种商业机密，财务主管应当严格保密，并自觉维护企业形象，并为企业的发展积极出谋划策。

2. 知识素质

企业财务管理是一项专业性很强的工作，财务主管作为企业财务部门的负责人，必须掌握一定的专业知识，才能做好企业的理财工作。

财务主管必须具备微观与宏观的经济学知识。这些知识给财务主管以正确的思维方法，使其能比较好地把握经济形势对企业经营的影响。要分析经济环境经济形势，离不开宏观经济学中对政府货币与财政政策的知识；而微观经济学中边际成本与边际效益以及市场运作原理对于正确地进行企业财务决策又至关重要。

财务主管必须熟练掌握会计知识。财务主管进行财务管理活动最重要的信息来源便是会计账目，企业的一切活动和营运情况都在会计账目中有所体现。财务主管在进行各种财务经营决策时，都要用到会计账目所提供的各种信息。

一名优秀的财务主管必须掌握相关的专业知识以及国家有关财务、会计工作的政策法规。像《企业财务管理》、《审计》、《管理会计》、《责任会计》、《税收会计》等专业知识是财务主管开展工作的基础，而像《公司法》、《票据法》、《企业会计准则》等国家的政策法规，也应当熟悉其规定。

财务主管还必须对本企业的生产产品有较深刻的了解，产品性质不同，其所需资金运转情况便不一致。财务主管的管理不应局限在自身所处的部门，其心中应有对整个企业各个方面的全盘认识，这样才能更好地开展工作。

除此之外，优秀的企业财务主管还必须具备一定的组织能力、沟通协调能力、分析判断及用人能力。

（1）组织及协调能力。财务主管的组织能力是指其指挥、安排调度的能力。财务主管应当把下属组织成一个有较强凝聚力和战斗力的团体，实现团体目标的决策，并领导他们完成既定的任务，接受企业最高决策层所要求的工作等。

此外，财务管理工作中各岗位的设置、财务信息的收集与处理、报表的编制，以及投资、筹资和利润分配等活动都需精心组织，周密安排。每一个环节都容不得半点差错，这的确需要财务主管有较强的组织能力。

（2）分析判断能力。财务主管应具备从各种相关信息中分析出自己所在企业所面临的各种问题及相应解决方案的能力。从外部来看，财务主管要具备对整个宏观国民经济的发展趋势，以及市场环境变化的分析判断能力，根据市场上的财务机会和财务风险，为企业的财务决策提供依据。从内部来讲，财务主管应当从企业纷繁复杂的各种财务活动中，发现规律性的东西，找出存在问题并提出解决方案。

（3）参与决策的能力。财务主管作为企业最为重要的部门主管之一，会经常参与到企业的各种决策活动中，当然，财务主管在这其中的主要职责是当好参谋，为最高决策层的拍板定案提供建议和资金、财务方面的支持。财务主管应当从尽可能降低耗费、用好资金、提高效益的要求出发，从财务角度对各种决策方案进行分析、研究和评价，为最高决策层最终作出决策提供依据，当好参谋。

（4）沟通与交流能力。要想做好财务主管仅靠一个人的力量是远远不够的，他必须有效地与别人进行交流与沟通，这样才能减少彼此之间的分歧，从而获得老板和其他部门的支持，只有团结协作，才会使企业各部门凝聚在一起，形成一种同心力，从而为企业在市场竞争中赢得整体优势，其工作价值此时方才得以体现。

（5）使用人及培养人的能力。财务主管作为企业的一个部门负责人，要善于培养和使用骨干，借助于骨干的力量，使一人的智慧和才能变成众人的智慧和才能，从而带动整个财务工作的顺利开展。同时要注意适当分权，让下属分管部分工作，从而使自己从繁琐的具体事务中脱离出来，凡事不可事必躬亲，集中精力考虑和做好全局性的财务管理工作，这是对一个优秀的财务主管的重要要求。

作者寄语

用人是领导者的必修课。

附录一：马云2011年别样价值观——不喜欢“精英”

2010年的风风雨雨，阿里巴巴马云的内心又发生了怎样的变化？2011年，他又会有怎样别样的价值观呢？2010年底，马云走进优米网与网友和观众对话。

“减持”不是为了改善生活

观众：我是北京电视台的记者，最近有一条新闻说您减持了华谊的股票，说您需要这笔钱改善生活，您对这个有什么看法？

马云：对文化产业、电影电视我特别感兴趣，但是那些报道数据很多都是不准确的，什么我投资了多少，我钱不够了，以及我“改善生活”。我觉得我生活挺好，不需要改善，我也吃不了什么穿不了什么。

我对电影电视感兴趣主要的原因，是因为电影电视曾经影响了我们这代人，我也相信在未来20年电影电视会影响更多的人。我担心最多的是，中国今天的高速发展，文化产业起不来就等于一个人有了钱但没有文化，那是暴发户，迟早要倒下去。所以我觉得文化产业要起来，而文化产业里面有很大的问题。很多文化人他不愿意用商业的手段，文人如果看不起商人，看不起商业的手段，那最多就是孔乙已，这个国家也没希望。

我为华谊深深感到骄傲。能参与这样的公司，对中国人的思想进行一些影响，我觉得投资这样的公司很好。

但是投资毕竟是投资。投资跟捐款是有区别的，投资一定要有回报。如果你投进去不能回报的话那是捐款，这是两个概念。我投资华谊，但是中国一个华谊是绝对不够的，中国需要20、30个甚至100个华谊这样的公司来弘扬中国的电影、电视剧和所有的一切。假如我投的华谊不能卖股票，那么李谊、王谊、张谊这样的公司怎么办？我们要推广的是文化产业——电视剧。对我来讲，我要做的事情太多，想做的事情也很多。

从第一天起我就没有认为阿里巴巴的钱是我的。我一年花钱很少。钱是社会委托给我，委托给我们这个团队把它投资下去。

主持人：刚才马云讲到了“改善生活”的问题，大家猜一下他这身行头的价格？

马云：我不知道。裤子是我到店里去做的，鞋我是淘宝网上买的，因为我觉得我喜欢。其实像我这样的人，长成这个样子穿什么也穿不好了，我只求自己舒服。这双鞋我在淘宝上买是因为，我觉得我买了以后，至少那个做鞋的老太太，她多了份订单。我觉得心里踏实。

我这件衣服是我太太买的。我不喜欢穿西装打领带。她说你喜欢什么？我说喜欢明亮一点的。所以你看我一会儿穿黄色的，一会儿穿红的，一会儿穿绿的，一会儿穿白的。这就是我自己，觉得我舒服就好。值多少钱？我觉得它值很多。太太买的一定值钱，对吧？老太太做的我觉得也值钱，因为你给别人一个希望，这种感觉要比钱珍贵多了。裤子也一样。我觉得生活就是这样，你们能吃什么、穿什么呢？我不相信今天我穿LV就帅一点。

我不喜欢自认精英的人

观众：您创业初期十八罗汉的团队是非常令人羡慕的，您怎么判断核心团队成员的标准？您是如何培养他们的？同时您又是如何留住他们的？

马云：OK，好问题。我选择的核心团队，其实就像我选择员工、员工选择我一样。我选择什么样的员工？我选择平凡的人。什么是平凡的人？就是没把自己当精英的人。我不喜欢那些精英，精英眼睛都长在上面。我不喜欢那些把自己看得很聪明的人。有的人说我智商特高，一般说自己智商高的人情商都低。这个世界没有一个人可以做成事，你离得开谁？边上很多人在帮你。

我要找的员工是平凡的人。什么是平凡的人？有平凡的梦想。什么是平凡的梦想？平凡的梦想那就是我买房、买车、我要娶老婆、我要生孩子，这是人最基本的梦想。这些梦想真实，为自己所干，我觉得这样的员工我喜欢，实在。

我们18个人，包括我在内，没有说我们特别出息特别能干，我们都是平凡的人。平凡的人在一起做一件不平凡的事。什么是伟大的事？伟大的事就是无数次平凡、重复、单调、枯燥地做同一件事情，就会做成伟大的事情。

我怎样培养他们？是互相的。他们培养了我，我跟他们一起共事我觉得毕生荣幸，能够跟他们共事是因为他们信任我。公司里最大的资源就是信任，你跟你的团队是不是互相信任？

我怎么留住他们？我从来没留他们过。阿里巴巴10年以来2.2万名员工，离开的也有1万名左右了，我从没留过任何人。

我最怕：“马云你太厉害了”、“我加入是因为你”，千万别。这种人我最怕。像我们这样的远看还可以，近看一个钱都不值。书上说的马云都特好，真实的马云不是这样的。我讲话特残酷，特别直截了当。

观众：中小企业如何摆脱困境？

马云：我们一直在努力，但是毕竟我不是政府，所以我提的想法是公益的心态、商业的手法、商业的技能、工业的形态。我们今天很多人是商业的心态、公益的手法，全都乱掉了。我觉得一点点会好起来的，我永远相信我们这代人不能改变中小企业的命运，但是90后一定可以，不是我们。

我今天来跟80后、90后讲的一点就是说，你们会比我们这代人做出更多。你们会为我们找回中国的价值体系，找回真正中国未来的发展，不是我们这一代。我们这代人当然也很努力，但是你们会做得更好。我充满信心，一代永远胜过一代。我只是尽我这代最大的努力。你们这代人80后、90后，你们有权利抱怨，但是你们没有资格抱怨；我们这代人有资格抱怨，但我们没有权利抱怨。我们应该改变它。10年以后，20年以后看你们，今天你们的抱怨全是瞎抱怨。

（来源：优米网“马云与80后面对面”活动）

附录二：马云2011年春节给全体员工的一封信

各位阿里人：

今年外部环境比以往复杂，但我们总体发展的情况还不错。当然，外部形势的复杂变化本来就不应该是我们可以做得好或不好的借口。我个人对过去一年集团的发展基本满意，在这里要感谢集团全体同事辛苦的努力，我们也特别对支付宝和淘宝取得的进步表示赞赏。2010年，我们坚持“开放、透明、分享、责任”和“全球化”的原则，对中国电子商务的发展起到了积极的推动作用。

又到了一年一度的总结时候了，我谈一下今年的奖金和加薪。

年终奖和加薪

请大家认真阅读我在2009年1月19日写的有关加薪和年终奖发放原则。

（1）由于2010年全年业绩不错，我们将会发放2010年度的奖金，今年奖金比往年要丰厚些。但奖金绝对不是福利，不是每个人都有，也绝对不会人人一样。我们仍将会严格执行271原则，任何人对自己的奖金有问题，嫌多的可以退回来或捐献点给集团公益基金，嫌少的请找你的领导谈，知道自己为啥少，这是你的权利。

（2）由于CPI的上涨和未来物价对员工生活的压力，我们决定对员工进行涨薪。我们继续贯彻加薪向普通员工为主的原则，今年继续执行M5以上干部继续不加薪策略。

今年的奖金像以往那样会打入你的工资卡里。

特别红包

今年还有特别的喜事，我们所有的员工除了根据业绩和物价而产生的奖金和加薪外，我们将给每一个同事发个红包。

发放原因：

（1）今年大家很努力，业绩不错。

（2）我们坚信：中国电子商务发展的好可能和我们没有关系，但发展的不好，和阿里巴巴一定有关系。未来几年集团要加强对电子商务基础建设的投资，加强对物流、数据流量、小企业和创业者金融支持等建设，以便完善中国电子商务的生态系统，让更多的企业能够用最低的成本来进行电子商务，完成企业升级转型。我们决定将无限期地推迟集团子公司的上市计划。

（3）我们希望只要集团业绩好，即使不上市，我们的员工也会获得公司红包。

发放原则：

（1）根据集团的业绩情况。

（2）根据员工在公司服务的年限和职责为主要依据，原则上人人都有。特别红包将会发放到你的支付宝账号。对今年的特别红包，我有些小小的建议。

①给父母、配偶和孩子买份礼物。

②在淘宝上消费为主，给辛苦创业的淘宝卖家们更多机会，有任何买卖中的不爽和对淘宝支付宝业务不满意的，请告诉相关部门尽快完善。

③请给集团爱心基金支付宝账号（注：账号隐去）发个10~100元的小红包。在此，我先替受助孩子们谢谢大家！

过年了，啥也别多想，去花钱，去消费，认真过年！年后我们再努力，为客户，为同事，为股东，当然也为我们明年的年终奖和大红包！

认真生活，快乐工作！

替我向你们的家人问好，大年三十晚上8点我们一起对天敬酒感恩，别忘了！

2011年1月26日于杭州

附录三：马云——带着仇恨竞争一定失败（演讲稿）

在路上，越走越孤独，因为路上的行人越来越少，企业做得越大，时间越长，你其实越寂寞，难得我们这些人是同道之人，我们互相分享一些经验和看法。

有一些企业家喜欢爬山，有一些企业家喜欢穿越沙漠，他们为了体验极端。每个人观点不一样，我每天在爬山，我每天在过沙漠，我要去旅游，我希望搞一个腐败一点、舒服一点的旅游，因为我太累了。所有办企业的人都要回忆起自己当初为什么办企业，就像人到一定程度结婚以后不断地要回忆一下初恋的感觉，爱的第一个男朋友是最好的，但是走着走着我们变了。我们要问自己这个问题：我们为什么办这个企业？凭什么我们可以办好这个企业，如何才能办好，什么时候办，谁来干？这些问题想清楚了，你走起来会踏实很多。

不断问自己为什么要办企业

我们为什么要办这个企业？有一些人说我为了挣钱，阿里巴巴走到今天为止，我自己觉得，不是第一天就设计好的，今天阿里巴巴的所有的管理团队包括我在内，比十年以前的我，能力上面好很多，但是我同样再走一遍一定走不到今天，即使就是把淘宝、阿里巴巴所有的网站关掉，同样的人再做一次也做不好，时机失去了。很多人说马云你们把好的机会都拿完了，我们没有机会，但是机会永远存在，每10年，每5年肯定有伟大杰出的公司出来，每一年都有新的希望出来，这是我们的行业，但是你要搞清楚你为什么办这个企业?

第一，凭什么你能?

有人说我有这个资源，我有那个资源，我能办好，其实未必。有人跟我说娶一个女孩子，跟他讲，我什么都没有，我只是比别人更爱你，这是空话，做企业不是想做好就可以。要问为什么可以，为什么我能。

新浪一开始没有这些资源及阿里巴巴从来没有做过这些商业，淘宝网在做零售上面没有经验，但是为什么有经验，有资本的，有钱的，有资源的输给没有钱、没有资源、没有经验的，这个大家思考一下，我今天没有答案，我只是谈我的看法。

第二，如何去做?

前几年，奥巴马说："Yes，We Can！"是的，我可以。但是美国经济并没有做起来，他忘了回答："How We Can?"我们到底怎么做起来，怎么做这个企业，如何做是最关键的。

很多人看到的是今天成功的史玉柱，今天成功的虞锋，今天成功的沈国军。但是我希望大家看到10年前的沈国军，倒下去的史玉柱，他们当时做了哪些决定和想法。今天的我们不值得大家学习，而前面十年走过艰难的过程，犯过错误，在这个过程中需要所有人反思、学习和思考。

我不觉得今天的阿里巴巴是今天做的。是10年以前的理想，10年的努力做到今天，我们今天不是做今天的企业，做企业要为10年以后做的，你对10年以后中国经济的判断，世界经济的判断，这个行业的判断，今天开始按照这个方向，不断地改变自己去适应它。

还有什么时候去做?在10年过程中，谁来做是非常之关键。一个好的项目，交给一个好的人做得非常好，一个好的项目交给一个错误的人做得悲痛，你还不知道为什么最后输了。这些问题希望大家思考。

做舒服的企业比做强做大更重要

很多人在问，我们企业怎么做强做大，怎么做得更有钱?我认为中国这个文化诞生非常大的企业很难。

企业为什么一定要做强？为什么要做大？我认为企业要做好做舒服了，做舒服的企业，做好的企业比什么都重要。什么是好的企业，好的企业就是客户满意，员工幸福，股东觉得很放心，这样的企业我觉得才是真正好的企业。其实我们觉得做大有大的难受。养公司跟养儿子没有什么区别，不是多生几个儿子就会发财，一个糟儿子把你两个好儿子所有的资产浪费得一塌糊涂，所以我希望大家不一定要做大。

小企业经常说，老板大了，很多人会帮你做的，大了以后你不用干了，我发现企业越大，我越累，孩子越大，担心越多。你既然在路上就不要后悔，选择了就去做，这是你在体验做企业的过程中，在路上一定有的经历。

我为什么喜欢和小企业在一起？因为在他们眼中看到希望、期待和梦想，而大企业我们看到的是KPI（关键业绩指标），看到的是竞争，看到IPO（首次公开发行股票），看到上市，资本和股东，再大的企业回到当时的梦想，回到实实在在的你，回到当时你为什么为客户做，当时你的想法是什么。你选择了企业你就不要后悔，要不断地做好客户、员工和股东的工作。我想，做企业，做小有小的乐趣，我在日本走过一些小店，这个小店门口贴了一个牌子本店已经成立147周年，今天是纪念日，我很好奇地一看，两对老夫妻，一个女孩子告诉我，这是我们做糕点生意的，147年以来我们只做糕点，从他讲的过程中看到无比的幸福。

另外一个故事。几年以前，星巴克的创始人，CEO霍华德·舒尔茨和我讲一个故事，真实的故事，我觉得我们很多人去思考这个问题，去看看这个故事，挺有意思。他说到伦敦去出差，走过伦敦的牛津大街，这里是寸金之地，这里有一个很小的门脸，卖奶酪，卖奶酪跟卖盐一样，很辛苦，不赚钱，看到一个老头穿得很干净卖奶酪，他走进去问一个问题，说这条街的房租这么贵，你赚的钱能够付得起这个房租吗？老头说，买10英镑的奶酪告诉你。他买了之后，他说，你说到底付不付得起房租？老头说，年轻人，你过来，把头伸出去看看，这条街上的大部分的房子是我们家的。我们家世世代代以卖奶酪为生，卖奶酪不知道干什么，把这个钱买一个店面，今天卖成这个样子。我今生就喜欢做奶酪，我儿子还在做奶酪，我们祖祖辈辈觉得这是一个幸福的行业。

企业做幸福了，你永远舒服，不要去跟人家比，谁大，谁强，做快乐，做幸福，做愉快，我觉得这样的才会真正的舒服，我一直认为，我们到这个世界来不是来做事业的，我们到这个世界赖是体验生活的，是体验做人的愉快。每个人就3万多天，在座的人和我们一样，每天过完之后，打一个叉，就越来越少好好过日子，不要老想做大做强，舒服就好。

善待员工，带来的回报远超过想象

我觉得管理一个企业最好的是通过文化、制度是去补充，弥补文化。一个优秀的国家和优秀的企业必须有文化来做。

假如你没有一个很强大的文化体系，东拼一些，西拼一些，拿一些国外的法律制度未必能解决我们的问题。我们不是政治家，我们当不了政治家，我们现在企业家讲着讲着就讲成政治，好像比国家主席还大。我们都是企业，我们可以通过企业的手段，可以通过我们自己的努力去完善这个国家，去完善人类的商业发展。我觉得今天我们没有办法，也做不了一个城市的文化，但是我们可以做好自己公司的文化。文化，无非就是什么是你的使命，为什么做？怎么做，价值观体系，以及KPI，还有考核，文化一定是考核出来的，文化不是贴在墙上，有一个企业说，我们文化做得很好，4本杂志，5个会办报，那个是宣传，没有用。

我希望大家记住，影响你公司是否可持续发展，你员工是否幸福，客户是否满意，是否因为你有优秀强大的文化，制度是来弥补发展这样的文化。

我又要讲一个我讲了很多年的故事，这个故事影响了我，影响了我们的企业。1989年以前，我第一次听到这个故事的时候，我回来问，我们如何能够做到这样？这个故事就是说，丰田是如何打败美国汽车的？大家有说战略重要，有说设计重要，但是有一个故事说明问题。说在美国芝加哥，有一天晚上，下了大雨，有一个司机开了一辆车，刮雨器坏了，这个时候雨中来一个老人，这个人跑到车上把这个刮雨器修好。问他是谁？他说我是丰田公司的汽车的工人，我看到我公司的产品受到伤害，我有责任把这个修好。制度上不会让你去看到坏车就修理，是文化，让他做到这一点，我希望大家，假如你拥有这样的员工的时候，你一定能够成功，而这样的员工是因为你有这样心态对待你的员工，照顾好你的员工，你才有这样的文化和这样的员工。

我也告诉大家，21世纪最贵的是人才，企业也一定一样。绝大多数的企业认为机器比人贵，很多人买机器的时候讨价还价。我们聘请员工的时候，我们没有想过给员工带来好的条件，你没有这样想的话在21世纪一定活不好。今天以人为本的时代，互联网时代，信息时代，数据时代，一定是人的创造力的时代。善待你的员工，投资在你的员工身上，他们给你带来的回报远远超过你的想象。什么是人才，人才可以培养出来。什么是养？就是给他失败的机会，给他成功的机会。你要看着，不能让他伤筋动骨，不能让他一辈子喘不过气来。

我感谢我自己的这个时代，感谢自己所受的训练和教育。有人说中国的体制，培养不出像史玉柱、马云这样的人，我恰好是中国造，中国体制出来的。你永远会找到一些借口，成功的人永远在找方向。去年有一个同事跟我说，我忙死了，事情太多，每天忙得晕头转向。好，给他再加两件工作。因为你不懂得优先级，你不懂得什么该做什么应该做，怎么授权于人，你不给他这样的训练，你不会成功的。要有一种好的方法去训练他们，培养他们，给他们机会。

也有人说，公司最大的快乐是什么？有一个企业的人跟我交流说，十年以前，我一年能够赚几十万，一年我能赚几千万，公司越大我越没有幸福感，我觉得我现在越来越幸福感，我的幸福感来自哪里？来自10年以前，我看到这个小伙子，小姑娘，他们进入我们公司，今天居然变成这么能干，这么能够面对现实，他们的成长才是我的幸福感来源，你会发现有了他们，阿里巴巴会更好，有了马云，阿里巴巴会走下坡路，因为我的年龄到了。

每年，我跟我的各部门领导者，都要问自己这个问题，你聘请了谁？你开除了谁？你提拔了谁，警告了谁？这四个事情你做没做？你没有做你一定不是好领导，你不懂得如何培训别人，公司里面只有各种各样的人，这才是丰富多彩的。企业就是一个生态链，企业就是一个野生动物园，我很高兴我们公司像野生动物园，各种各样人都有，在各种人当中你怎么去发现他们，用欣赏的眼光看待他们。你听见一个人，你问领导者，你下面人怎么样？他说，这个下面的人都是混蛋，不是我招的，我说他们是混蛋，我希望你把他们培养的不混蛋，第二年如果他们更混蛋，一定是你不对，你更混蛋。我们要问这个问题，你们为谁做了什么？

竞争的时候不要带仇恨，带仇恨一定失败

企业现在最多的是竞争，包括在我们这儿也有很多报怨。阿里巴巴、淘宝建了两个市场，很多人杀价，很多人天天杀价，我出5000万，他出4000万，这是最愚蠢的商战，我教一个傻子也会干，这不是企业家。比价算什么英雄？

竞争最高的境界是什么？竞争是一种乐趣，这是让对手很痛苦，你很快乐，如果你也痛苦，这是走错了，你痛苦他开心，你肯定走错了。竞争的乐趣，两个企业竞争，就像下棋一样，你输了，我们再来过，两个棋手不能打架，现在是很恨，你胜了，我弄死你，真正做企业是没有仇人的，心中无敌，无敌天下，你眼睛中全是敌人，外面全是敌人。什么是企业的生态作战，生态里面非洲的狮子吃羊不是因为恨羊，是因为我就是要吃羊，因为可以让我生存。你竞争的时候不要带仇恨，带仇恨一定失败。

不要抱怨经济形势

最后，我们很多人一定要听经济形势。什么CPI涨了，物价原料涨多少了，央行要加息了，我们的企业不要关心这些事情，永远不要关心总理关心的事情，经济形势好，你未必好，经济形势不好你未必不好，伟大的企业都是在经济形势不好的时候诞生出来。

不要埋怨形势，有的人在抱怨形势，有人就在努力。我开始做互联网的时候，3个月以后就出现互联网的风暴，大家都觉得不好，有时候形势不好，对你更有机会。所以，不管你企业多大，改变自己，适应这个无论好和坏的近来形势。我记得金融风暴刚开始的时候，我参加中国企业家的会，在报纸上看到，北京公园里面有一野鸭被冻在湖上，大家救这个鸭，这是救不好的，为什么？那个公园里面，鸭都是野鸭，那个是家鸭，冬天到了，野鸭都飞了，你还在那里，是笨的。你必须学会飞。

我们做企业要永远保持乐观的精神。我想在路上的人一定是辛苦的，在路上的人没有必要你杀我杀，互相鼓励，互相分享，更加透明一点，更加开放一点，我们的企业会做得更好。

（来源：中国企业家网）